KB139373

한동훈의 시간

검 사 에 서 , 정 치 인 으 로

한동훈의 시간

이정민 지음

머리말

한동훈의 시간은 급격하게 흘러가고 있다. 2022년 1월 27일, 한동훈은 자신의 명예훼손 사건으로 언론 앞에 서면서 대중에게 본인이 누구인지 분명하게 각인시켰다. 그리고 같은 해 5월에 법무부장관으로 취임한 이후부터는 매일 실시간으로 그의 모습과 말이 대중에게 전달되었다. 2023년 크리스마스 다음 날인 12월 26일에는 국민의 힘 비대위원장으로 취임하여 2024년 1월부터 본격적으로 활동을 시작했다. 한동훈은 2년이라는 짧은 기간 동안 문재인 정권의 입맛대로 수사하지 않았다는 죄로 좌천당해 한직을 떠돌던 검사에서 단번에 법무부장관으로 상승을 했고, 다음 해엔 여당인 국민의 힘 비대위원장을 맡으며 정치인의 삶을 시작했다.

그의 시간을 짧게 요약하면 이렇다. 2022년 1월에 처음으로 그가 첫 등장을 했을 때 대중은 한동훈을 보면서 충격을 받을 수밖에 없었다. 유시민이 묘사하고 뉴스에서 이름만 들었을 때는 어떤 인물인지 몰랐다가 정작 실제로 한동훈의 인터뷰를 보면서 그의 스마트함과 서슴없이 '옳은 말'을 해대는 모습에 깜짝 놀랐다. 그때부터 대중은 한동훈에 대해 관심을 가지기 시작했고 그 관심은 지금까지 이어지며 점점 더 커지고 있다.

윤석열 대통령이 당선인 시절 초기 내각을 짤 당시, 정치권에서는 윤석열 대통령의 최측근인 한동훈을 검찰총장이나 서울중앙지방검찰청장에 임명할 것이라고 예측했다. 문재인 정권이 무너뜨린 공정과 상식을 바로 세우고, 수많은 부정부패 의혹을 받고 있던 이재명에 대한 수사를 제일 잘할 사람이 한동훈이라고 생각했기 때문이다. 그러나 윤석열 대통령은 이러한 예상을 깨고 한동훈을 법무부장관으로 깜짝 발탁했다.

야당에서는 일명 조선제일검이라 불리는 한동훈을 어떻게든 법무부장관에 오르지 못하도록 흠집을 내서 낙마시켜야 했다. 그렇게 할 수만 있다면 윤석열 대통령의 인사가 잘못되었다고 공격할 수 있고 동시에 정권 초기부터 국정 운영에 혼선을 줘서 정국의 주도권을 가져올 수 있을 것이라는 속셈이었다.

그런 배경 속에서 2022년 5월 청문회가 시작되었고, 민주당은 말도 안 되는 무차별 공격으로 한동훈을 궁지에 몰아넣으려 했다. 하지만 한동훈은 민주당이 원하는 대로 흘러가 주지 않았다. 한동훈은 민주당 의원들의 공격에 한 마디도 지지 않고 차분하게 설명을 했다. 지금까지 청문회에 나와 죄인처럼 야당 의원들의 온갖 공격을 묵묵히 참기만 하던 다른 후보자들과는 완전히 다른 모습을 보여주었다. 게다가 민주당 의원들은 제대로 준비도 하지 않아서 계속 헛발질을 했고 자신들이 제기한 의혹들이 억지라는 것을 자인하는 장면들이 연출되었다. 결과적으로 청문회는 법무부장관 '한동훈이 흠잡을 데 없고 당당하며 바르다'라는 이미지만 키워주는, 한동훈의 완벽한 승리였다.

법무부장관 취임 후에도 다양한 현안에 대해 기자들의 질문에 성심성의껏 답변하는 한동훈의 모습은 대중들로 하여금 신선함과 통쾌함을 느끼게 해주었다. 그 모습은 또 하나의 매력 포인트가 되었다. 특히 한동훈 장관에 대한 야당 의원들의 유치하면서도 원색적인 비난은 중도와 보수 지지자들이 그를 강력한 차기 대권 주자로 인식하도록 하는 데 일조했다.

2023년 12월 26일 한동훈은 오랜 시간 입고 있던 공직자의 옷을 벗고 정치인의 옷을 입었다. 혼란스러운 국민의 힘을 안정화하고 결코 녹록하지 않은 2024년 4월의 총선을 승리로 이끌어야 한다는 무거운 책임을 안고 국민의 힘 비상대책위원장에 취임했다.

되돌아보면, 한동훈은 국민의 힘의 비대위원장이 될 수밖에 없었다. 그동안 무기력한 모습을 보이며 TK(대구, 경북) 지역 기반의 꼰대 정당 이미지를 보이던 국민의 힘이었기 때문이다. 한동훈이 법무부장관을 하며 보여줬던 더불어민주당에 지지 않는 당당한 모습, 출퇴근 길 기자들의 질문에 막힘없이 자신의 생각을 피력하던 스마트한 모습은 꼰대 정당이라는 국민의 힘의 부정적인 이미지를 상쇄시키기에 충분했다. 더욱이 국회 대정부질문이나 기자들의 질문에 답하는 과정에서 그가 보여준 보수 우파적인 국정 운영 철학은 대중에게 새로운 보수의 모습을 보여주었고 윤석열 정권을 성공시키기 위한 여당의 수장으로 인정하는 데 부족함이 없어 보였다.

2024년 1월, '한동훈의 시간'은 점점 숨 가쁘게 돌아가고 있다. 정치개혁을 하겠다는 것과 자신은 불출마하여 총선 승리의 과실을 취하지 않겠다는 등의 약속을 통해 국민의 힘을 정치개혁의 정당으로 바꾸기 위해 필사의 노력을 하고 있다. 더불어 총선 승리의 기대감도 높이고 있다.

비대위원장으로서 한동훈은 말 그대로 정치를 혁신하고 있다. 2024년 1월 18일 기준, 한동훈이 제시한 정치개혁안은 다섯 가지다. 첫째, 국회의원 불체포특권 포기. 둘째, 금고형 이상 확정시 재판 기간 세비 반납. 셋째, 귀책 사유로 치러지는 지역의 보궐선거 무공천. 넷째, 국회의원 정수 50명 감축. 다섯째, 출판기념회를 통한 정치자금 수수 금지. 총선이 다가올수록 한동훈이 준비하는 정치개혁안은 더욱 많아질 것이다. 한동훈은 지금보다 앞으로가 더 기대되는 인물이다.

한동훈이라는 인물에 대한 필자의 관심은 그가 빛을 발하기 전부터 시작되었다. 그러다가 그가 법무부장관에 취임하면서부터 '한동훈이라는 사람을 좀 더 깊이 있게 알리는 책을 쓰면 어떨까?'라는 생각으로 글을 쓰게 되었다. 동시에 이 책은 많은 망설임 끝에 완성되었다. 살아있는 인물에 대해 이런저런 이야기를 한다는 것이 마음에 걸렸고, 한동훈 본인을 직접 만나 이야기하지도 않고 언론을 통해 드러나는 단면으로 한동훈에 대해 논한다는 것이 적절한지 고민스러웠다. 그런데 아이러니하게도 한동훈에 대한 글을 쓰겠다는 최종 결심은 이재명 덕분이었다. 서점에 가보면 이재명 스스로 쓴 책도 있고 남들이 이재명을 분석한 책도 많이 있다. 많은 의혹과 비난을 받는 이재명 같은 사람도 이렇게 많은 책이 나와 있는데, '보수의 새로운 리더로 주목받고 있는 한동훈에 관한 글쓰기를 그렇게까지 망설일 필요가 있을까'라는 생각을 하게 되었다.

이 책은 한동훈 입문서다. '한동훈 신드롬'이라 불리 정도의 대중적 인기는 어디에서 비롯되었는지, 왜 보수진영에서 차기 대통령 후보로 주목받고 있는지를 그가 했던 말들과 행동 등을 통해 이유를 찾아보려고 노력했다. 또한, 정치인 한동훈이 앞으로 어떤 것들을 준비하고 실천했으면 하는지에 대해서도 부족한 식견이지만 최대한 정리해 보았다.

필자는 개인적으로 2027년 대통령 선거에서 한동훈이 승리하기를 바란다. 그가 이끌어갈 대한민국이 기대되기 때문이다.

마지막으로 필자가 쓴 이 책이 부디 한동훈의 명성과 지지에 폐를 끼치지 않았으면 하는 바람이다.

2024년 1월

이정민 드림.

차   례

Chapter 1.

한동훈, 그는 누구인가

01

한동훈 신드롬

대한민국에서 한동훈에 관한 평가는 극과 극으로 나뉜다. 보수진영에서는 다수당인 더불어민주당의 폭주를 막아내고 보수의 개혁을 이끌어낼 새로운 리더이자 희망으로 인식하고 있다. 한편, 진보진영에서는 윤석열 정권의 이인자로, 정치적 중립을 지키지 않고 야당과 대결하고 탄압하는 척결 대상 1호로 생각하고 있다. 한동훈에 대한 평가가 좋든 나쁘든 그는 정치권에서 가장 높은 관심과 주목을 받는 인물이다.

한동훈이 언론에 모습을 드러낸 것은 2022년 1월 27일이었다. 당시 유시민이 한동훈 법무부장관의 명예를 훼손한 혐의로 재판을 하기 위해 법정에 출석한 자리에서 기자들의 인터뷰에 응했던 것이 그의 데뷔 무대라 할 수 있다. 물론 그전에도 여러 굵직한 사건을 수사하면서 '검사'로서 TV 등 매스컴에 나오기도 했었지만, 자신의 의견이나 신념을 대중 앞에서 자기 목소리로 분명하게 알린 것은 유시민 관련 재판이 처음이라 할 수 있다. 필자 역시 우연히 유튜브 영상에 나왔던 한동훈 당시 (좌천된) 검사의 인터뷰를 보면서 큰 충격을 받았다. 반듯한 인상에 조리 있는 말솜씨로 유시민이 자신에게 어떤 잘못을 했고, 무엇이 문제인지 조목조목 짚었기 때문이다. 충격을 받았던 것은 필자뿐이 아닌 듯하다. '한동훈 신드롬'은 그때부터 시작되었다.

한동훈은 등장과 함께 '신드롬'을 불러일으켰다. 그날 인터뷰 이전의 한동훈은 일반 대중들에게 많이 알려진 인물이 아니었다. 그저 검찰과 정치권에서 '수사 잘하는 똑똑한 검사' 정도로 인식되었던 인물이었다. 그런데 진보진영의 대표 논객이라 불리는 유시민을 상대로 논리적으로 자신의 의견을 피력하는 한동훈의 모습은 보는 이들에게 신선한 충격을 불러일으켰다.

한동훈의 등장이 충격이었던 이유는 그의 '이미지'와 '발언', 두가지 때문이었다. 우선 외모를 보면 스마트함과 반듯함이 느껴졌다. 여기에 더해 세련된 옷차림도 사람들에게 호감을 사는 중요한 포인트가 되었다. 만일 당시 화면에 보였던 한동훈 장관이 보통의 아저씨들 같은 모습과 차림새였다면 신드롬이 일어나기는 힘들었을 것이고, 한동훈이라는 인물은 유시민에게 억울하게 당한 평범한 검사 정도로 받아들여졌을 것이다.

그의 발언 역시 한동훈 신드롬을 만들어내는 데 큰 역할을 했다. 만약 인터뷰에서 자신의 명예를 훼손한 유시민에 대한 억울함을 강조하기 위해 주저리주저리 이야기를 늘어놓았다면 주목을 받지 못했을 것이다. 지금도 수많은 정치인, 고위관료들이 어설픈 인터뷰를 하거나 곤란한 질문을 받으면 당황하고 회피하는 모습을 보인다. 그러나 한동훈은 달랐다. 기자들의 예리한 질문에 대해 자신의 의견을 깔끔하게 정리하여 이야기했다. 게다가 당시 권력을 잡고 있던 진보진영을 향해 한 치의 물러섬 없이 당당히 맞서며 논리적으로 말하는 모습을 보여주었다. 2022년 1월 27일은 한동훈이라는 인물이 대중에게 자신을 깊이 각인시킨 날이었으며 본격적인 한동훈 신드롬이 시작된 날이라 할 수 있다.

그로부터 얼마 후 2022년 3월 9일, 대통령 선거를 통해 윤석열 후보가 당선되고, 또 한 달이 지난 2022년 4월 13일, 한동훈 검사는 대통령직 인수위원회 브리핑룸에서 진행되었던 2차 내각 발표자 명단에서 법무부장관에 이름을 올렸다. 윤석열 대통령의 파격적인 인사이기도 했다. 한동훈 검사가 윤석열 대통령의 최측근 중 한 사람이라는 점은 잘 알려져 있었기에 검찰조직 내에서 높은 자리를 차지할 것이라는 예측이 많았다. 당시엔 검찰총장에 임명하는 것은 무리가 있을 것이고, 아마도 대검찰청이나 서울중앙지방검찰청의 지검장을 맡아 조국과 이재명을 수사하면서 조선제일검의 역할을 충실하게 수행할 것이라는 예측이 대부분이었다. 법무부장관으로 임명된 것은 한동훈 본인 역시 예상 밖의 일이었을지도 모른다. 결과적으로 한동훈을 법무부장관으로 임명했던 것은 윤석열 대통령과 한동훈 장관 모두에게 최고의 선택이었다.

이후 한동훈이 법무부장관으로 취임하여 공직을 수행하며 보여주었던 모습은 일반 대중의 기대 이상이었다. 권위의식과 기득권에 취해있던 국회의원들에 맞서 자신의 주장을 펼치고 국회의원들의 발언에 어떤 모순이 있는지를 한마디도 지지 않고 맞서는 모습에 대중은 시원함을 느끼고 환호했다. 특히 출근길 인터뷰를 통해 현안 이슈에 대해 자신의 생각을 피력하는 모습은 대중들에게 '한동훈은 무언가 다르다'라는 이미지를 심어주었다. 기자들의 질문에 즉석에서 대답하면서도 그가 하는 말은 정제되고 간결했다. 그러다 보니 그의 말 한마디 한마디는 뉴스의 헤드라인이 되기도 하였다.

한동훈 장관이 법무부 공식 일정에 참석할 때 독특한 풍경이 연출되었다. 그가 차에서 내리면 군중은 열광적으로 환호한다. 셀카를 요청하기도 한다. 분위기가 흡사 인기스타의 팬사인회 같다. 일반적인 정치인들은 자신을 환영해 주는 사람들과 악수하는 게 전부다. 하지만 한동훈의 경우는 조금 다르다. 셀카를 같이 찍고 싶어 한다. 한동훈과 같이 찍은 사진을 자신의 SNS에 올린다. 동시에 보수진영 유튜버들이 실시간으로 그 모습을 라이브로 방송한다. 한동훈은 대중이 친근하게 느껴서 함께 사진을 찍어 자랑하고 싶은 새로운 형태의 공직자 모습을 보여줬다.

이처럼 한동훈은 하나의 현상이 되고 있다. 언론에서 '한동훈 신드롬'이라 명칭을 붙이는 것도 무리는 아니다. 법무부장관 청문회와 취임식에 쏠렸던 관심은 인터넷과 SNS를 통한 자발적인 지지자 커뮤니티로 이어졌다. 한동훈이 언론에 등장했던 2022년 1월부터 시작해서 2023년 12월까지 대략 2년이라는 시간 동안 한동훈은 검사에서 법무부장관으로, 또 여당의 비상대책위원장이라는 정치인으로 관심이 집중되고 있다. 한동훈의 어떤 점이 이른바 한동훈 신드롬을 일으키고, 대중들로 하여금 그를 응원하게 하는 것일까? 그리고 앞으로 한동훈은 어떤 정치를 할 것인가? 이제부터 그에 대한 답을 하나씩 찾아보고자 한다. 한동훈이라는 인물이 가진 독특한 캐릭터를 살펴보면서 우리나라 정치권에서 한동훈이 더욱 특별한 이유까지 파헤쳐 보고자 한다.

02 장관 취임식 200만뷰의 의미

한동훈은 1973년생으로, 만 49세의 나이에 법무부장관이 되었다. 그의 약력을 간단히 살펴보면 우리나라 최고의 스펙을 가지고 있다. 서울 강남 8학군 출신에 서울대학교 법학과, 재학 중 사법고시 패스. 미국 뉴욕주 변호사 시험 합격 등 나열하자면 끝이 없을 정도다. 심지어 182cm라는 우월한 기럭지와 세련된 패션 감각은 기존의 정치인들이 보이는 우중충한 모습과는 거리가 있다. 심지어 뱃살도 없고 머리숱은 너무 풍성해서 가발이 아니냐는 의심까지 불러일으킨다. 소프트웨어와 하드웨어 모든 측면에서 보통의 사람과는 전혀 다르다.

2023년 12월 기준, 한동훈 장관의 취임식 조회 수가 200만을 넘었다(SBS 뉴스 및 연합뉴스 기준). 상당히 이례적이다. 대통령 취임식도 안 보는데, 누가 장관의 취임식을 찾아서 본단 말인가. 200만을 넘는 높은 조회 수는 한동훈에 대한 대중의 뜨거운 관심과 기대를 나타내는 지표라 할 수 있다.

한동훈에 대한 관심은 시간이 지날수록 폭발적으로 증가하는 모습을 보인다. 그가 하는 말은 토씨 하나 바꾸지 않고 언론에서 기사화되고, 유튜브 역시 '한동훈'이라는 단어가 들어가면 조회 수가 평소보다 5배까지 상승한다고 한다. 그가 공식 석상에 나올 때 어떤 넥타이를 맸는지, 그 넥타이에 적힌 문구가 어떤 의미를 나타내는지까지 시시콜콜하게 언론에서는 다루고 있다. 연예인 이상의 대중적인 관심이 한동훈에게 쏠리고 있는 것이다.

좌우 진영 모두의 관심

한동훈 법무부장관을 향한 관심은, 그를 응원하는 쪽에서도 그를 비난하는 쪽에서도 뜨겁다. 그를 응원하는 입장에서는 그가 가진 조선제일검이라는 이미지를 통해 기존 정권의 내로남불 세력을 처단해 주기를 원하고, 그를 비난하는 편에서는 그가 하는 말 중에 사소한 것이라도 비난의 꼬투리가 잡힐만한 것이 없을까 혈안이 되어 찾는다. 오로지 사랑만 받는다거나 미움만 받는 사람은 없기 때문에 한동훈 역시 좋아하는 사람과 미워하는 사람이 있을 수는 있다. 그런데도 다른 장관이나 정치인과는 달리 한동훈에게는 유독 응원하는 측과 미워하는 측 모두의 관심이 쏠리고 있다.

한동훈이 관심받는 이유를 몇 가지 더 살펴보자. 한동훈은 좌우진영 모두에게 관심의 대상이 될 만한 이유를 가지고 있다. 우선 우파의 입장에서 보면 한동훈은 '반듯한 엘리트'이며 야당의 폭주를 막고 보수 정권의 방패막이가 되어 줄 차세대 대권후보로 자리매김하고 있다. 반대로 좌파 입장에서 보면 그는 윤석열의 검찰공화국을 이어받을 검사 출신 소통령일 뿐이다. 게다가 건방지게 말대답하는 버릇 없는 장관이며, 민주당을 비난하는 발언을 함으로써 탄핵당해야 마땅한 장관이었다.

반듯한 엘리트 vs 차가운 엘리트

한동훈은 좌파와 우파에게 공통적으로 엘리트 이미지를 가지고 있다. 차이가 있다면 우파에게는 반듯한 엘리트이고 좌파에겐 서민의 삶을 모르는 차가운 엘리트의 이미지라는 점이다. 즉, 우파에게 한동훈은 삶을 바르게 살아온 똑똑한 인재다. 사법고시를 패스하고 검사로 근무했다는 점은 한동훈이 우수한 두뇌의 소유자라는 것을 나타낸다. 침착하게 기자 인터뷰를 하고 국회의원을 상대로 자신의 주장을 논리적으로 펼치는 모습은 우파 지지자들에게는 속 시원하고 바른 이미지를 가지도록 한다. 반면 좌파에게 한동훈은 머리는 좋은데 인정은 없는 이미지를 가진다. 머리가 좋아 사법고시는 패스

했을지라도 서민의 삶을 살아오지 않았고 검사로 근무하면서 피도 눈물도 없이 모든 것을 법대로 차갑게 처리하는 모습이다. 좌파에게 한동훈은 법무부장관직을 수행하면서 국민들의 삶을 공감하지 못하고 그저 모든 것을 법대로만 처리하는 차가운 소통령일 뿐이었다.

더불어민주당 고민정 의원은 2022년 5월 19일 국회 예산결산특별위원회에서 한동훈을 향해 "국민들의 감정을 공감하지 못하고 읽어내지 못한다"고 했고, 같은 당 김종민 의원은 2022년 12월 7일 라디오 인터뷰에서 "그 양반 정치 공부 다시 해야 돼요. 사법시험만 봤지 정치 공부를 안 한 겁니다"라는 이야기를 했다. 좌파의 시선에서 한동훈은 윤석열의 측근으로서 대한민국을 무조건 법대로만 처리하고, 작은 잘못에도 무조건 법의 잣대를 들이미는 기득권 세력인 것이다. 국민의 대표인 국회의원들에게 한마디도 지지 않고 말대답하는 모습도 얄밉다는 감정을 가지게 한다.

차세대 리더 vs 적폐 기득권

우파에게 한동훈은 내로남불의 좌파를 척결할 차세대 리더로 인식된다. 윤석열 대통령이 공정과 상식, 법과 원칙을 강조하는 것과 한동훈은 궤를 같이 한다. 문재인 정권에서 비리를 저질렀던 권력자들을 봐주지 않고 법의 잣대로 심판하는 모습, 더불어민주당이 추진했던 검수완박에 대항하여 시행령을 개정하는 모습 등은 한동훈이 좌파가 아닌 우파성향을 가지고 있음과 차세대 리더로서 손색없음을 확인하기에 충분했다. 여당인 국민의 힘 의원들이 '좋은게 좋은 거니까, 이슈가 있으면 대충 협상하자'는 태도를 보이는 것과 달리 한동훈은 대충 협상하는 모습을 보이지 않는다는 점도 우파 국민들에게 좋은 이미지를 남기는 요인이 되고 있다. 여론조사에서도 우파의 지도자로 한동훈이 꾸준히 언급되고 높은 지지율을 보이는 것은 한동훈이라는 인물이 가진 장점들 때문이면서 동시에 경쟁할만한 다른 우파 정치인들이 많지 않다는 점을 보여준다.

차기 대통령 적합도를 보면 보수진영에서 한동훈이 가장 높고 다음으로 오세훈 원희룡 순으로 이어진다. 다음 페이지 조사는 한동훈 법무부장관이 국민의 힘 비대위원장에 취임하기 직전에 이루어진 것이어서 소폭 오르긴 했지만, 그전까지 계속해서 "현재의 법무부장관 직무에 충실하겠다"라며 정치권의 러브콜에 별다른 반응을 보이지 않았을 때도 한동훈은 보수진영의 차기 대통령 후보로 가장 높은 지지율을 유지하고 있었다. 그런 점에서 보면 보수진영에서는 한동훈의 의지와 관계없이 그를 윤석열 대통령을 이어 정권을 계속 유지해 줄 차기 리더로 인식하고 있다는 것을 알 수 있다.

좌파에게 한동훈은 적폐 기득권일 따름이다. 집은 서울 강남의 부자 동네에서 살면서 검사로 살아왔다. 채널A 취재원 강요미수 사건으로 수사받을 때 한동훈 본인은 핸드폰 비번을 공개하지 않으면서 수사에 협조하지 않는 모습을 보였고 도이치모터스 주가조작 혐

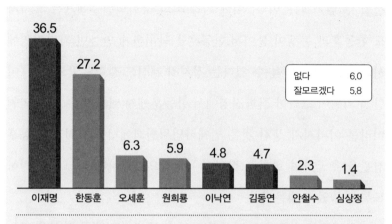

차기 대통령 적합도 단위 : %

출처 : 데일리안

없다	6.0
잘모르겠다	5.8

36.5 이재명
27.2 한동훈
6.3 오세훈
5.9 원희룡
4.8 이낙연
4.7 김동연
2.3 안철수
1.4 심상정

* 조사기간:2023년 12월 25일~26일   * 조사대상:전국 만8세 이상 남녀   * 응답자수:1,015명
* 표본오차:95%신뢰수준 ±3.1%   * 조사방법:휴대전화RDD100% 자동응답전화조사
* 응답률:3.3%   * 의뢰자:데일리안   * 조사기관:여론조사공정㈜

의로 영부인 검건희 여사를 소환해야 한다는 더불어민주당의 요구에 응하지 않았다. 조국 수사할 때엔 엄격하게 법의 잣대를 적용하여 100곳 넘는 곳을 압수수색했지만 영부인의 혐의에 대해서는 법의 잣대가 없는 것과 마찬가지였던 것. 좌파에게 한동훈은 자기편에게는 법의 잣대를 적용하지 않는 모습으로 보일 수밖에 없다.

좌파가 한동훈에게 관심을 보이는 또 다른 이유가 있다. 한동훈은 윤석열 정부에서 일종의 상징이기 때문이다. 윤석열의 분신인 한동훈을 잡으면 나머지 관료들을 잡는 일은 어려운 일이 아닐 것이고, 국정 운영에서 주도권을 잡을 수 있다는 계산이 깔려있었을 것이다. 한동훈에게 흠결이 있다면 이는 윤석열 정부의 도덕성과 연결될 수 있기 때문이다. 이에 더해 좌파 국회의원들에게는 혹시라도 한동훈과 논쟁이 붙어서 한동훈을 난처하게 만들면 좌파진영에서 영웅 대접을 받을 수 있다는 정치적 계산도 깔려있었으리라. 이탄희 의원이 그나마 좌파진영에서 한동훈에게 대항할 수 있는 의원이라는 이미지가 생긴 것은 법제사법위원회에서 집요하게 한동훈 장관을 추궁하여 한동훈 장관이 "제 착오였습니다"라고 이야기하도록 만들었기 때문이다.

결론적으로 한동훈은 좌파와 우파 모두에게 지대한 관심을 받는 존재이다. 그 관심은 국민의 힘 비상대책위원장이라는 모습으로 정치인의 길을 본격적으로 걷고 있는 한동훈을 향해 더욱 커져만 갈 것이다. 2023년 12월 26일 국민의 힘 비상대책위원장으로 취임하면서 하루도 빠짐없이 뉴스의 헤드라인을 장식하고 있다는 것이 그 반증이다.

03
롤모델이 되는 한동훈

우리나라는 더 이상 공부만 잘해서 성공할 수 있는 사회가 아니다. 일명 '조만대장경'이라 불리는 조국의 트위터를 보면 모두가 용이 될 수 없으니 일반 국민은 개천에서 나는 용이 될 생각을 하지 말고 개천에서 가재, 붕어, 개구리로 살아가라는 조롱을 듣는다. 공부를 열심히 하는 것보다 어떤 부모를 만나느냐가 더 중요한 세상이 되었다. 이렇게 학습된 무기력에 지쳐가는 한국 사회에서 한동훈은 '공부를 열심히 하면 기회는 있다'라는 당연하지만 지금은 귀해진 진실을 몸소 보여주는 사례다.

대한민국의 학습된 무기력

심리학 현상 중에 '학습된 무기력learned helplessness'이라는 것이 있다. 피할 수 없거나 극복할 수 없는 환경에 반복적으로 노출되면 자포자기하게 되는 현상을 가리킨다. 무엇을 해도 상황이 나아지지 않을 것이라는 무기력이 학습된 결과다.

과거엔 공부를 잘한다는 것은 많은 기회를 얻고 출세하기 위한 가장 확실한 방법이었다. 문과에서는 사법고시를 통해 판사, 검사, 변호사가 될 수 있었고, 이과에서는 의사가 되어 사회적으로 존경을 받고 부를 얻을 수 있었다. 지금은 어떤가? 사법고시 대신 로스쿨이 있다. 로스쿨에 입학하려면 좋은 대학을 졸업해야 하고 3년간 대략 5,000만 원이 필요하다. 그런데 그 좋은 대학의 합격통지서는 공부 잘하는 학생이 아닌 스펙이 좋은 학생들의 차지다. 결국 로스쿨은 부모의 재력으로 뒷받침된 스펙 좋은 학생들에게 기회가 더 많다는 의미다.

이과의 끝판왕이라는 의사를 봐도 비슷하다. 공부를 잘해야 하는 의예과 입학에 더해 의전원(의학전문대학원) 제도라는 것이 있다. 조국의 딸인 조민이 졸업해서 의사 자격을 얻었던 곳이 바로 의전원이다. 지금은 대부분의 의전원에서 다시 의대로 회귀하고 있다. 여담이지만 2019년에 시작된 조국사태를 떠올려 보자. 얼마나 많은 부모들이 자신이 조국과 정경심이 아니라는 사실 때문에 자녀들에게 미안해했던가.

자신의 자녀에게 "공부 잘하면 성공의 기회가 많아진다" 이렇게 이야기할 수 있는 부모가 적어지고 있다. 보통의 중산층과 서민층에서는 "공부 잘해봐야 대충 대기업에서 몇 년 일하다가 잘린다. 공무원이 최고다"라고 말하는 것이 현실이다. 이제 공부 잘해서 훌륭한 사람이 되는 것은 불가능에 가깝다. 기회조차 공평하게 얻을 수 없는 상황이다.

학생이나 취업준비생 개인의 능력보다는 부모님의 재력이나 사회적 지위가 대학입시와 취업에 영향을 미친다. 입시를 위한 스펙 쌓기가 그렇고, 취업을 위한 인턴십이 그렇다. 부모의 도움이 있어야 한다. 과거처럼 학교에서 공부만 열심히 해서는 공평한 기회를 얻기가 힘들다는 것에 대해 아니라고 이야기할 수는 없을 것이다.

실력으로 성공한 한동훈처럼

저자의 지인 중에 자신의 자녀가 한동훈처럼 되면 좋겠다는 학부모들이 상당히 많다. 법무부장관이라는 직함은 물론이고 엘리트 이미지까지 더해졌기에 그러하다. 한동훈의 이력을 보면 '공부 잘하는 사람'이 어디까지 올라갈 수 있는지 보여준다. 특히 한동훈은 혈연, 지연, 학연과 같은 실력 외의 부분이 아닌 오로지 본인의 실력으로 그 자리에 올랐다는 점도 부모들이 한동훈처럼 내 아이를 키우고 싶다는 생각을 하게 한다.

대한민국 최고 학부인 서울대학교 법학과에 입학하여 대학 재학 중에 사법고시에 합격했으니 공부머리로는 우리나라 최고 수준이라 할 수 있다. 물론 여당인 국민의 힘이나 야당인 더불어민주당에도 한동훈 못지않은 두뇌 능력과 이력을 가진 사람들은 많다. 그런데도 부모들이 자신의 자녀들이 '한동훈'처럼 되면 좋겠다고 생각하는 이유는 무엇일까?

첫째, 한동훈은 공부를 잘했다. 사법고시에 합격했다는 것은 한동훈이 공부를 열심히 하고, 잘했음을 의미한다. 검사로 임명되어 근무했던 첫 부임지가 서울중앙지방검찰청이라는 점 역시 그가 사법연수원에서 최우수 수준이었다는 점을 말해준다. 지금의 위치에 오르기까지 한동훈은 '정치'를 하거나 대중적인 인기를 얻으려 노력하지 않았다. 그저 자신에게 주어졌던 일을 묵묵하게 수행했다. 그가 검사로 근무하는 동안 수사했던 사건들을 보면 '정치적 판단', '정무적 고려'는 전혀 하지 않았음을 알 수 있다. 그저 책상 위에 사건 서류가 올라오면 죄를 지은 나쁜 놈인지 아닌지를 판단했을 뿐이다. 나쁜 놈이라는 확신이 들면 끝까지 추적해서 죄에 맞는 벌을 받도록 했을 뿐이다. 한동훈의 현재 자리는 사법고시 합격이라는 공부로 이룬 자리다.

둘째, 한동훈은 자신의 삶에 있어 당당하다. 법무부장관 인사청문회에서 시작하여 대정부질문, 국회 법사위원회 등에서 한동훈 장관은 야당 의원들에게 매섭게 공격당한다. 그럴 때마다 그가 보여주는 모습은 이전의 고위관료들이 국회의원들에게 꼼짝 못 하고 머리를 조아리던 모습과 사뭇 다른 모습을 보여주었다. '이건 이렇고 저건 저렇다' 또는 '의원님이 잘못 알고 계신 거다' 등등 야당 의원들의 매서운 공격에 당당하게 자신의 의사를 표현하고 정면으로 맞받아친다. 한 번을 안 지고 질문에 당돌할 정도로 답변하는 모습은 더불어민주당 의원들에게는 밉상으로 보일 수밖에 없다. 그의 당당함과 당돌함은 실력에서 나온다. 여당이든 야당이든 국회의원들이 현안 질문을 할 때 그의 대답이 막힘없는 것은 자신의 직을 수행하는 데 필요한 데이터와 이슈 사항을 모두 꿰뚫고 있기에 가능한 일이다. 한동훈은 누구에게 잘 보일 필요를 느끼지 못한다. 전문지식을 바탕으로 자기 자신에 대한 자신감이 가득하기 때문이다. 자기 자식이 어디 가서 아쉬운 소리 하지 않고 당당한 모습으로 자신의 일을 하는 것을 부모들은 바란다.

셋째, 한동훈은 힘든 역경이 있을 때 좌절하지 않으면 기회가 다시 온다는 점을 잘 보여준다. 직장에서 좌천되는 것은 '그냥 나가라'는 뜻이다. 한동훈은 네 번이나 좌천을 당함으로써 검찰조직 내에서 기피인물이 되었었다. 추미애 전 법무부장관은 한동훈과 친하게 지내면 인사상의 불이익을 당할지도 모른다는 막연한 두려움을 주고자 했다. 채널A 사건으로 한동훈이 험한 꼴을 보게 하고 싶었을 것이다. 아마도 이때가 한동훈에게는 심적으로 가장 힘든 시기였을 것이다. 그때 자신이 꿈꿨던 검사의 바른길을 포기하고 '변호사 개업

할 테니 더 이상 나에 대한 수사를 하지 말아달라' 하는 식으로 권력이나 현실에 타협할 수도 있었을 것이다. 하지만 한동훈은 누군가는 이런 광기를 기억해 주면 된다는 의연한 마음가짐으로 임했다. 힘든 시기가 있을 때 도망치지 않고 맞서면 언젠가 자신의 진심을 알아줄 것이라는 마음이었을 것이다.

여기서 단순한 질문을 하나 던져보자. 내 아이가 이재명처럼 되기를 원하는가 아니면 한동훈처럼 되기를 원하는가? 둘 다 사법고시를 패스하고 법조인의 삶을 살아왔다. 이재명은 성남시장을 거쳐 대통령 후보까지 오른 인물이고 한동훈은 검사와 법무부장관을 거쳐 현재 여당의 비상대책위원장을 맡고 있다. 만일 이 질문을 내가 받는다면 나는 내 아이가 한동훈처럼 되기를 원한다는 답을 내놓을 것이다.

넷째, 부모의 도움이 없었다. 많은 정치인들이 부모의 배경이나 도움으로 국회의원이 된다. 돈 많은 집안의 도움으로 국회의원 뱃지를 달거나 지역구를 물려받기도 한다. 우파 또는 좌파의 입맛에 맞게 활동하다가 발탁되어 의원이 되는 경우도 있다. 하지만 한동훈은 다르다. 부모의 도움을 받거나 이념의 편에서 입맛에 맞게 활동하지 않았다. 단지 자신의 직업과 신념에 따라 살았다. 법무부장관이나 비상대책위원장이 되어 대중적인 관심을 받는 것은 한동훈 본인의 목표가 아니었다. 정치인 한동훈을 응원하고 지지하는 것은 그가 자신의 삶에 충실했고 누군가의 입맛에 맞추기 위해 비굴한 모습을 보이지 않았기 때문이다.

모든 부모는 자녀에게 최고의 환경을 제공하고 사회에서 성공할 수 있도록 모든 지원을 아끼지 않는다. 자녀가 걱정없이 공부하고 자신의 꿈을 마음껏 펼칠 수 있도록 환경을 만들어주고자 하는 것은 부모의 공통된 마음이다. 다만, 경제적 상황 등 현실적인 문제로 인해 충분하게 지원해 주지 못하는 것을 미안해 하는 부모들이 많다.

한동훈은 부모의 도움이나 집안의 재력으로 사법고시를 패스하여 검사가 된 것이 아니다. 부모 입장에서는 알아서 잘 자라준 자식이라 할 수 있다. 검사가 된 이후, 더 높은 자리를 위해 인맥을 쌓기 위한 노력이나 선배들의 청탁을 들어주거나 하지도 않았다. 사회생활을 하면서 눈치 보지 않고 아부하지 않기는 쉽지 않다. 자신의 신념을 꺾고 자신보다 못한 사람에게 머리를 숙여야 할 때 느끼는 자괴감도 잘 알고 있다. 한동훈이 누구에게도 고개를 숙이지 않고 신념을 꺾지 않는 모습을 볼 때 많은 부모들은 자신의 자녀들도 역시 저렇게 당당하게 살았으면 좋겠다는 생각을 하게 된다. 알아서 잘 자라준 자식이면서 사회생활을 하면서도 비굴하지 않게 살아가는 한동훈이라는 인물은 진영을 떠나 자신의 자식이 그렇게 커 주었으면 좋겠다는 생각을 가지게 한다.

한동훈이 법무부장관 시절 지방 일정을 갔을 때 역에서 시민들의 사진 촬영 요청으로 인해 예약한 기차를 놓쳤다는 기사를 본 적 있을 것이다. 정치인이 되기 전에도 이러했는데 정치인이 된 현재, 또

선거철에는 어떠할지 쉽게 상상이 간다. 이렇게 한동훈 위원장과 사진을 찍고 싶어 하는 사람들 중에는 의외로 자식을 동반한 부모들이 많았다고 한다. 이것 역시 자신의 자식이 한동훈처럼 잘 자라주기를 바라는 마음에서 비롯된 것이 아닐까 싶다.

조선제일검

검사 한동훈의 별명은 '조선제일검'이었다. 검사라는 직업이 칼잡이의 역할을 한다고 했을 때 한동훈의 실력이 그만큼 뛰어났다는 이야기이기도 하다. 다른 별명으로는 '대기업 저승사자' 등 유능한 검사가 가질 수 있는 최고의 칭찬을 받는 것으로 볼 수 있다. 조선제일검이라는 다섯 글자는 한동훈이 대한민국에서 최고의 실력을 갖춘 검사라는 점을 알려준다. 그렇다면 한동훈 검사는 어떻게 조선제일검이라는 타이틀을 갖게 되었을까?

검사 한동훈은 2001년 검사 생활을 시작해, 2003년에 SK그룹 분식회계 사건과 불법 대선자금 수사, 2006년 현대자동차그룹 비리 수사에 참여했고, 2007년 당시 현직이던 국세청장을 구속하는 데 큰 역할을 했다. 2016년 최순실 국정농단사건의 박영수 특별검사팀에 합류하여 이재용 삼성전자 부회장 구속을 이끌어내기도 했다. 2018년엔 이명박 전 대통령을 구속 기소한다고 발표했다.

한동훈은 2017년 문재인 정부가 들어서면서 본격적으로 스타 검사로 떠올랐다. 문재인 정부의 코드인 '재벌 혼내주기'에는 한동훈 검사가 최적의 인물이었기 때문이다. 검사로서의 한동훈은 책상에 서류가 올라와 있으면 끝까지 파고들어서 지은 죄에 대해 책임지게 했다. 직장인들 이력서에 그간 해왔던 프로젝트들을 적어내듯, 한동훈이 검사 시절 참여했던 굵직했던 사건들을 정리하면 아래와 같다.

SK 부당거래 분식회계 사건(2003년)

'OK! SK'라는 캠페인으로 대중들에게 좋은 기업 이미지를 만들던 과정에서 발생한 사건이다. SK글로벌의 분식회계, JP모건과의 옵션 이면 거래, 워커힐과의 주식 스와프 거래 배임행위, 워커힐 주식 고가 매입 배임 행위 등의 범죄를 밝혀냈다. 검찰은 SK글로벌의 1조 5,000억 원 규모의 분식회계 혐의를 확인하고 배임 등의 혐의로 SK(주) 최태원 회장과 김창근 SK그룹 구조조정본부장 등 두 명을 구속 기소하고 손길승 SK그룹 회장 등 여덟 명을 불구속 기소했다.

불법 대선 자금 사건(2004)

2002년 대선 당시 이회창 한나라당 후보를 비롯한 양측 캠프가 삼성, SK 등 대기업으로부터 불법 대선자금을 받았던 사건이다. 한나라당은 823억 원, 민주당은 113억 원을 받은 사실이 검찰 수사 결과 드러났다. 불법 대선 자금 사건은 '한나라당 차떼기 사건'이라고도 하는데, 고속도로 휴게소 등에서 돈이 담긴 차량을 넘겨받은 뒤 이를 차량 채 가져갔기 때문이다. 이후 한나라당은 '차떼기당'이라는 오명을 얻게 되었다.

현대차 그룹 비자금/부당거래 사건(2006년)

현대차 그룹에 대해 경영권 불법 승계 의혹, 관련 계열사들을 통한 비자금 조성 의혹, 계열사 매각·인수 과정에서의 로비 의혹, 양재동 사옥 매입 및 증축 공사 과정의 의혹, 정관계 로비 의혹 등을 수사하여 정몽구 회장에 대해 1,380억 원의 비자금을 조성하고 회사에 3,000억 원의 손해를 끼친 혐의로 정몽구 회장을 구속했다.

론스타 주가 조작 사건(2006년)

론스타가 외환은행을 인수하고 나서 두 달 뒤인 2003년 11월, 외환은행 이사회는 부실 덩어리로 전락한 외환카드를 외환은행에 합병하기로 하고, '향후 외환카드의 감자 계획 등이 검토될 것'이라는 내용이 담긴 보도자료를 배포했다. 감자설이 나오자 외환카드의 주가는 주당 5,400원에서 2,550원으로 하락했다. 검찰은 '실제 감자를 실행할 의사나 능력이 없었으며, 론스타 쪽의 감자 검토 발표는 주가를 떨어뜨려 합병 비용을 낮추려는 허위사실 유포'라며 유 대표와 외환은행 등을 기소했다. 그 결과 증권거래법을 위반하여 외환카드 주가를 조작한 혐의로 론스타코리아 대표는 법정 구속되었다.

전군표 국세청장, 정윤재 청와대 비서관 뇌물사건(2007)

검찰이 CJ그룹 이재현 회장의 비자금 조성 및 역외 탈세에 대해 수사한 사건. CJ 이재현 회장에 대한 수사 과정에서 CJ그룹이 세무조사 무마를 위해 2006년에 전군표 당시 국세청 차장에게 금품 로비를 했다는 정황도 포착돼 이에 대해서도 검찰이 수사한 사건이다.

전군표 전 국세청장은 CJ그룹으로부터 세무조사 무마 대가로 3억 1,000만 원 상당의 뇌물을 받은 혐의(특정범죄가중처벌 등에 관한 법률상 뇌물)로 구속 기소됐다. 뇌물을 전달한 혐의(특가법상 뇌물 방조)로 함께 기소된 허병익 전 국세청 차장에게는 징역 2년 6월이 선고됐다.

장세주 동국제강 비자금 및 도박 사건(2015)

철강 생산 과정에서 나오는 부산물을 부당하게 거래하거나, 동국제강 미국 법인에 설비공사 대금을 부풀려 지급하는 방식으로 약 200억 원을 횡령해 개인적 용도에 쓴 혐의 등으로 장세주 동국제강 회장을 기소한 사건이다.

대중에게 잘 알려지지 않았지만, 장세주 동국제강 관련 사건은 한동훈 검사가 어떤 인물인지 잘 드러낸 사건이었다. 2015년 4월, 당시 서울중앙지검 공정거래조세조사부의 부장검사 한동훈은 회삿돈 200억 원을 빼돌린 혐의를 받는 동국제강 장세주 회장에 대해 횡령, 배임, 상습도박 혐의로 구속영장을 신청했었다. 법원은 "일부 범죄 혐의에 관한 소명 정도, 현재까지의 수사 경과 등에 비춰 현 단계에서 구속의 사유와 필요성이 인정되지 아니한다"며 영장을 기각했다. 이때 검찰은 '유전불구속 무전구속'이라는 말이 생기지 않을까 염려된다며 더 치밀하게 준비해서 다음 달에 다시 구속영장을 청구해서 구속시킨 바 있다.

재벌들 사이에서 '한동훈에게 걸리면 그 자리에서 혐의 다 인정하는 게 싸게 먹힌다'는 말이 나올 정도였다. 처음에 운 좋게 빠져나간다 해도 그다음에 한동훈이 더 준비를 해서 더 무거운 범죄를 적용하기 때문이다.

대우조선 분식회계 사건(2016)

대우조선해양은 선박, 해양플랜트, 특수선 등 진행 중인 프로젝트들에 대해 예정원가를 실제와 다르게 임의로 축소해 매출액을 부풀려 작성했다. 동시에 공사손실충당부채(공사에서 비롯되는 손실액 중 지출의 시기나 금액이 불확실한 부채) 전입액을 감소시켜 매출원가 역시 실제보다 큰 액수로 산정해 제출했다. 대우조선해양은 이처럼 손실이 발생했음에도 이익이 난 것처럼 '거짓'으로 2012년~2014년 재무제표를 작성했다. 순자산 기준 5조 7,059억 원의 '회계 사기'를 저질렀다.

결국 고재호 전 대우조선해양 사장과 김갑중 CFO는 주식회사의 외부감사에 관한 법률 위반, 자본시장 금융투자업에 관한 법률 위반 등 혐의로 기소돼 각 징역 9년, 6년을 확정받았다. 감사보고서의 허위 기재 등 혐의로 기소된 안진회계법인 소속 공인회계사 4명도 각 징역 1년 6개월~2년 6개월을 선고받았던 사건이다.

삼성바이오로직스 분식(2019)

이재용 삼성전자 부회장의 경영권 승계를 위한 제일모직과 삼성물산 합병을 전후로, 합병 비율을 이재용에게 유리하게 하기 위해 제일모직과 그 자회사인 삼성바이오로직스의 기업가치를 부풀리고, 자회사인 삼성바이오에피스에 대한 지배력 변경 등을 근거로 삼성바이오로직스 기업가치를 부풀리는 등 분식회계를 한 혐의를 검찰이 수사한 사건이다. 이는 2023년 11월에도 현재진행형이기 때문에 결론은 명확하게 나오지 않았다.

오로지 불법과 합법의 잣대로

검사로서의 한동훈은 비단 경제계에서만 무서운 칼로 인식된 것이 아니다. 권력을 가지고 있으면서 불법을 저지른다면 성역 없이 수사하고 법의 공정한 칼날을 휘둘렀다. 한동훈에게는 우리 편과 상대 편의 구분이 없었다. 기준이 있다면 불법과 합법이다. 이명박 정부의 최경환 전 장관을 구속시키고, 이명박 대통령도 구속시켰다. 박근혜 정부의 국정원 특활비 횡령 사건도 수사했다.

여기에 바로 검객 한동훈의 무서운 점이 있다. 한동훈은 이념을 보지 않는다는 것이다. 우리 편이라 해서 감싸주거나 부실수사해주는 일이 없다. 상대편이라 해서 없는 죄를 뒤집어씌우지 않는다. 오로지 범법이나 위법한 사항이 있는지만을 본다. 한동훈 자신에게 무한한 사랑을 보내주었던 더불어민주당 인사들에 대해 가혹하리만큼 많은 압수수색과 수사를 진행한 것 역시 한동훈의 무서운 점이다. 그 자신도 이렇게 하면 후에 보복이 있을 것이고, 눈 한 번 감으면 꽃길을 걸을 수 있다는 점도 알고 있었음에도 적당한 타협을 하지 않았다.

2019년엔 그 유명한 조국 일가 비리를 수사한다. 이전까지 한동훈 검사를 지지하고 응원하던 진보진영은 당황할 수밖에 없었다. 진보진영 입장에서 보면 한동훈은 이명박, 박근혜 두 전직 대통령에게만 칼을 휘두르는 고마운 우리 편이었는데, 그 칼끝이 멈추지 않고 진보진영의 조국 전 법무부장관에게까지 향했기 때문이다. 나중에 자세히 다루겠지만 이때를 기점으로 한동훈 검사는 정권에 미운털이 박혀 네 번의 좌천을 겪게 된다. 윤석열 당시 검찰총장도 이런저런 명목으로 손이 묶였던 것은 물론이다.

한동훈 검사 입장에서는 자신의 책상에 수사할 대상의 서류가 올라왔으면 최선을 다해 수사를 했던 것뿐이다. 법무부장관 당시 입버릇처럼 말했던 '해야 할 일'이 바로 그것이다. 한동훈 검사는 당시 자신이 해야 할 일에 충실했을 뿐이었다. 물론 한동훈 검사도 진보진영 인물들을 수사하면 자신의 출세가 막힐 것이라는 사실을 알고 있었다. 2022년 2월에 한 언론사와 인터뷰했던 내용에서 이를 발견할 수 있다. 한동훈의 당시 발언을 그대로 옮겨보면 이렇다.

출세시켜 준 정부를 배신했다는 공격에 대해,

"권력이 물라는 것만 물어다 주는 사냥개를 원했다면 저를 쓰지 말았어야죠. 그분들이 환호하던 전직 대통령들과 대기업들 수사 때나, 욕하던 조국 수사 때나, 저는 똑같이 할 일 한 거고 변한 게 없습니다."

정치적 목적으로 조국 수사를 한 것 아니냐는 공격에 대해,

"윤 총장이나 저나 눈 한번 질끈 감고 조국 수사 덮었다면 계속 꽃길이었을 겁니다. 권력의 속성상 그 수사로 제 검사 경력도 끝날 거라는 거 모르지 않았습니다. 그 사건 하나 덮어 버리는 게 개인이나 검찰의 이익에 맞는, 아주 쉬운 계산 아닌가요. 그렇지만 그냥 할 일이니까 한 겁니다. 직업윤리죠."

조국 수사는 선출된 권력에 대한 검찰의 저항이라는 말에 대해,

"그냥 틀리는 말입니다. 누구든 법을 지키지 않으면 법에 따라 처벌받을 수 있어야만 민주주의이고 법치주의입니다. 모든 헌법 교과서에 나오는 당연한 말이죠."

한동훈의 발언을 살펴보면 그가 가진 철학을 발견할 수 있다. 그 자신도 처세술의 관점에서 눈 한 번 질끈 감고 조국 수사를 덮었다면 더 출세할 수 있다는 것을 알았고, 자신의 정체성에 대해서는 사냥개가 아닌 누구든 잘못이 있으면 수사한다는 인식을 가지고 있었다.

권력의 달콤함을 옆에서 보고 느껴왔을 검찰 간부의 입장에서 자신의 양심과 타협하고 조국 수사를 덮을 수도 있었을 것이다. 하지만 한동훈은 그렇게 하지 않았다. 진영에 상관없이 강자의 불법에 더 엄정해야 한다는 그 기준에 따라 일했다는 한동훈의 발언은 그가 실제로 말과 행동이 일치했음을 알 수 있게 해준다. 말은 번지르르

하지만 실제 행동은 그렇지 않은 정치인들로 인해 정치에 대해 환멸을 느끼고 경멸하는 풍조가 퍼질 수밖에 없는 기존의 대한민국에서 이러한 신념대로 사는 검사 한동훈은 대중에게 매력적으로 보일 수밖에 없었을 것이다.

한동훈 검사는 누구든 법을 지키지 않으면 법에 따라 처벌받아야 한다는 소신을 따르다가 인사상의 불이익을 겪어야 했다. 대중은 자신이 말한 그대로 행동한 한동훈의 모습에 박수를 보내는 것이다.

조선제일검이라는 한동훈의 별명은 수사 실력뿐만 아니라 자신에게 주어진 '해야 할 일'에 대해 눈감아주거나 권력의 입맞에 맞게 대충 사건을 덮지 않았기 때문에 얻을 수 있었다. 선배의 청탁을 받지 않기 위해 회식이나 접대 자리에 참석하지 않았기에 가능했다. 우리는 모르지만 수사 잘하는 검사는 한동훈 이외에도 많을 것이다. 그들 역시 언젠가는 능력과 실력을 인정받아 한동훈 검사와 같은 길을 걷게 될 것이다. 조선제일검 한동훈 검사는 후배들에게 '자신의 신념을 지키면 중간에 좌천당하는 일이 있어도 나중에 보상받을 수 있다'는 교훈을 남긴 셈이다.

05 이상한 **부잣집 아들**

한동훈은 금수저 출신이다. 대부분의 정치인들이 자신들이 흙수저 출신이라는 점을 강조하고 재래시장에서 어묵 먹는 모습을 보이고자 노력한다는 점은 잘 알 것이다. 좌파 정치인들과 고위관료들이 자신들의 SNS 또는 청문회에서 굽이 다 닳은 구두를 신고, 바닥에 대고 긁어 흠집 낸 가방을 들고 들어오는 모습이 쉽게 연상될 것이다. 반면 한동훈은 공적인 자리에서는 항상 말끔하고 세련된 모습을 보인다. 구두는 반짝이고, 셔츠는 잘 다려져 있고, 손목 부분에는 단추 대신 커프스까지 달려있다. 넥타이는 핀으로 고정시키고 스카프나 목도리 등을 패션 소품으로 활용한다. 한동훈이 낡은 구두에 여기저기 긁힌 가방을 들고 다니는 모습을 상상하기 어렵다.

한동훈은 자신의 부유함을 노골적으로 드러내지는 않지만 그렇다고 굳이 숨기지도 않는다. 한동훈은 압구정동에서 고등학교를 나온 부잣집 아들이면서, 아내도 김&장 법률사무소에 근무하는 변호사이다. 더불어민주당 소속이었던 송영길 전 대표와 대조를 이룬다. 송영길은 자신에 대해 가진 재산은 5층 연립 전세보증금 4억 3,000만 원이 전부라고 말한 바 있다.

그런데도 한동훈이 가진 부유한 이미지는 이상하게도 약점으로 작용하지 않는다. 오히려 그 반대다. 멋진 패션과 단정한 이미지. 모델 같은 포스를 내뿜는 엘리트 이미지다. 한 마디로 부잣집 아들이다. 한동훈이 졸업한 현대고등학교는 서울 강남의 압구정동에 있다. 압구정동은 지금도 그렇지만 한동훈이 재학 중이던 시절에도 우리나라에서 가장 집값 비싼 동네였다. 언론을 통해 알려진 바에 따르면, 한동훈의 부친은 외국계 기업 AMK(어플라이드 머터리얼즈 코리아)의 대표를 역임했다. 장관청문회를 통해 밝혀진 한동훈의 재산 내역을 보면 본인과 배우자 합쳐서 총 38억 8,000만 원이다. 한동훈 본인의 재산 내역을 보면, 부동산으로는 서울 서초구의 삼풍아파트(21억 1,000만 원), 서초구의 오피스텔(3억 1,000만 원)과 경기도 부천시 상가(11억 6,000만 원)에 더해 전세로 거주하는 도곡동 타워팰리스 전세보증금 16억 8,000만 원이고 예금은 1억 5,000만 원이다. 배우자는 예금 2억 2,000만 원과 기타 동산(자동차 1,200만 원)으로 신고했다.

2022년 5월 9일 KBS 뉴스는 [尹내각 부동산 추적/한동훈]① '25

살 강남에 첫 아파트…모친 주도 탈법적 딱지 거래?'라는 제목으로 당시 한동훈 장관 후보자의 재산이 총 93억 원가량이라고 보도했다.

KBS 뉴스가 사실이라고 가정한다면 한동훈 위원장의 재산은 본인 공개 기준 39억 원 내외, KBS 보도 기준 93억 원 내외라고 하니 대략 40억~100억 원 정도의 재산을 가지고 있다고 추정할 수 있다. 재산 100억 원, 언뜻 보면 상당한 금액이고 보통의 직장인에게는 꿈꾸기도 어려운 금액이다. 로또에 당첨되면 30억 원 정도를 받는다고 해도 세 번은 당첨돼야 하는 금액이기 때문이다. 그렇다. 한동훈 위원장은 부자다.

금수저답지 않은 금수저

대한민국 남자라면 피할 수 없는 국방의 의무. 한동훈은 1998년 5월 입대하여 2001년 4월 대위로 만기 전역했다. 보통 수많은 정치인들과 금수저들이 듣도 보도 못한 생소한 병으로 대부분 면제되는 것이 일반적인데 한동훈은 그렇지 않았다. 고등학교 때 같은 반 친구들이 다들 모범생은 아니었을 테니 재미있는 삶을 원했다면 얼마든 즐기면서 사는 것도 가능했을 것이다. 그런데 한동훈은 그렇게 살지 않았다. 청문회나 언론을 통해 밝혀진 한동훈의 삶은 어찌 보면 무료할 정도라 할 수 있다. 술은 입에도 대지 않고 취미는 흔하디흔한 음악감상이다. 부잣집 아들이라 하기 어색할 정도다.

금수저에 부잣집 자식인데 재산 40억 원이면 좀 부족한 것 아니냐라고 생각할지도 모르겠다. 최소 100억 원 이상은 돼야 부자라고 말할 수 있는 것 아니냐, 겨우 40억 원 가지고 무슨 부자 소리를 듣는단 말인가. 김은혜 전 대통령실 홍보수석의 경우 2022년 지방선거 때 신고한 기준으로 재산이 225억 원이었던 것을 감안하면 더욱 그러하다. 한동훈에 비판적인 좌파진영에서는 부장검사 월급이 750만 원인데 어떻게 저렇게 많은 재산을 형성했느냐는 의혹을 제기한다.

만일 한동훈이 조국 일가를 수사해서 좌천되었을 때, 검사를 그만두고 변호사를 개업했다면 지금 재산은 얼마일까? 언론에서 변호사들이 하는 말을 들어보면, 중급의 변호사들은 형사 사건에서 경찰서 동행을 해주는 것만으로도 수천만 원을 청구한다고 한다. 돈 있는 사람들은 돈이 얼마 들어도 상관없으니 구속되는 것은 무조건 피하고 싶어 하기 때문에 그게 가능하다는 설명이다. 한동훈은 마음만 먹었으면 몇 년 안에 강남의 건물 몇 개를 사고도 남았을 것이다. 역시 이번에도 한동훈은 그렇게 하지 않았다.

사람이 일탈을 하는 이유는 지금의 생활이 재미없기 때문이다. 현재의 삶이 무료해져서 원래와는 다른 삶을 살아보겠다는 것이 일탈이다. 한동훈은 밖에서 보면 재미없는 삶을 살고 있다. 한동훈은 나쁜 놈을 감옥 보내는 것을 자신의 신념으로 삼고 있는 것으로 보인다. 다시 말해, 덕업일치의 라이프스타일을 영위하고 있다. 자신이 해야 하고 좋아하는 일, 즉 정의를 구현하기 위해 죄 있는 사람을 조사하고 감옥 보내는 일을 할 수 있으니 따로 일탈할 이유가 없다. 청문회를 통해 상대진영에서 수많은 제보를 받았을 때 한동훈 개인의 일탈에 대한 내용이 전혀 없었다는 것이 이를 증명한다.

한동훈은 독특한 인물이다. 재벌까지는 아니어도 상당한 부잣집 자식인데 공부를 열심히 했다. 그는 눈 한 번 질끈 감으면 얻을 수 있는 기회가 많았다. 지방으로 좌천되었을 때 '돈이나 벌자'라고 생각했다면 그는 형사분야의 능력 있는 변호사로 엄청난 부를 이루었을 것이다. '출세하자'라고 생각했다면 책상 위에 올려진 조국 관련 서류를 못 본 척했으면 됐을 것이다. 문재인 정권에 아부하고 그들 입맛에 맞춰 수사를 했다면 꽃길을 걸을 수 있다는 것을 스스로 잘 알고 있었을 것이다. 그러나 한동훈은 부를 이루고 출세하는 것에 욕심을 내지 않았다. 부잣집 아들이 열심히 공부해서 모범적인 공무원이 된다는 것은 솔직히 익숙한 인생스토리는 아니다.

한동훈이 서울대학교를 졸업했다는 것은 시사하는 바가 크다. 보통의 경우, 돈 좀 있다는 집안에서는 자녀를 해외 대학에 보낸다. 특히 한국의 입시제도를 통해 명문대를 갈 수 없다는 판단이 들면 일찌감치 자녀를 어린 시절부터 외국에 살게 해서 외국 대학을 나오도록 하는 것이다. 한동훈은 수능이 아닌 학력고사 세대였다. 생활기록부, 자소서로 대학을 가던 시기가 아니었기에 오로지 시험점수로만 입시 결과가 결정되었다. 이전 정권에서 학연, 혈연, 지연 등으로 이어지는 끼리끼리 문화에 염증을 느낀 대중들이 오로지 자신의 신념과 실력만으로 승부하는 한동훈에게 매력을 느끼는 것은 어쩌면 당연한 일일지도 모른다.

흔히 말하는 '인싸(insider-무리 내 리더)'의 모든 조건을 갖추었음에도 반골 기질도 있었다. 중학교 시절 반장을 할 때 모범생과 문제아가 다른 학교로 전학을 가게 되자, 선생님이 모범생에게만 롤링페이퍼를 작성하라고 했을 때, 왜 모범생에게만 그런 걸 써주느냐, 형평성에 맞지 않는다고 이야기했다는 일화가 있다. 반장 한동훈에게 중요했던 것은 공부를 잘하느냐 못하느냐가 아닌 형평에 맞느냐, 공평하냐의 문제였다. 한동훈이 가진 배경과 캐릭터를 보면 한동훈은 참으로 이상한 부잣집 아들이라 할 수 있다.

06

잠자는 또 다른 사자

지금 국정을 운영하는 윤석열 대통령의 정치입문과 대통령 당선에 가장 큰 역할을 했던 사람들은 아이러니하게도 더불어민주당의 정치인들이었다. 윤석열 대통령은 검찰총장 후보자 신분으로 참석했던 2019년 7월 인사청문회 당시 "저는 정치에 소질도 없고, 정치할 생각은 없다"라 했다. 그로부터 1년 후 2020년 10월 국정감사에서는 "앞으로 정치할 거냐"라는 노골적인 질문에 대해 "퇴임하고 나면, 제가 소임을 다 마치고 나면, 저도 지금까지 살아오면서 우리 사회의 많은 혜택을 받은 사람이기 때문에 우리 사회와 국민들을 위해서 어떻게 봉사할지 그런 방법은 좀 천천히 퇴임하고 나서 한번 생각해 보겠습니다"라고 약간의 입장 변화를 보였다.

정치에 전혀 관심 없던 윤석열 당시 검찰총장을 정치인으로 만들었던 것은 2019년 10월 시작된 '조국 일가 비리수사'였다. 결과적으로 조국 당시 법무부장관은 공식적으로 따지면 취임 36일 만에 그만두어야 했다.

최악의 선택이자 최고의 선택

당시 윤석열 검찰총장은 고민할 수밖에 없었다. 취임 3개월 된 시점에서 법무부장관을 수사해야 하는지를 결정해야 했고, 당시 조국은 살아있는 권력이었던 문재인 대통령의 정치적 동지이자 좌파진영에서 압도적 지지를 받는 대스타였기 때문이다. 일명 조국 수호 집회에 나온 수많은 지지자들의 모습과 그들이 양손에 들었던 '우리가 조국이다'라는 피켓을 보며 윤석열 당시 총장은 수사를 해야 할지 말아야 할지 결정하기 힘들었을 것이다. 윤석열 총장의 판단은 '수사하자'였다. 잘못된 점이 눈에 보이는데 권력자라고 해서 대중적인 인기가 많다고 해서 죄를 눈감아줄 수 없다는 생각이었을 것이다. 당시엔 최악의 결정이었겠지만 결과적으로 최고의 결정이기도 했다.

이후 윤석열 총장은 더불어민주당으로부터 많은 공격을 당했다. 조국에 이어 법무부장관에 취임했던 추미애 전 장관은 2020년 1월 취임과 동시에 윤석열 총장의 측근 인사를 모두 쳐냈다. 조국 수사에 조금이라도 기여했던 한동훈 같은 검사들은 비수사부서와 지방으로 발령을 내렸고, 중간 간부들 역시 좌천되었다. 같은 해 10월, 윤석열 총장은 국정감사에서 "나는 인사권도 없는 식물 총장이다"라고 말하며 분개하기도 했다.

윤석열 총장이 권력의 압박과 비난을 받을수록, 좌파 정권에 염증을 느꼈던 우파 성향 국민들은 윤석열 총장을 지지하기 시작했다. 추미애, 박범계로 이어지는 법무부장관들은 물론이고 더불어민주당 국회의원들까지 윤석열 총장을 공격했다. 공격은 검찰 외부뿐 아니라 검찰 내부에서도 일어났다. 법무부 감찰담당관이었던 임은정 검사는 윤석열 총장이 한명숙 전 총리 수사팀의 모해위증교사 의혹 관련 수사를 방해했다는 명목으로 고발을 했다.

윤석열 총장은 검찰 조직 외부와 내부에서 다양한 방식으로 공격받았다. 예상컨대 윤석열 총장은 이러한 시기를 거치면서 소위 진보라 일컬어지는 좌파진영의 모습에 실망했을 것이다. 자유민주주의와 시장경제질서의 본질을 지키기 위해 형사법 집행 역량을 집중시켜야 한다는 그의 신념을 감안할 때 위로는 문재인 대통령부터 시작해서 아래로는 이른바 친문검사(임은정 검사, 진혜원 검사)들이 보였던 모습은 윤석열의 시선에서 봤을 때 '함께 할 수 없다'는 결심을 굳히는 계기가 되었을 것이다.

좌파가 의도한 바는 아니었지만, 윤석열 총장은 좌파의 공격을 받을 때마다 점차 유력한 차기 대권후보로서의 입지를 굳힐 수 있었다. 더불어민주당 의원들에 맞서 자신의 소신과 신념을 밝히는 모습은 윤석열 총장이 보수의 상징인 전 박근혜 대통령을 수사했었다는 '원죄'가 있음에도 불구하고 우파성향의 국민들이 그를 향해 마음을 열고, 대통령감으로서 인정하는 계기가 되었던 것이다.

또 다른 사자, 한동훈

한동훈은 지금 윤석열 대통령과 비슷한 길을 가고 있다. 얼마 전까지는 그냥 잠자는 사자였다. 정치를 하고 싶어 하는 것이 아니었기에 정치권에 줄을 대서 출세를 도모한다거나 수사를 하면서 정치적인 면을 고려한다거나 하지 않았다. 그 흔한 SNS도 제대로 관리하지 않는다. 문재인 정권 시절의 전임 법무부장관들이 좌파 유튜브, 라디오 방송에 나와 자기 홍보에 열을 올리던 것과 대비된다. 아무리 뉴스에 많이 나오고 이슈의 중심이 되어도 한동훈 당시 법무부장관이 개인 SNS를 통해 입장을 발표하거나 의견을 제시했다는 뉴스를 본 적은 없을 것이다.

한동훈은 법무부장관 취임 이후 한 번도 개별 방송프로그램에서 인터뷰를 하거나 유튜브 개인 계정을 이용하여 영상을 제작한다거나 하지 않았다. 나중에 언급하겠지만 이재명, 이준석이 개인 SNS와 개인 유튜브 채널을 이용하여 지지와 응원을 호소하는 것에 비하면 지나치다 싶을 정도로 자기 홍보를 하지 않는다. 자신이 공무원이라는 사실을 강하게 인식하고 있었기 때문일 것이다.

유튜브 채널에 나와서 웃고 떠드는 한동훈의 모습을 상상할 수 있을까? 한동훈은 개별 프로그램이나 유튜브 출연에 대해 명확하게 입장을 밝힌 바 있다. 이미 출퇴근길 언론인터뷰를 통해 이슈와 정책에 대해 답변하고 있기 때문에 굳이 개별적인 기회를 만들어서 인터뷰를 할 필요가 없다는 것이 그의 생각이었을 것이다. 자신의 인기를 위해 SNS를 하지 않는 것. 개인적으로 호감이 간다.

국민의 힘 비상대책위원장을 맡기 전까지 한동훈에게 정치입문이나 출세는 관심 사항이 아니었다. 한동훈이 항상 관심을 가지고 있는 것은 정의 구현을 위한 공정한 법 집행이었다. 특히 나쁜 놈이 강하면 강할수록 더욱 의지를 불태운다. 그가 조국 수사에 대해 후회하지 않느냐는 질문을 받았을 때 "직업윤리니까요"라는 대답을 했던 것은 이러한 그의 내면을 잘 표현한다. 윤석열 대통령과 마찬가지로 한동훈은 그냥 두었으면 아주 훌륭한 법조인으로서 검찰에서 아마도 검찰총장까지 하고 명예롭게 은퇴해서 조용히 살았을 것이다. 좌파 정치인들에게 위협적인 존재로 성장하지 못했을 것이다.

더불어민주당은 윤석열에게 했던 실수를 다시 한동훈에게 반복하고 있다. 자꾸 건드려서 대중들에게 한동훈이라는 이름을 각인시키고 있는 것이다. 이러한 실수는 현재진행형이다. 더불어민주당의 처럼회 멤버들이 보인 우스꽝스러운 모습을 시작으로 한동훈은 더불어민주당 의원들의 공격을 받을 때마다 관심과 주목을 더 많이 받게 된다. 한동훈이 좌파와 맞서면서 꺼내는 이야기들은 명언으로 기록되어 《한동훈 스피치》라는 이름으로 어록까지 따로 출간되기도 했다. 한동훈 어록이 특이한 이유가 있다. 한동훈 스스로 기획하거나 요청하지 않았다는 점에서 그러하다. 대중의 지지와 관심을 필요로 하는 정치인들이 자서전을 출간하거나, 장관이었던 인사들이 자신의 전문분야에 대해 출간하는 일은 흔한 일이다. 퇴임한 대통령의 연설문을 책의 형태로 출간하는 일 역시 흔한 일이기도 하다. 한동훈 어록은 자생적인 움직임이었다는 점에서 주목받을 만하다. '나에 대한 책을 써주세요' 또는 '내가 하는 말을 기록해 주세요'가 아니었다. 한동훈이 국회의원을 상대로 했던 말들, 출근길 인터뷰에서 했던 말들을 모아놓는다는 점에서 특이한 것이다.

그 외에도 한동훈에 관한 책은 계속 출간 중이다. 이는 한동훈이라는 인물에 대한 대중적인 호기심과 관심의 결과물이라 할 수 있다. 물론 이 책 역시 필자가 한동훈 위원장에게 가졌던 호기심과 정치 현상에 대한 관심의 결과물이다.

더불어민주당 의원들이 어설프게 한동훈을 공격하지 않았다면, 정치권에서 끊임없는 중상모략과 비난을 지속하지 않았다면 한동훈은 이렇게 신드롬이 일어날 만큼 관심을 모으지 못했을 것이다. 한동훈이라는 인물 자체가 가지는 매력은 분명히 대단하지만 그것만이 신드롬 원인의 전부는 아니다. 좌파와의 대립, 그 과정에서 하는 말들과 태도가 신드롬의 주요한 이유라 할 수 있다. 결과적으로 한동훈은 밖에서 건드릴수록 더 강해지고 인기를 얻는다.

좌파는 윤석열에 이어 한동훈을 공격함으로써 또다시 사자를 건드렸다. 그냥 법조계에서 자기 소신 지키며 살아갈 운명이었던 한동훈을 우파의 아이콘으로 만들고 있는 것이다.

한동훈이 법무부장관이던 시절 더불어민주당 의원들은 기회 있을 때마다 "그럴거면 그냥 정치하시지 그러냐"라는 말을 했다. 이 질문은 몇 년 전 윤석열 당시 검찰총장에게 쏟아졌던 말이기도 하다. 결과는 이미 잘 아시는 바와 같다. 결국 윤석열은 대통령이 되었다. 한동훈에게 같은 질문을 하는 더불어민주당 의원이 많을수록 그가 진짜 차기 대통령이 될 가능성은 높아질 수밖에 없다.

그런데도 더불어민주당 의원들에게 한동훈은 '꼭 잡아서 끌어내려야 할 상대'다. 혹시라도 한동훈에게 뭔가 공격을 해서 성공한다면 그는 누가되었든 좌파의 스타로 등극할 테니 말이다. 한동훈을 공격했던 모든 야당 의원들이 오히려 망신을 당했었음에도 그러하다. 더불어민주당은 한동훈의 목을 베어 공을 세우고자 하는 의원들이 넘쳐난다.

한동훈이 법무부장관이던 때 그를 나름대로 궁지에 몰아넣었던 이탄희 의원이 진영 내에서 스타 의원으로 등극한 것을 보라. 2024년 총선에서 공천을 받아 의원 뱃지를 달고 싶은 모든 야당 의원들이 어떻게든 한동훈을 잡아보려 달려들고 있다. 역설적으로 이러한 공격들이 계속될수록 그의 대응 과정에서 나온 말과 행동이 주목을 받고 그로 인해 그를 지지하는 사람들이 더 많아진다. 한동훈 장관을 그냥 두었으면 법무부 내에서 교정업무에 집중하는 관리형 장관이었을 텐데 정치인들이 어설프게 공격하면서 오히려 정치인이자 차기 대권후보로 키워주는 결과를 만들었다. 잠자는 사자를 잘못 건드린 것이다. 전에는 윤석열을, 이번에는 한동훈인 셈이다. 윤석열 대통령이 검찰총장이던 시절 스스로 빛을 내는 발광체가 아닌 좌파의 공격을 받을 때 빛나는 반사체로서의 이미지를 가졌다면 한동훈은 스스로 빛을 내는 발광체이면서 좌파의 공격을 받을 때 더 빛나는 반사체의 모습을 동시에 가지고 있다. 좌파들은 섣불리 한동훈을 건드린 것에 대해 총선과 대선에서 다시 후회하게 되지 않을까 싶다.

07 완판남 한동훈

2022년 1월, 한동훈 장관이 언론에 처음으로 등장했다. 유시민 전 노무현재단 이사장의 명예훼손 혐의 관련 재판에서 개인 자격으로 참가하면서 법원 입구에서 나름의 도어스테핑을 했던 것이다.

곧바로 다음날부터 '완판남 한동훈'이라는 기사가 쏟아지기 시작했다. 그가 들었던 가방, 착용한 안경의 브랜드와 가격이 보도되고 해당 제품들은 곧바로 품절되었다. 심지어 한동훈 인형이라는 굿즈가 판매되기도 했다.

완판남이 의미하는 것

연예인들이나 인플루언서들이 착용한 패션아이템이 주목받고 인기를 끄는 것은 흔한 현상이다. 유명인이 사용하는 아이템을 소비함으로써 그 사람처럼 되고 싶고 그 사람처럼 보이고 싶다는 욕망을 자극하기 때문이다. 한동훈이 사용하는 아이템이 완판되었다는 것 역시 그 이유다. 그가 사용한 아이템을 사용함으로써 조금이라도 그와 비슷해졌다는 심리적 만족감을 얻을 수 있으니까.

아주 오래전에 높은 시청률을 기록했던 드라마가 있다. 음악을 소재로 했던 '베토벤 바이러스'다. 2008년 방영되었으며 천재 지휘자가 지방 도시의 오케스트라를 훌륭하게 만들어낸다는 이야기를 핵심으로 하고 있다. 이때 지휘자(극 중 강마에)가 가지고 있던 회중시계가 그 당시 잘 팔려나갔다. 일명 '강마에'표 히트상품이라 할 수 있다. 이 현상이 주목받았던 것은 회중시계의 주 소비층이 중년 남성이었다는 것. 지금과 마찬가지로 당시에도 직장인 중년 남성들은 인플루언서의 영향을 가장 적게 받는 소비층이었다. TV도 잘 안 보고 패션에도 민감하지 않았던 계층이다. 이러한 중년 남성들을 움직였다는 것은 그만큼 그 드라마의 주인공이 중년 남성들에게 '저렇게 되고 싶다'는 느낌을 전했다는 뜻이기도 하다.

한동훈 패션 아이템이 완판되었다는 것 역시 이와 비슷하다. 그가 법정에서, 청문회에서 착용한 아이템에 사람들이 관심을 가지는 것은 그 아이템들이 얼마나 명품이고 비싸 보이는지와 상관없다. 정치인이 했던 패션 아이템을 대중들이 관심을 가지고 봤다는 것이 주목할 포인트다. 다시 말하면 보통의 중년 남성들이 한동훈이 했던 스카프, 가방이 뭔지 궁금해했다는 것은 한동훈에 대한 호감을 가지고 있음을 의미한다. 싫어하는 사람이 입은 옷에 관심을 가질 사람은 없을 테니 말이다. 한동훈이 완판남이라는 것은 일반 대중, 특히 남성들에게 그가 선망의 대상이고 따라 하고 싶은 인물이라는 뜻으로 이해할 수 있다.

한동훈 vs 조국

팬덤(열성팬)이 형성되었다는 측면에서 살펴보면, 좌파진영의 조국 전 장관을 생각해 볼 수 있다. 큰 키에 준수한 외모. 서울대라는 엘리트 이미지를 가지고 있다는 점에서 한동훈과 유사한 장점들이 발견된다. 그렇다면 조국은 다른 사람들이 따라 하고 싶어 했는가? 그렇지 않다. 조국은 텀블러를 들고 다녔는데 아무도 그 텀블러가 어떤 브랜드 상품인지 궁금해하지 않았다.

조국의 팬덤은 '촛불세력'으로 대변되는 더불어민주당 강성 지지층이 주요 원동력이다. 2019년 8월 27일, 조국 교수가 법무부장관 청문회 준비를 하던 시기, '조국 힘내세요'라는 말이 실시간 검색어 1위를 차지했다. 조국을 응원하기 위해 그의 팬들이 총동원되었던 것. 조국을 지지하는 열성 팬들은 각종 커뮤니티에서 '조국 힘내세요'를 검색어 1위에 올려놓자고 서로를 독려하고 SNS를 통해 행동 지침을 공유했다.

오후 3시 검색어를 입력하세요 '조국힘 내세요'

💬채팅
2019.08.27. 14:20 조회 1,812

오늘 조국 후보자 집앞에 몰려든 취재진을 보니
노무현대통령님때 봉하마을에 몰려든 기레기들이 생각납니다.
압수수색으로 언플하는 것도 똑같습니다

적폐들에 두 번 당할 국민이 아닙니다
문재인대통령님이 국민과 함께 만드려는 정의로운 대한 민국을 위해
사법개혁 권력기관개혁 반드시 필요합니다

오후 3시 검색어를 입력하세요 #조국힘내세요

온라인 커뮤니티 사진
출처 : 머니투데이 2019년 8월 27일

한동훈의 팬덤은 조국의 팬덤과 몇 가지 면에서 결이 다르다. 대표적인 차이는 팬들과의 소통이다. 조국은 SNS를 통해 지지자들에게 메시지를 전하기도 하고 자신의 상황과 심경을 하루에도 몇 번씩 올리기도 했다. 일명 '조만대장경(조국+팔만대장경)'이라 불리는 조국의 트위터계정은 팔로워 수 100만 명을 훌쩍 넘기도 했으니 그 파급력과 영향력은 막강한 수준이라 볼 수 있다.

한동훈은 어떨까? 2023년 12월 말 현재, 한동훈 장관의 SNS는 놀라울 정도로 허전하다. 페이스북과 인스타그램은 그냥 계정만 있는 수준이다. 검색창에서 '한동훈 SNS'를 검색해 보면 한동훈 위원장을 응원하는 계정들과 몇 개의 커뮤니티가 검색된다. 한동훈은 자신의 영향력과 인기를 SNS로 확인하지 않는다. 그는 하고 싶은 말이 있거나 전하고 싶은 메시지가 있으면 기자들 앞에서 한다.

더불어민주당의 박범계 의원은 정치를 하는 것도 아닌데 왜 정치부 기자들의 질문을 받고 응답을 하느냐고 다그치기도 했다. 이에 대해 한동훈은 질문이 있으니 답을 한 것이라 대답했는데 박 의원은 이어서 한동훈에게 정당인이 아닌데 답을 하는 것은 적절치 못하고, 그래서 정치를 하려는 것이냐는 질문을 했다. 한동훈은 "중요한 일을 하는 공직자가 언론의 불편한 질문에 답해야 한다고 생각합니다"라 답했다. 조국은 관심에 목말라 있었고 각종 SNS를 통해 자기를 알렸던 것에 비해 한동훈은 굳이 관심을 얻으려 하지 않는다는 차이점이 있다.

또 다른 차이는 '조직화' 여부다. 조국의 팬덤은 앞서 언급했던 바와 같이 유산으로 물려받은 측면이 강하다. 즉, 노무현 전 대통령으로부터 시작된 팬덤이 문재인을 거쳐 조국까지 이어져 온 것. 조국은 팬덤을 유산으로 물려받은 셈이다. 이에 비해 한동훈 장관의 팬덤은 팬덤이라 하기에 낯부끄러운 수준이다. 인지도 측면에서 가장 많이 알려진 '위드후니' 네이버 카페는 2023년 말 기준 회원 수 1만 5,000명 조금 안 되는 수준이다. 유튜브 채널 '한동훈 갤러리' 역시 구독자 7만 명 약간 넘는 수준이다. 그렇다면 한동훈 장관은 자신의 팬카페, 유튜브 채널과 소통할까? 전혀 그렇지 않다. 팬카페와 유튜브 채널은 조직화되어 있는가? 전혀 그렇지 않다. 냉정하게 들릴 수 있지만 한동훈은 팬들의 지지와 응원을 필요로 하지 않는다. 그의 지지층 역시 그가 가진 소신과 신념을 응원하는 것이기 때문에 한동훈에게서 감사 인사를 기대하지 않는다.

　한동훈, 그는 새로운 기준을 제시하고 있다. 앞으로 대한민국 정치가 어떤 모습을 보여야 하는지, 국민들은 어떤 정치인을 뽑아야 하는지를 새롭게 보여주고 있다. 이전의 정치는 군부세력과 민주화 세력의 대결이었고, 그다음에는 영남과 호남의 지역 대결 구도였다. 최근까지 진보와 보수의 대결 구도 양상이었는데 여기서 또 한 단계 바뀌는 과정이다. 그렇다. 한동훈은 새로운 상품이다. 기존의 상품들이 가지고 있지 않은 많은 장점들을 가지고 새로 출시된 상품이라 할 수 있다.

　한동훈이 완판남이라는 사실이 가리키는 것은 그의 패션 아이템들이 고급스러워 보이거나 명품으로 치장해서가 아니다. 일반 대중에게 한동훈은 '따라 해도 부끄럽지 않은' 이미지를 가지고 있다는 점에 주목해야 한다. 어디 가서 한동훈을 지지하거나 응원한다는 말을 할 수 있다는 뜻이다. 일명 '샤이보수'라 해서 기존의 우파들은 자신의 입으로 우파임을 드러내는 것을 부담스러워했다. 방송계를 보라. 우파의 시각을 가지고 있다는 인터뷰를 하면 '생각 없는 연예인'으로 낙인찍히기 일쑤였다. 영화와 방송 출연도 못 하게 되어 경제적인 타격을 입을 수밖에 없었다. 반대로 좌파적인 시각을 드러내고 우파 정부에 대한 날선 비판을 하면 '개념연예인'이라는 호칭을 얻으며 더 많은 출연기회와 인기를 얻었다. 일반인들 역시 정치에서 우파 성향을 보이면 '틀딱'이라는 멸칭을 얻으며 비난받아야 했었는데 한동훈은 이러한 상황에도 불구하고 '따라 해보고 싶은', '지지한다고 말할만한' 이미지를 가지고 있다. 그가 착용한 패션 아이템이 완판되었다는 것은 단순히 해당 아이템이 예쁘거나 탐나는 것이 아닌, 착용한 인물에 대해 호감을 가지고 있다는 함의를 가지고 있다. 한동훈은 지지하고 응원해도 부끄럽지 않은 인물이다.

08 한동훈은 **열등생이었다**

'20:80의 파레토법칙'이라는 것이 있다. 이탈리아 20%의 인구가 80%의 땅을 소유하는 현상을 설명한 이론인데, 최근에는 상위 20%가 성과의 80%를 차지한다는 것으로 응용되기도 한다. KDI 경제정보 센터의 설명에 의하면 '전체 결과의 80%가 전체 원인의 20%에서 일어나는 현상'을 가리킨다고 한다. 대표적인 사례로는 백화점이나 마트에서 20%의 소비지가 전체 매출의 80%를 차지한다는 것이 있다. 한 단계 더 나아가서 상위 20%를 모으게 되면 여기서 다시 파레토법칙이 작용한다고 한다. 상위 20%인 사람을 100명 모으면 그중 20명은 우수한 성과를 내고 나머지 80명은 부진한 성과를 내게 된다. 한동훈 장관은 대학 시절 하위 80%에 속해 부진한 성과를 기록하기도 했다.

열등생 한동훈

한동훈이 서울대학교 신입생으로 입학하던 1992년 당시 서울법대는 신입생 300명을 받아 2학년 때 사법학과, 공법학과로 분리하는 과정이었다. 한동훈 역시 2학년으로 올라갈 때 하나를 선택해야 했다. 당시 분위기는 사법학과를 희망하는 학생이 더 많았다. 즉, 사법학과에 들어가려면 성적이 좋아야 했다. 일종의 우열반 분위기가 만들어졌다. 한동훈은 사법학과를 희망하였으나 점수에서 밀려 공법학과로 가야 했다.

대학교 입학할 때까지 학교에서 1등을 놓치지 않고 성적에서 밀려본 적이 없던 한동훈에게 이는 크나큰 충격이었을 것이다. 단순하게 보면 300명 중의 150등 안에 들지 못했던 것이니 그러할 수밖에 없다. 이후 한동훈은 절치부심하여 결국 재학 중 사시 패스라는 결과를 만들어냈다.

이력만 보면 한동훈은 우리나라 최고 코스의 교과서 같은 길을 걸어왔지만 속을 들여다보면 파레토법칙의 하위 80%에 들어간 경험을 가지고 있다. 한동훈은 동기들 사이에선 우등생이 아니었다. 이지점에서 한동훈이 가진 회복탄력성을 발견할 수 있다. 즉, 실패와 좌절의 경험을 할 때 이를 털어버리고 다시 일어설 수 있는 능력이 있는 것이다. 심리적 강인성이라고도 하는 회복탄력성은 주어진 충격을 딛고 일어서는 능력이기도 하다. 한동훈은 열등반에 가게 된 상황에서 좌절보다는 절치부심을 택했다. 실패의 스트레스를 사법고시 합격을 위한 에너지로 전환시킨 것이다.

한동훈이 이제 여당을 이끄는 비상대책위원장이 되었다. 하지만 아직 그가 정치인으로서 얼마만큼의 능력을 보여줄지는 미지수다. 한동훈 역시 정치인으로서 많은 어려움을 겪을 것이다. 특히 윤석열 대통령이 2022년 미국 순방 과정에서 '바이든', '날리면' 논란으로 한참 동안 애를 먹었던 것처럼 전혀 의도하지 않은 곳에서 공격받기도 할 것이다. 이때 한동훈은 자신이 과거에 그러했듯, 정치에서도 회복탄력성을 발휘하는 모습을 보일 것으로 믿는다.

네 번의 좌천

박근혜, 이명박 전 대통령의 수사 공로를 인정받아 좌파정권에서 꽃길만 걸을 줄 알았던 한동훈 검사였지만 조국 일가족 비리 수사를 시작하면서 그는 전방위적으로 공격을 받았다. 좌천에 좌천을 거듭하면서 좌절할 수밖에 없었다. 날카로운 칼 같았던 검사 한동훈을 비수사 보직인 부산고검 차장에서 다시 법무연수원 용인분원에서 그리고 다시 진천분원으로 보냈다가 마지막으로 사법연수원 부원장으로 발령냈던 것이다.

네 차례의 좌천이 의미하는 바는 분명했다. '검찰을 떠나라'는 뜻이었다. 보통의 직장에서도 그러하듯, 일부러 고통을 줘서 일을 그만두게 하려는 속셈이었다. 한동훈이 이를 모를 리 없었다. 만일 한동훈이라는 인물이 '돈'을 벌고 싶다고 생각했다면 검사를 그만두고 형사 전문 변호사 개업을 했을 것이다. 중앙지검, 대검찰청 등에서 경력을 쌓았기에 전관예우를 이용해서 거액의 수임료를 얻을 수 있었지만 한동훈은 '직업적 보람'을 더 찾았다. 나쁜 놈, 깡패, 마약사범을 잡겠다는 한동훈의 의지는 네 번의 좌천이 주는 압박과 어려움을 이겨낼 수 있도록 해주었다.

그의 인터뷰에 따르면 일명 검언유착으로 한창 탄압받던 시기엔 '이러다 감옥에 갈지도 모르겠다'는 생각을 했다고 한다. 가족들에게 '험한 모습 보일지도 모른다'고 미리 일러두기도 했다는 것. 직장에서는 네 번 연속 좌천되어 20년간 근무하던 서울을 떠나 지방 근무를 해야 했고, 가정에서는 지방 근무로 인해 가족과 떨어져 지내야 했다. 한동훈 개인적으로는 짓지 않은 죄를 덮어쓸 위기에 처해 있는 상황이었으니 정신적으로 매우 힘들었을 것이다. 보통의 경우라면 험한 꼴 당하기 전에 항복하여 변호사 개업하고 돈이나 열심히 벌 테니 눈감아 달라고 정권에 빌어볼 수도 있었겠지만 한동훈은 비굴하게 고개 숙이지 않았다.

한동훈 역시 좌절과 실패를 경험했다. 한동훈은 이러한 좌절과 실패를 발전의 원동력으로 삼는 회복탄력성 측면에서 강한 면모를 보이고 있다. 학교 다닐때엔 열등반에 소속된다는 충격을 이겨냈고, 검사 시절엔 당시 문재인 정권의 탄압을 이겨냈다. 단순하게 부유한 집에서 귀하게 자란 시험만 잘 보는 캐릭터가 아닌 것이다.

스토리가 없어도 인기는 있다

사람들은 정치에 있어 자신이 지지하는 사람이 가진 스토리를 좋아한다. 정치인이 가진 스토리에 대해 공감하는 동시에 지지하고 응원하는 것이다. 이와 같은 속성 때문에 정치인들은 이미지 메이킹을 위해 스토리를 만들어내고는 한다. 얼마 전까지 대부분의 정치인들이 가졌던 단골 소재를 보자.

'찢어지게 가난한 집에서 태어나……'로 시작하는 경우가 많다. 또는 수수하고 털털한 모습으로 국민에게 다가갈 수 있다는 모습을 보이기 위해 시장을 찾아 어묵과 떡볶이를 먹기도 한다. 어떤 정치인들은 구두 뒤축을 뜯기도 하고, 명품 구두 앞코를 찢기도 한다. 재벌 규제를 외치던 모 공정거래위원장 후보는 멀쩡한 가죽 가방을 일부러 닳게 해서 서민 이미지를 부각시키려 애쓰기도 했다. 지금은 고인이 되었지만 구두 뒤축을 뜯으셨던 분은 일본 자동차 렉서스의 오너, 명품 구두 앞코를 찢으셨던 분은 일본 동경에 저택 보유, 가죽 가방을 닳게 하셨던 분은 서울 강남에 아파트를 보유하신 바 있다.

한동훈의 스토리는 어떨까? 그는 가난하지도 않았고, 일부러 서민적 이미지를 가지려고도 하지 않는다. 처음 언론에 등장할 때부터 고급 정장에 안경, 시계, 스카프 등 패션 감각이 돋보이는 모습으로 나타났다. 그의 구두는 항상 잘 닦여있고, 핀으로 고정한 넥타이는 단정함과 엘리트 이미지를 보인다. 그가 정치를 하면서 가식적인 이미지를 만들기 위해 과연 구두를 뜯거나 찢을까? 분명 아닐 것이다. 그럼에도 대중은 한동훈을 지지한다. 이는 그가 하는 행동이 그의 말과 일치해서다. 국민의 이익을 위한다는 그의 말은 그가 법무부에 있으면서 수립한 정책들과 일치한다. 특히 이전에는 높은 사람 위주로 시행되던 교도소 특별면회에 대해 사회적 약자에게 우선 제공되도록 하는 정책 등에서 그는 말 대신 행동으로 자신의 신념을 보여준다. 많은 정치인들은 '뚜벅뚜벅 가겠다', '국민만 보고 가겠다' 하면서 실제로는 그렇지 못한 모습을 보인다. 그러나 한동훈은 지금껏 다른 모습을 보여주었다. 신념을 가지고 자신의 말과 행동을 일치시키기 위해 노력한다. 그 모습에 대중은 열광하는 것이다.

한동훈이 신념대로 살아가는 모습을 보인 것은 2023년 2월의 '비동의 간음죄'에 대한 의견에서 잘 드러난다. '비동의 간음죄'는 외형상으로 볼 때 여성을 지켜주고 여성을 성범죄의 위험에서 벗어나게 해주는 장치라 할 수 있다. 한동훈 입장에선 이와 관련한 의견을 질문받았을 때, "국회에서 처리해 주는 것을 존중하겠다"라는 정도로만 이야기했으면 부드럽게 넘어가고 더불어민주당과 갈등할 일이 전혀 없었다. 혹시 나중에 유권자가 될 여성들에게도 "저는 여성의 편에서 공직을 수행했습니다"라는 어필도 할 수 있었을 것이고 말이다. 한동훈은 이러한 계산을 미리 다 할 수 있었음에도 '비동의 간음죄'에 대한 반대 의사를 분명히 했다. 만일 이 법이 시행되면 두 사람이 성관계를 맺을 때 상호 동의했다는 것을 피고인(대부분의 경우 남성)이 증명을 해야 하는데 실질적으로 불가능에 가깝다는 것이 그 이유였다. 수많은 여성들을 적으로 돌릴지도 모른다는 것을 알면서도 단호하게 반대 의견을 내는 일이 결코 쉽지 않았을 텐데 한동훈은 자신의 소신대로 의견을 가감 없이 말했다. 신념을 지키는 것. 불이익이 있을 것을 알면서도 이를 지키는 모습이 바로 한동훈의 스토리텔링인 것이다.

또 다른 사례로는 이민청 설립이다. 법무부장관으로서 한동훈은 앞으로 대한민국의 발전에 있어 외국인 노동자를 체계적으로 관리해야 할 필요성이 있다고 생각했다. 그에 따르면 부처마다 기능이 분산되어 있어 통합적으로 관리할 콘트롤타워가 필요하다는 인식에서 이민청 설립을 추진했다. 그런데 이게 정치적으로 한동훈에게 큰 도움이 되지 않으리라는 것은 한동훈 본인도 잘 알고 있다. 어느 나라도 완전하게 이민정책에 성공하지 못했기에 법무부장관 한동훈이 기획한 이민청 역시 시행과정에서 스트레스만 받고 정치적인 공격만 받을 것이라는 점을 누구보다 잘 알고 있었을 것이다. 그런데도 한동훈은 국익을 위해 비난을 감수하고 외국인 정책에 필요한 이민청 설립을 추진했다. 만일 한동훈이 스스로의 안녕과 정치입문에 필요한 계산을 했다면 이민청은 추진하지 않았을 것이다. 잘하든 못하든 상관없이 비난의 대상이 될 것임이 분명하기 때문이다.

외국인 노동자를 받아들이자는 기본정책은 국내 노동자들의 일자리를 위협할 수 있기에 근로자 계층의 반발을 살 것이고, 대한민국은 단일민족이라는 인식을 가지고 있는 기성세대에게는 '외국인과 피가 섞이도록 하는 정책'으로 받아들여져, 심리적인 저항을 살 것이라는 점을 누구보다 잘 알았다. 욕 먹을 것이라는 점을 알면서도 한동훈은 이민청을 추진했다. 국익을 위해 필요하다고 판단했기 때문이다.

개인적인 판단으로는 이민청 설립은 가장 한동훈다운 정책이다. 눈앞의 정쟁, 정치적 수 싸움에서 벗어나 대한민국의 발전을 위한 장기적 포석이기 때문이다. 잘 알려지지는 않았지만 이민청이 외국인 노동자에 대한 혜택을 늘려준다는 것이 무조건 외국인 이민자를 많이 받자는 것은 아니다. 태국에서 공식적으로 불만을 제기할 만큼 태국인에 대해서 엄격한 입국 심사를 하는 동시에 불법체류자들을 대대적으로 단속하는 것들은 한동훈 장관이 가졌던 기본 원칙인 '합법적으로 대한민국에 동화될 수 있는 인원만 받겠다'는 정책 방향이기 때문이다.

대외적으로 과시하고 자신의 업적으로 삼을 수 있는 수많은 기회가 있음에도 한동훈은 멋있어 보이고 눈에 잘 들어오는 정책을 실시하지 않았다. 대신 그는 비난을 받더라도 미리 필요한 정책을 준비하고 시행했다. 법무부장관으로서의 정책 결정, 앞으로 정치를 하면서 국회의원이나 대통령으로서의 활동이 바로 한동훈의 스토리가 될 것이다.

09
권력을 들이받는 신념

한동훈은 검사 시절 "권력이 물라는 것만 물어다 주는 사냥개를 원했다면 저를 쓰지 말았어야죠. 그분들이 환호하던 전직 대통령들과 대기업들 수사 때나, 욕하던 조국 수사 때나, 저는 똑같이 할 일 한 거고 변한 게 없습니다"라고 인터뷰에서 밝힌 바 있다. 이 짧은 말에서 발견할 수 있는 두 가지 중요한 점이 있다. 첫째, 그에게 중요한 것은 수사 대상이 어떤 사람이고 어떤 위치에 있는지가 아니라는 것. 둘째, 한동훈은 권력이 시키는 대로만 움직일 생각이 없다는 것.

한동훈은 양날의 검과 같다. 상대방을 향해서만 날이 세워져 있지 않고 나를 향해서도 날이 서 있다. 조선제일검이라는 호칭이 붙은 한동훈이라는 칼날은 야당과 여당 구분 없이 예리하다. 오히려 여당인 국민의 힘에 더 가혹한 모습을 보일 수도 있다. 죄가 있으면 더불어민주당, 국민의 힘 구분 없이 모두 한동훈의 칼에 살을 베이고 뼈가 꺾이게 될 일이 생긴다는 뜻이기도 했다.

한동훈은 스스로도 '세상은 공정하지 않다'라는 점을 시인했다. 채널A 기자 이동재와의 통화록에서 그가 했던 말을 옮겨보면 이렇다. "뭔가 걸리거나 그랬을 때 사회가 모든 게 다 완벽하고 공정할 수는 없어. 그런 사회는 없다고. 그런데 중요한 건 뭐냐면 국민들이 볼 때 공정한 척이라도 하고 공정해 보이게라도 해야 돼. 그 뜻이 뭐냐? 단 걸리면 가야 된다는 말이야. 적어도 걸렸을 때 '아니, 그럴 수도 있지'라며 성내는 식으로 나오면 안 돼." 여기서 발견할 수 있는 한동훈은 권력이 물라는 것만 물어뜯는 사냥개가 되기를 거부한다는 것이다. 한동훈은 특히 권력자들에게 더욱 가혹하다. 그가 이야기했듯, 적어도 공정해 보이게라도 해야 하고, 걸리면 가야 하니 말이다.

러셀 커크(Russell Kirk, 1918-1994 미국의 정치 이론가이자 문학자)는 《보수의 정신》이라는 책을 통해 이야기했다. "인간은 완벽한 세상에 살도록 만들어지지 않았다. 우리가 합리적으로 기대할 수 있는 최대치는 참을 만하게 질서가 잡혀 있으며, 정의롭고 자유로운 사회로서 어느 정도의 악과 사회적 불균형, 고통이 계속 존재하는 곳이다." 러셀 커크의 주장은 한동훈이 검사 시절 기자와 통화할 때 이야기했던 내용과 궤를 같이한다. 즉 사회는 모든 게 다 완벽하고 공정할 수는 없다는 것. 한동훈은 완벽하고 공정하지는 않은 세상이지만 그래도 걸리면 '그럴 수도 있다'는 식으로 성내면 안 된다.

국민의 힘에서는 한동훈에 대해 자신들의 국회의원 선거에 '응원단장' 역할을 기대하고 있다. 한동훈이 국민의 힘에 입당하고 정치를 시작한다는 것 자체가 국민의 힘 지지율을 상승시키고 우파진영에 더 많은 의석수를 가져다줄 수 있다고 믿기 때문이다. 실제 그렇게 될 가능성이 높다. 국민의 힘 지도부와 의원들은 나중에 많이 놀라게 될 것이다. 같은 당 소속이라고 해서 봐주거나 잘못을 눈감아준다거나 하지 않는 한동훈의 모습을 보면서 서운한 감정도 느낄 것이다. 한동훈은 권력자에 대해 반감을 느끼는 일명 '반골 기질'을 가지고 있다. 한동훈을 구원투수로 모셔 온 국민의 힘은 이런 점도 미리 감안하고 총선에 임해야 할 것이다.

한동훈의 반골 기질

대체 한동훈은 왜 주위 시선에 맞춰 둥글둥글 좋은 게 좋은 거라는 행동을 하지 않을까? 자신이 어떻게 하면 꽃길을 걸을 수 있는지, 어떻게 하면 정권의 입맛에 맞게 행동할 수 있는지 모르지 않을 텐데 말이다.

한동훈 장관 관련한 주위 사람들의 인터뷰(2022년 5월 20일 월간조선)에 따르면, 한동훈에게는 강한 자에게 맞서는 일명 반골 기질이 있다고 한다. 중학교 동창인 지인이 전한 내용은 이렇다. "중학교 때 같은 반에서 이른바 모범생 한 명과 문제아 한 명이 비슷한 시기에 전학을 가게 됐는데, 선생님이 반장인 한동훈에게 모범생을 위한 롤링페이퍼를 반 친구들에게 돌려 적어주라고 시키셨다. 그랬더니 동훈이가 왜 그 친구만 해줘야 하느냐, 형평성에 맞지 않는다고 지적하는 걸 봤다. 반 친구들을 대하는 태도도 마찬가지여서 다들 동훈이를 좋게 생각했고, 불량한 태도의 아이들도 동훈이가 반장인 반에서는 얌전히 지냈다."

또 다른 지인인 선배에 의하면 "한동훈은 법조인의 스펙으로 볼 때 출세가 보장된, 이른바 '다 가진' 조건인 것으로 보이지만 조금은 예상외의 길을 걸었는데 그건 그의 반골 기질 때문이다"라고도 했다.

여기에 덧붙여 "한동훈은 권력층이나 기업과 결탁해 세력을 과시하거나 돈 잘 쓰는 검사들, 이른바 '구악舊惡'을 무척이나 싫어했다. 그런 선배들은 8학군-서울법대-빠른 사시 합격-법조인 집안 등 조건 좋은 한동훈을 자기 라인으로 끌어들이고 싶어 했지만, 다들 실패했다. 윤석열과 친해진 데도 그런 이유가 있었던 것으로 안다. 윤석열은 9수 끝에 합격한 인물인 만큼 다른 검사들에 비해 권위적이지 않았고, 돈을 밝히지 않았으며, 인맥보다는 수사에만 집중하는 사람이었는데 한동훈이 윤석열의 그런 점 때문에 호감을 가졌고 잘 따랐다"라고 전하기도 했다. 윤석열 대통령이 한동훈 장관을 법무부장관에 임명했던 배경에는 윤석열과 한동훈이 가진 반골 기질이라는 공통점이 크게 작용했을 것으로 보인다.

상당히 설득력 있고 한동훈이라면 그랬을 것이라 짐작되는 내용들이다. 대통령 선거기간 동안 윤석열의 눈에 보였던 국민의 힘은 한심하기 짝이 없는 집단이었을 것이다. 총선에 패배하고서도 정신 못 차리고 다들 자기 밥그릇 챙기는 모습을 보았을 것이고 당시 당 대표였던 이준석은 자기 말 잘 안 들어준다고 가출을 반복하는 미운 일곱 살 같은 짓을 반복했다. 문재인 정권 시절 검찰총장에 임명되어 청문회에서 자신을 공격하던 국민의 힘 의원들이 안면을 바꿔 윤석열 본인과의 친분을 과시하고 정치철학이 일치한다는 말을 할 때 속으로 그는 무슨 생각을 했을지 궁금하다. 아마도 '이래서 정치판이 더럽다고 하는구나'라고 생각했을 것이다. 윤석열 대통령의 시선에서 보면 한동훈은 정치의 더러운 때가 묻지 않은 믿을 수 있는 동지였을 것이다. 권력에 아부하지 않고 사람에게 충성하지 않는 윤석열 대통령의 기준에서 한동훈은 '법'을 맡길 수 있는 가장 든든한 파트너로 보였을 것이다.

윤석열 대통령의 가장 큰 장점이자 단점은 정치를 해보지 않았다는 것이라고들 한다. 기존에 어떻게 해왔는지 모르기에 옳다 그르다의 기준을 '정치적 판단기준'이 아닌 일반 상식에 기준을 둔다. 윤석열 대통령이 항상 이야기하는 공정과 상식은 이러한 측면에서 설득력을 가진다. 기존 정치인들이 관례적으로 해오던 잘못된 관행에 대해 의문을 제기하고 옳지 않다고 판단한다. 한동훈의 반골 기질 역시 윤석열에 못지않다. 그의 학창시절 모습에서, 그가 사냥개임을 거부하는 모습에서 이를 발견할 수 있다. 죄지은 사람이면 힘이 있어도, 권력이 있어도, 부유해도 어김없이 법의 잣대를 들이미는 한동훈의 모습을 사람들은 더욱 기대하고 응원할 것이다.

10 새로운 공직자의 모습

　　인구학적인 세대 구분 기준에 의하면 1972년생 한동훈은 베이비 부머에 속한다. 즉 한국전쟁 직후 1955년부터 1974년까지의 출생자들이 여기에 속하는데 한동훈은 1968년~1974년 사이에 태어난 후기 베이비부머(또는 2차 베이비부머)로 분류된다.

　　문화적인 면에서 분류하자면 한동훈은 X세대(1970년~1980년 출생)에 속한다. 한동훈 장관의 선배세대를 보면 1955년-1960년생은 산업화세대, 1961년-1969년생은 86세대에 속한다. 한동훈 장관이 속한 X세대는 일명 '낀세대'라고도 한다. 위로는 베이비부머가 있고 밑으로는 MZ세대가 있기 때문이다. 선배들은 상명하복의 군대문화에 젖어 있어 윗사람이 시키면 무조건 해야 하고, 'No'

라는 말을 허용하지 않는 분위기에서 자라났다. 지금은 기겁할 일이겠지만, 당시엔 학교에서 몽둥이로 체벌하는 것이 용인되고는 했었다.

한동훈의 후배세대인 MZ세대는 이와 정반대의 모습을 보인다. 상명하복에 강한 저항감을 가지고 있고, 집단이 아닌 나 자신에 더 집중한다. 직장에서도 부당한 지시, 반복된 야근에 대해 베이비부머들은 당연하게 받아들이지만 MZ세대는 '퇴사로 대응하겠다'는 식이다. 낀세대인 X세대들은 특히 직장에서 선배의 문화와 후배의 문화 중간에서 억울한 경우가 많다. 선배세대가 보기엔 X세대가 버릇없고 개념 없는 후배이고, 후배세대가 보는 X세대는 베이비부머와 다름없는 꼰대 세대로 비친다. 처음 사회생활을 시작할 때엔 선배들의 눈치를 봐야 했고, 이제는 후배들의 눈치를 봐야 하는 상황이다. 일반 직장은 물론이고 공직사회에서도 이러한 세대의 변화와 흐름은 확연하게 느껴진다.

머리를 숙이지 않는 장관

한동훈 장관이 보이는 공직자의 모습은 대단히 특이하다. 국민의 선택을 받았다고 주장하며 자신들을 국민의 대표라 지칭하는 국회의원들이 대정부질문을 할 때 한동훈은 고분고분한 모습을 보이면서 머리를 조아리지 않는다. 자신에게 질문하는 국회의원들에게 오히려 대들 듯이 질문하고 답변하는 모습이 자주 보인다. 권위의 식에 젖어있는 국회의원들에게는 당황스러울 수밖에 없다. 국회의 원들 입장에서는 내가 갑이고 공직자는 을이기 때문에 무조건 갑에 게 머리 숙여야 하는데 을이 그렇게 하지 않으니 당황스러우면서 화 가 난다.

더불어민주당의 국회의원들이 한동훈 장관에 대해 부정적인 평가 를 할 때 한동훈의 법리해석이나 정책에 대한 건전한 비판을 하지 못 하고 '미운 7살'이라던가 '태도가 문제가 있다거나'하는 식으로 일명 '싸가지 없다'라는 평을 하는 것은 그가 자신들 생각과 달리 고분고 분하지 않기 때문이다. 한동훈에 대한 더불어민주당 인사들의 평가 를 살펴보면 다음과 같다.

● 박홍근 더불어민주당 원내대표 2022년 8월 23일 원내대책회의

(더불어민주당의 검수완박) 입법 과정이 꼼수라며 국회를 폄하 하고 야당 의원 질의에는 질문 같지 않다고 비꼬았다. 질의 답변 시간도 아닌데 의사 진행 발언 중에 끼어들어 법사위원 자격을 판 관처럼 재단하고 위원에게 답변해 보라고 했다. (한 장관은) 이전 정부 초반에 비해 현재 수사 총량이 10분의 1도 되지 않는다며 윤 석열 정권 보복 수사는 문제없다는 인식도 보여줬다. 스스로는 국 회가 통과시킨 법령을 함부로 무시한 채 법 기술자의 현란한 테크 닉으로 위법한 시행령을 일삼으면서 전 정부에서 김학의 사건의

절차가 잘못됐다고 주장하는 것이 합당한지도 스스로 돌아보기
바란다.

- **복기왕 전 더불어민주당 의원 – 2022년 10월 6일 JTBC썰전 라이브**

  됨됨이가 좀 못돼 보입니다. 어떻게 해서든지 간에 똑똑한 척해야
  하고, 자기보다 잘난 사람 없어야 되고, 말싸움에서는 반드시 이겨
  야 되는 똑똑한 초등학교 5학년 학생의 모습입니다.

- **장혜영 의원 – 2023년 2월 6일 국회 대정부질문**

  의원의 말을 끊으십니까?

- **황운하 의원 – 2023년 11월 27일 본인 출판기념회**

  국회의원이 질문하면 질문 취지에 전혀 안 맞는 엉뚱한 이야기로
  의원들을 공격하고 곧바로 몸을 뒤로 의자를 제껴버립니다. 이런 오
  만한 태도를 보이는 사람이 어떻게 행정부의 국무위원일 수 있습니
  까, 이게 바로 헌법위반입니다. 명백한 탄핵사유입니다.

한동훈 장관이 버릇없어 보인다는 평가를 받는 것은 순전히 '태
도'의 문제다. 고분고분하지 않으니 미워 보일 수밖에 없는 것이다.
박홍근 더불어민주당 전 원내대표는 "질의 답변 시간도 아닌데 의사
진행 발언 중에 끼어들어 법사위원 자격을 판관처럼 재단하고 위원

에게 답변해 보라고 했다"라며 분노에 휩싸였다. 박홍근의 말을 해석해 보자면 이렇다. 국회의원들 입장에선 정부의 관료들은 국회의원이 말하라고 할 때만 말을 해야 하고 당선무효형을 받은 국회의원이 자신과 이해관계가 있는 국회법사위에서 위원자격으로 있는 것이 온당하냐는 질문도 해서는 안 된다. 토론 따위는 필요 없다. 나는 말하고 너는 들으라는 전형적인 꼰대 마인드다.

이와 같은 꼰대의 모습이 선배세대에서만 발견되는 것은 아니다. 1987년생으로 35세인 정의당 비례대표 장혜영 의원은 2023년 2월 6일 국회 대정부질문에서 감히 의원의 말을 끊냐는 취지로 이야기했다.

국민의 힘 의원인 배현진 의원 역시 2022년 11월 7일 한동훈 장관이 국회예결위 전체회의에서 더불어민주당 황운하 의원에 대해 '직업적 음모론자'라 했던 발언에 대해 "황 의원을 향해 직업적인 음모론자라고 했다면, 여러 민주당 의원들이 지적한 대로 국무위원으로서의 품격에 맞지 않는 행동이라고 저도 판단한다. 그 부분은 사과해야 한다"라고 말하기도 했다.

이후 예결위 우원식 의원과 나눈 대화는 이렇다.

우원식 : "직업적 음모론자라고 이야기한 것에 황운하 의원이 포함
        돼 있느냐?"

한동훈 : "김어준 씨와 황운하 의원 둘 다 포함된 얘기다."

우원식 : "아무리 본인 뜻과 다르더라도 국회의원의 발언에 대해 직업적인 음모론자라고 하는 것은 배현진 의원의 말대로 매우 잘못된 이야기다. 사과하실 의사가 있나."

한동훈 : "저는 음해를 받은 당사자로서 할 수 있는 얘기라고 생각한다. 사과할 생각이 없다."

이렇듯 한동훈 장관은 국회의원들 보기에 당돌하고 버릇없어 보이는 행동들을 반복한다. 그런데도 젊은 MZ세대는 물론이고 나이든 어르신들 역시 한동훈 장관을 응원한다. 젊은 세대에게는 자기 할말 주눅 들지 않고 말하는 모습이 마음에 들었을 것이고, 어르신 세대에게는 국회의원 뱃지 달고 거드름 피우는 의원들의 권위가 무너지는 모습에 속 시원함을 느꼈을 것이다. 특히 우파 성향의 국민들은 더불어민주당 소속 의원들이 "김건희 특검 왜 안 하냐?", "이태원 참사는 경찰이 마약 수사하느라 벌어진 것 아니냐?", "청담동 술자리에 안 갔다면 왜 그날 행적을 밝히지 않느냐?"라는 식의 인신공격과 음해성 질문을 계속하는 것에 대해 불만이 많았을 텐데 이를 한동훈 장관이 속 시원하게 응징해 줬다는 대리 만족감도 있었을 것이다.

한동훈의 이러한 당돌함에 대해 문화일보 이현종 논설위원은 자신의 유튜브 채널 '어벤져스 전략회의'를 통해 응원한다는 의견을 밝히기도 했다.

● 이현종 논설위원 유튜브 어벤져스 전략회의 2023년 1월 22일

"저는 한동훈 장관의 스타일이 우리 정치를 바꾸고 있다는 생각이 들어요. 그동안 우리 정치는 뭘 이야기하면 두리뭉술, 다음에 또 뭘 이야기하면 '잘 타협합시다' 이렇게 해서 그냥 덮고 가는 게 우리 정치의 상도처럼, 정치의 덕목처럼 여겨져 왔지 않습니까. 그런데 이제는 그게 아니라 정확하게 지적할 부분은 지적하고 이야기할 부분은 이야기하는 것, 이게 오히려 저는 정치의 어떤 덕목으로 된다. 정치라는 거는 바꾸는 사람이 바꾸는 겁니다. 정치 30년 해봤자 아무 소용이 없어요. 정치라는 것은 결국은 한동훈 장관처럼 이런 새로운 흐름들이 정치를 바꿀 수가 있다. 저는 한동훈 장관의 앞으로 행보를 보면 결국 한국 정치를 한 번 바꿀 수 있지 않나. 국민들이 이제 기인 것은 기고 아니면 아니고 정확하게 이야기해 줄 수 있는 것, 이런 정치를 원한 것이지 두루뭉술하게 뭘 이야기해도 '적극 반영하겠습니다', '잘 알아듣겠습니다', '의원님 말씀이 옳습니다' 이런 걸 원하는 게 아니잖아요."

한동훈은 법무부장관이었던 당시는 물론이고 정치인 길을 걸으면서도 계속 당돌한 모습을 보여줄 것이다. 이는 한동훈 장관이 버릇이 없다거나 당돌해서가 아니다. 틀린 말은 지적하고 사실관계에 따라 정정해야 할 내용은 정정하는 것뿐이다. 위에서 시키는 대로 무조건 따라야 하는 과거의 문화를 따르지 않을 뿐이다. MZ세대처

럼 할 말 다 하고 부당한 것은 부당하다고 이야기하는 모습을 보이는 것뿐이다. 앞으로 정치는 이현종 논설위원이 이야기했던 바와 같이 맞으면 맞고, 틀리면 틀렸다고 서로 자유롭게 이야기하는 문화가 정착될 것이다. 한동훈이란 정치인은 이 문화의 시작을 알리는 존재이기도 하다. 그가 보여주는 모습은 정치에서도 계급장 떼고 이야기하는 토론 문화의 시작이라 할 수 있다.

필자는 개인적으로 2021년 2월 31일 조선일보와의 인터뷰가 한동훈이라는 인물이 어떤 인생 철학과 직업적 가치관을 가지고 있는지 분명하게 알 수 있는 인터뷰라고 생각한다. 아직 세상이 한동훈이라는 인물을 그다지 주목하고 있지 않을 때였지만, 필자는 이 인터뷰를 통해 한동훈이라는 인물에 대해 본격적으로 관심을 가지게 되었다.

2021년 2월 31일 조선일보 단독 인터뷰 (최재혁 기자)

당시 상황 - 2021년 2월 13일은 한동훈 검사가 조국 수사로 인해 좌천된 상태에서 채널A 사건으로 2019년 내내 수사를 받는 시점이었다. 2020년 7월엔 후배 검사인 정진웅이 한동훈 검사에 대해 압수수색 도중 독직폭행을 당하기도 했었다. 당시 한동훈 검사는 채널A 사건으로 인해 감옥에 갈지도 모르는 상황이었다. 아래의 질문과 대답은 한동훈 검사 본인이 검사 직위를 잃느냐의 갈림길에 서 있던 시기에 이루어졌다. 독자분들은 인터뷰 전문을 읽으시는 동안 한동훈이 가진 신념이 무엇인지 그 단편을 확인해 볼 수 있을 것이다.

Q. 현직 검사장인 당신이 채널A 기자와 유착해 총선을 앞두고 유시민 씨 비리 의혹을 제기하려고 했다는 '채널A 사건'에 대해 어떻게 생각하나요?

A. 진실은 어디 가지 않는다고 생각합니다. 권력을 가진 쪽에서 벌인 공작과 선동이 상식 있는 사람들에게 막혀 실패한 거죠.

Q. 이성윤 중앙지검장은 '한동훈이 휴대전화 비밀번호를 안 주니 포렌식 기술이 더 발달할 때까지 기다리자'라며 무혐의 결재를 미루는데.

A. 추미애 전 장관 등이 9개월 전에 '상당한 증거'가 있다고 말했는데, 다 어디 가고 아직 휴대전화 애기만 되풀이하는지 모르겠네요. 어떻게든 흠을 찾아보려는 별건 수사 의도를 의심하는 사람이 많습니다.

Q. 작년 7월 대검 수사심의회는 당신에 대한 '수사 중단' 권고 결정을 내렸습니다. 그때 '억울하게 감옥에 가도 이겨내겠다'고 호소했었죠?

A. 당시 전방위 공작에 당해 감옥에 갈 수도 있겠다고 생각했어요. 그렇게 되더라도 상식이 통하지 않는 시간들을 기록에 남겨두자는 거였습니다. 가족들에게도 험한 일 생길 수 있는데 같이 이겨내자고 부탁했죠. 거짓 선동에 맞서서 대한민국 시스템의 틀 안에서 싸워도 이길 수 있다는 것을 보여주자는 책임감 같은 게 있었습니다.

Q. 채널A 기자가 녹음한 '부산 녹취록'이 공개되면서 당신이 추미애 전 장관을 '일개 장관'이라 부르고 비판한 게 화제가 됐는데.

A. 공적 인물의 명백한 잘못에 대해 그 정도 비판도 못 한다면 민주주의가 아니죠.

Q. 이번 인사도 물을 먹었는데 억울한가요?

A. 세상에 억울한 사람들이 참 많고 저는 지금까지 운이 좋아 억울한 일 안 당하고 살아왔습니다. 역사를 보면, 옳은 일 하다가 험한 일 당할 수도 있는 건데요, 그렇다고 저같이 사회에서 혜택받

고 살아온 사람이 억울하다고 징징대면 구차합니다. 상식과 정의는 공짜가 아니니 감당할 일이죠.

Q. '조국 수사'의 보복이라고 보나요?

A. 그 수사에 관여하지 않았어도 이런 일들이 있었을까요. 그것 때문이라고 생각합니다.

Q. 과잉 수사였다는 지적도 있는데.

A. 설명 안 되는 의혹들이 워낙 많았고, 관련자들이 말을 맞춰 거짓말을 하거나 해외 도피까지 한 상황이라 집중적 수사가 필요했던 겁니다. 예를 들어, 입시 비리나 펀드 비리 같은 건들만 봐도, 그 정도 사실이 드러나면 보통 사람들은 사실 자체는 인정하되 유리한 사정을 설명하는 식으로 방어합니다. 그런데 오히려 음모론을 동원해 더 적극적으로 사실 자체를 부정했으니 압수 수색 같은 수사가 더 필요했던 거죠.

Q. 여권은 사소한 문제를 부풀렸다고 합니다.

A. 자본시장의 투명성, 학교 운영의 투명성, 고위 공직자의 청렴성과 정직성, 입시의 공정성, 그리고 사법 방해. 어느 하나도 사소하지 않습니다. 누구에게나 있는 문제도 아니죠.

Q. 출세시켜 준 정부를 배신했다는 공격도 있었죠.

A. 권력이 물라는 것만 물어다 주는 사냥개를 원했다면 저를 쓰지 말았어야죠. 그분들이 환호하던 전직 대통령들과 대기업들 수사 때나, 욕하던 조국 수사 때나, 저는 똑같이 할 일 한 거고 변

한 게 없습니다.

Q. 여권에선 윤 총장이나 당신이 정치적 목적으로 '정권 수사'를 했다고 의심합니다.

A. 윤 총장이나 저나 눈 한번 질끈 감고 조국 수사 덮었다면 계속 꽃길이었을 겁니다. 권력의 속성상 그 수사로 제 검사 경력도 끝날 거라는 거 모르지 않았습니다. 그 사건 하나 덮어 버리는 게 개인이나 검찰의 이익에 맞는, 아주 쉬운 계산 아닌가요. 그렇지만 그냥 할 일이니까 한 겁니다. 직업윤리죠.

Q. '선출된 권력에 대한 검찰의 저항'이라는 비판도 있습니다.

A. 그냥 틀린 말입니다. 누구든 법을 지키지 않으면 법에 따라 처벌받을 수 있어야만 민주주의이고 법치주의입니다. 모든 헌법 교과서에 나오는 당연한 말이죠.

Q. 수사하면서 공명심 같은 것은 없었나요?

A. 진영에 상관없이 강자의 불법에 더 엄정해야 한다는 그 기준에 따라 일했습니다. 그렇게 해도 약자에게 기울어진 운동장인 게 현실 세계니까요. 그러다 공격받는 건 감수해야죠. 물론, 제가 한 일들이 모두 다 정답은 아니었겠지만, 틀린 답을 낸 경우라면 제 능력이 부족해서지 공정이나 정의에 대한 의지가 부족해서는 아니었을 거라고 말할 수 있습니다.

Q. 경제 상황을 고려하지 않고 기업 수사를 너무 가혹하게 하지 않았나요?

A. 저는 기업인이 대한민국 사회를 여기까지 발전하게 하는 데 대단히 중요한 역할을 했고, 앞으로도 꼭 그래야 하고, 깊이 존경받아야 한다고 생각합니다. 그런데 이 사회 발전의 원동력은 자유시장과 시장에서의 경쟁인데, 그 기초는 공정한 룰이 지켜질 것이라는 믿음입니다. 심각한 불법이 드러난 이상, 그게 누구라도 똑같은 룰이 적용되어야만 그런 믿음이 가능합니다.

Q. 이명박·박근혜 정부와 현 정부의 '적폐' 수사를 다 해 봤는데 차이점은?

A. 그런 비교가 제 몫은 아니지만, 과거에는 '사실이면 잘못'이라는 전제하에 혐의를 부인하는 경우가 많았는데, 최근에는 '사실이라 해도 뭐가 문제냐'는 주장을 하는 경우가 많은 것 같습니다.

Q. 여권은 월성 원전 조기 폐쇄가 정책에 대한 것이니 수사 대상이 안 된다고 하는데.

A. 정책도 헌법과 법률을 지키면서 집행되어야 한다고 생각합니다.

Q. 김학의 불법 출금 수사는 어떤가요?

A. 지탄받는 악인을 응징할 때도 절차적 정당성을 지키는지가 그 사회가 문명인지 아닌지를 가르는 기준이라 생각합니다.

Q. 당신은 '검찰주의자'입니까?

A. 저는 검찰을 사랑하지 않아요. 의인화된 검찰 조직이란 허상입니다. 저한테 월급 주는 건 국민이고 거기 충성한다는 생각은 분

명하지만, 검찰 조직이라는 허상에 충성할 생각은 예나 지금이나 없어요"라고 했다.

Q. 검찰 개혁에 찬성하는지. 검찰이 자성할 부분은 무엇인가요?

A. 대단히 찬성합니다. 그런데 진짜 검찰 개혁은 살아있는 권력 비리라도 엄정하게 수사할 수 있는 시스템을 만드는 겁니다. 특별한 검사가 목숨 걸어야 하는 게 아니라, 보통의 검사가 직업윤리적 용기를 내면 수사를 할 수 있는 시스템 말입니다. 당초 검찰 개혁 논의는 검찰이 살아있는 권력 비리를 눈치 보고 봐줘서 국민들이 실망했던 것에서 시작된 거 아닌가요? 그 부분이야말로 검찰이 자성해야 할 부분입니다. 이 정부의 검찰 개혁은 반대 방향이라 안타깝습니다. 그 결과, 권력 비리 수사의 양과 질이 드라마틱하게 쪼그라들 겁니다.

Chapter 2.

한동훈을 만든
결정적 장면

01
채널A 검언유착 사건

2020년 3월 31일 MBC는 제보자 X의 증언을 인용하여 충격적인 보도를 했다. 어떤 검사와 기자가 모의해서 수감 중이던 신라젠 대주주 이모 씨를 협박하여 유시민에 대한 비위 정보를 말하도록 강요했다가 미수에 그쳤다는 것이 주요 내용이었다. 일명 채널A 검언유착 사건이라 불리는 사건의 시작이었다.

당사자는 채널A 기자인 이동재 기자, 한동훈 사업연수원 부원장(검사장)이었다. 더불어민주당 입장에서는 그림이 제대로 그려지는 좋은 기회였다. 눈엣가시였던 윤석열 검찰총장과 조국 수사를 지휘했던 한동훈을 잘라낼 수 있는 절호의 기회였던 것. 그간 조국 수사를 통해 불만이 쌓여있었는데 이 사건을 통해 전세를 역전시키고자 했다.

수사팀은 2020년 6월 한동훈 검사장의 휴대전화를 압수수색하고 법무부장관인 추미애는 2020년 7월 수사 지휘권을 발동하여 검찰총장이었던 윤석열의 지휘 권한을 박탈시켰다. 한동훈은 윤석열의 측근이었기 때문이라는 것이 그 이유. 7월 29일엔 서울중앙지검에서 휴대전화 유심 압수수색 과정에서 정진웅 울산지검 차장검사와 물리적 충돌(독직폭행)이 발생하기도 했고 같은 해 8월, 채널A 기자를 구속기소 했다. 잘 짜여진 각본에 의해 MBC 보도 직후 검찰은 수사에 착수했고 기자는 구속되었다. 한동훈은 압수수색을 받고 윤석열은 지휘권이 박탈됐다. 이 사건은 2년간의 수사 끝에 결국 '혐의없음'으로 종결 처리되었다. 아이러니하게도 검사와 기자가 연루된 일명 검언유착 사건은 한동훈이 멀쩡한 검사라는 것을 알리는 계기가 되었다.

추미애의 시나리오에 의하면, 한동훈은 '기자와 내통하여 무고한 사람을 협박하는 나쁜 검사'였다. 우리가 무수히 영화와 드라마를 통해 봤던 부패한 검사의 전형적인 모습이었다. 고급 룸살롱에서 양옆에 접대부를 끼고 양주를 마셔가며 자기 마음대로 수사를 조작하는 검사의 모습. 억울한 피해자에게 모든 것을 덮어씌우고 자신들에게 이익이 될 만한 사람, 돈과 권력이 많은 사람의 뒤를 봐주는 검사의 모습이 언론에 보여 진 한동훈의 모습이었다. 수사에 필요한 휴대전화 비밀번호를 밝히지 않았던 것은 맞을 만한 짓이었음은 물론이고 말이다. 뉴스를 통해 보여지는 한동훈은 적폐 중의 적폐였으며 부패와 비리가 가득한 모습이었다.

그런데 시간이 지나 수사가 진행되면서 상황은 바뀌기 시작했다. 후배 검사에게 폭행당한 후 그가 보였던 모습에서, 검찰 수사 심의위원회에서 한동훈이 했던 최후 변론에서, 전혀 새로운 한동훈이 발견되었다. 녹취록을 통해 알려진 대화의 내용을 살펴보니, 한동훈은 부패의 상징인 줄 알았는데 오히려 힘없는 서민의 편에 서야 한다는 의지를 가지고 있었고, 국민의 알권리가 권력자들에 뒤쳐지면 안 된다는 신념을 가지고 있었다. 결국 한동훈은 사상 최악의 부패한 검사인 줄 알았는데, 사건에 대한 사실이 밝혀질수록 오히려 한동훈은 이상적인 검사의 모습을 가졌음이 드러났다.

아래에 그가 실제로 각 사건의 단계마다 했던 발언들을 일부 옮겨 보았다.

 2020년 2월 13일 :
한동훈 검사장과 채널A 이동재 기자의 대화 내용

이동재 : 그렇습니다. 요즘에 뭐 신라젠 이런 거 알아보고 있는데 이게 한번 수사가 됐던 거잖아요. 라임도 그렇고.

한동훈 : 그렇지만 의지의 문제지.

이동재 : 잘 하실까요?

한동훈 : 열심히 하겠죠. 총장 계속 물론 뭐 저쪽에서 방해하려 하겠

지만, 인력을 많이 투입하려고 할 거고.

이동재 : 신라젠에 여태까지 수사했던 것에 플러스 이번에 어떤 부
분을 더 이렇게……

한동훈 : 여태까지 수사했던 것에서 제대로 아직 결과는 안 나왔죠?

이동재 : 예! 예.

한동훈 : 전체적으로 봐서 이 수사가 어느 정도 저거는 뭐냐면 사람
들에게 피해를 다중으로 준 거야. 그런 사안 같은 경우는 빨
리 정확하게 수사해서 피해 확산을 막을 필요도 있는 거고.
그리고 거기에 대해서 센 사람 몇 명이 피해를 입은 것하고,
같은 거라도. 같은 사안에 대해서 1만 명이 100억을 털린 것
하고 1명이 100억을 털린 것 하고 보면 1만 명이 100억을 털
린 게 훨씬 더 큰 사안이야. 그럼 그거에 대해서는 응분의
책임을 제대로 물어야 적어도 사회가 지금 보면, 요즘 사람
들, 여기 사람들 하는 것 보면 별로 그런 거 안 하는 것 같아.
그게 무너진다고. 뭐냐면 뭔가 걸리거나 그랬을 때 사회가
모든 게 다 완벽하고 공정할 순 없어. 그런 사회는 없다고.
그런데 중요한 건 뭐냐면 국민들이 볼 때 공정한 척이라도
하고 공정해 보이게라도 해야 돼. 그 뜻이 뭐냐? 일단 걸리
면 가야 된다는 말이야. 그리고 그게 뭐 여러 가지 야로가
있을 수도 있지만 적어도 걸렸을 때, '아니 그럴 수도 있지'
하고 성내는 식으로 나오면 안 되거든. 그렇게 되면 이게 정

글의 법칙으로 가요. 그냥 힘의 크기에 따라서 내가 받을 위
험성이 아주 현격하게, 그것도 게다가 실제 그런 면이 있지
만 그게 공개적으로 공식화되면 안 되는 거거든. 뇌물을 받
았으면 일단 걸리면 속으로든 안 그렇게 생각하더라도 미
안하다 하거나 안 그러면 걸리면 잠깐 빠져야 돼.

이동재 : 네

한동훈 : 그런데 너 한번 입증해 낼 수 있어? OOO이 '입증할 수 있
겠냐'. 그런 워딩 봤어? 공적 지위에 있는 사람이 '입증할 수
있겠습니까'라니. 아니 그거 속으로 그렇게 생각하는 건 당
연해. 그건 방어니까. 언론에 대고 '입증할 수 있겠어 검찰
이?'라고 하는 거 봤어? '내가 안 했다'가 아니라. '입증할 수
있겠어?' 이 워딩은 다른 것 보다. 야~ 이 사람들 참.

🎙 2020년 7월 24일 : 검찰 수사심의위원회

질문 : 본인에게 닥친 현 상황을 어떻게 보고 있으며 왜 이런 일이
일어났느냐?

한동훈 : 지금 이 말도 안 되는 상황은, 권력이 반대하는 수사를 하
면 어떻게 되는지 본보기를 보여주기 위한 것이라 생각합
니다. 저는 이 위원회가 저를 불기소하라는 결정을 하더라
도, 법무부장관과 중앙 수사팀이 저를 구속하거나 기소하
려 할 거라고 생각합니다. 그런데도, 제가 위원님들께 호소

드리는 것은, 지금 이 광풍의 2020년 7월을, 나중에 되돌아볼 때, 적어도 대한민국 사법 시스템 중 한 곳만은 상식과 정의의 편에 서 있었다는 선명한 기록을 역사 속에 남겨주십사 하는 것입니다. 그래 주시기만 한다면, 저는 억울하게 감옥에 가거나, 공직에서 쫓겨나더라도, 끝까지 담담하게 이겨내겠습니다.

🎙️ 2020년 8월 1일 :
독직폭행 후 친구인 김태현 변호사(서울법대 동기)와 통화

김태현 : 괜찮냐?

한동훈 : 이 나이 돼서 그런지 삭신이 쑤신다.

김태현 : 병원 갔어?

한동훈 : 의사가 입원하라고 했지만 안했다. X팔려서.

김태현 : 아니 그래도 몸이 중요하니 검사를 받고 사진만 정(진웅)부장처럼 안 풀면 되지. 입원해.

한동훈 : 나까지 입원하면 검찰이 뭐가 되냐.

채널A 사건의 과정에서 한동훈이 보여준 위대함이 있다. 그는 '누구 때문에 이렇게 되었다'던가, '사실 이건 누구 잘못이다', '이것은 정치탄압이다'와 같은 소위 남 탓을 하지 않았다. 말을 잘하는 수많은 정치인들을 보면 행동에서 자신이 한 말과 반대되는 경우가 많

다. 그와 같은 정치인들은 입으로는 항상 '국민을 위한다', '역사 앞에 당당하다'라는 식으로 지지자들에게 자신의 무죄를 호소하고 지지와 응원을 부탁한다. 그러나 실제 행동은 뇌물을 받고, 지역 토착 비리에 온갖 지저분한 범죄를 저지른다. 죄가 밝혀지면 '역사의 법정에서 나는 무죄입니다' 이런 식의 궁색한 변명을 늘어놓는다. 이에 비해 한동훈은 말이 아닌 행동으로 자신이 어떤 사람인가를 드러냈다. 그가 지금 보여주고 앞으로 보여줄 행동들은 그의 진면목을 계속 드러나게 할 것이다. 그렇기에 그가 지금까지 보여줬던 수많은 모습들과 행동들보다 그가 앞으로 보일 모습들이 더 기대된다. 법무부장관이라는 공직자의 모습에 더해 앞으로 정치인 한동훈이 보여줄 그의 비전과 철학이 어떠할지 더 기대되는 이유가 여기에 있다.

02 유시민의 한동훈 명예훼손 사건

사건 개요는 간단하다. 2019년 말에 유시민이 '검찰이 자신의 계좌를 들여다봤다'라는 의혹을 제기함으로써 촉발된 사건이다. 유시민은 특히 한동훈 검사를 특정하여 자신의 계좌를 봤다고 주장했는데, 한동훈이 이에 반발하여 명예훼손으로 유시민을 고발하고 결국 1심에서 벌금 500만 원이 선고된 사건이다.

자세한 경위를 보면, 2019년 12월, 유시민은 유튜브 채널 '알릴레오'에서 중대한 의혹을 제기했다. 의혹의 주요 내용은 검찰(한동훈)이 자신과 노무현재단의 계좌를 들여다봤다는 것. 즉, 검찰이 불법으로 민간인 사찰을 했다는 것. 만약 이것이 사실이라면 법을 지켜야 할 검찰이 불법을 자행했다는 이야기가 되기 때문에 상당히 중요한 문제였다.

특히 거론되었던 검사가 한동훈이었다는 점이 주목할 만하다. 한동훈이 2019년 8월부터 조국 일가에 대한 수사를 지휘했기 때문이다. 한동훈 검사는 이때부터 미운털이 박히기 시작했다. 문재인 정권의 집권에 도움을 주었던 '국정농단 사건'을 철저히 수사하였기에 좌파인 자기편인 줄 알았는데 조국에 대한 수사를 지나치게 적극적으로 했기 때문이다. 미운털이 박히기 시작한 한동훈인데, 마침 불법으로 유시민의 계좌를 들여다봤다는 것은 한동훈을 몰아낼 좋은 기회였다.

유시민의 발언을 옮겨보면 이렇다

● 2019년 12월 24일 : 유튜브 '알릴레오'

"서울중앙지검으로 추측되는데요, 노무현재단의 계좌를 들여다봤다는 사실을 알게 되었습니다."

"윤석열 검찰총장님, 검찰이 노무현재단의 계좌를 들여다본 사실이 있습니까? 저의 개인 계좌를 들여다보셨습니까?"

이와 같은 발언에 대해 검찰은 유시민의 의혹 제기 당일 "노무현재단과 유시민 이사장, 그 가족의 범죄에 대한 계좌추적을 한 사실이 없다. 법원의 영장을 받아 가장 엄격한 제한 내에서만 조회한다. 음성적 목적의 조회가 원천적으로 불가능하다"라고 해명했으나, 이미 의혹을 사실로 받아들였던 진보진영 쪽에서는 이러한 해명이 귀에 들릴 리 없었다. 더불어민주당 홍익표 수석 대변인은 "(유시민 이사장은) 검찰이 살펴본 나름대로의 근거를 갖고 계시더라고요, 경제 범죄도 아닌데 계좌를 왜 봅니까"라며 이미 검찰이 유시민의 계좌를 봤다는 의혹을 기정사실화하기도 했었다.

유시민의 의혹 제기는 일명 채널A 검언유착 사건과 연결되기도 했다. 즉, 한동훈이 유시민을 잡기 위해 유시민의 계좌를 들여다보고, 트집거리가 보이지 않으니 언론사 기자를 동원해 유시민에게 불리한 증언을 하도록 증인을 협박했다는 것. 어느 정도 설득력 있는 스토리였다. 이에 호응하듯 KBS에서는 2020년 7월 18일 녹취록 내용을 다음과 같이 보도했다.

이동재 전 기자 구속에 결정적인 '스모킹건'이 된 건 지난 2월 이전 기자와 한동훈 검사장이 나눈 대화 녹취였습니다. 이동재 전 기자는 당시 후배 기자와 함께 부산고검 차장검사로 있던 한 검사장을 만났습니다. 이 자리에선 유시민 노무현재단 이사장의 신라젠 연루 의혹에 대한 대화가 오갔습니다. KBS 취재를 종합하면, 이 전 기자는 총선에서 야당이 승리하면 윤석열 총장에게 힘이 실린다는 등의 유시민 이사장 관련 취재 필요성을 언급했고, 한 검사장은 돕겠다는 의미의 말과 함께 독려성 언급도 했다는 겁니다.

"유시민 이사장은 정계 은퇴를 했다", "수사하더라도 정치적 부담이 크지 않다"라는 취지의 말도 했는데, 총선을 앞두고 보도 시점에 대한 이야기도 오간 것으로 확인됐습니다. 법원이 이 사건을 단순한 '강요 미수'가 아니라고 본 이유입니다.

정리해 보자. 유시민의 의혹 제기, 여기에 이어진 KBS의 보도. 여기까지만 하면 한동훈과 채널A 기자는 권력을 이용하여 무고한 사람에게 죄를 뒤집어씌우는 범죄의 공모자였다. 하지만 KBS 보도에 대해 채널A 기자가 녹취록 전문을 공개하면서 상황은 달라졌다. 한동훈은 유시민에 대해 '관심 없다'고 했다는 사실이 밝혀졌기 때문이다. 즉, 한동훈은 유시민에 대해 계좌추적을 할 이유도 없고, 언론사 기자와 공모할 이유도 없음이 명확하게 밝혀졌다.

유시민은 녹취록이 공개된 후, "미안합니다. 제가 착각했습니다"라고 하지 않았다. 오히려 수위를 더 높여 한동훈은 물론이고 검찰총장이었던 윤석열까지 공격의 대상으로 삼았다. 유시민의 주장을 종합해 보면, 자신은 신라젠이라는 기업과 신라젠과 협력관계인 부산의료원에서 글쓰기 강의 좀 해준 것이 전부인데, 한동훈과 윤석열은 신라젠이라는 기업으로 많은 투자자들이 손해를 보게 되자 자신을 희생양으로 삼기 위해, 신라젠의 유착을 밝혀내기 위해 계좌도 들여다보고 했다는 것이다. 그의 발언은 이러했다

● 2020년 7월 24일 : 김종배의 시선집중

"제가 아무것도 한 일이 없이 관련자가 됐는데, 오늘 검찰 수사심

의위원회가 열린다는데 저보고는 오라 안 하더라구요."

"녹취록 보고 나서 좀 많이 이해를 하게 됐어요. 이 사건이 왜 일어났고 왜 이런 양상으로 전개되고 있는지."

"저는 이 녹취록 보면서 한동훈 검사에 대해서 더 많이 더 이해하게 됐구요. 이동재 기자가 왜 그랬는지 훨씬 깊게 이해하게 됐어요."

"여러분들이 유시민 신라젠 이렇게 검색어를 넣고 시간 역순으로 검색해 보시면요, 신라젠 기사가 뜰 거예요."

"저는 이 스토리를 왜 이제 생각을 했냐면 윤석열 총장도 관련돼 있을 가능성이 많아요. 이제 한동훈 검사는 윤석열 총장의 최측근이고 오랜 동지고, 그리고 조국 수사를 지휘한 인물이고 그리고 제일 중요한 참모잖아요."

양측의 주장은 팽팽했다. 유시민의 주장을 요약해 보면, 한동훈이 유시민에 대해 관심없다고 했음이 분명함에도 불구하고 오히려 "녹취록을 들어보니 한동훈과 기자가 왜 그렇게 이야기했는지 이해된다"라고 했다. 즉, 유시민을 잡기 위해 검찰이 계좌를 들여다봤다는 것. 신라젠은 당시 '배임, 횡령' 등으로 수많은 투자자가 큰 손실을 봤던 사건이기 때문에 누군가 희생양이 필요했고, 유시민을 희생양으로 삼기 위한 것이었다는 것. 이에 비해 한동훈의 주장은 매우 간단했다. 검찰은 유시민의 계좌를 들여다보지 않았고, 자신의 이름을 거론하는 것은 명예훼손이라는 것.

유시민은 의혹 제기 1년이 지난 2021년 1월 사찰 의혹을 입증하지 못했다며 사과했다. 그러나 유시민의 사과에도 불구하고 명예훼손에 대한 재판은 진행되었다. 한동훈 입장에서 유시민의 사과는 제대로 된 사과가 아니었기 때문이었다. 법에 따르면, 계좌를 열람하면 1년 내 그 사실이 본인에게 통보된다. 즉, 유시민이 의혹을 제기했다면 적어도 1년이 지난 시점에서는 증거를 직접 입수할 수 있었다는 뜻이다. 만일 검찰이 유시민의 계좌를 봤다면, 통지서가 그에게 왔을 것이고, 그 통지서를 흔들면서 여기저기 유튜브에서 한동훈을 신나게 비난했을 것이다. 그렇지만 그런 일은 없었다. 검찰이 계좌를 들여다본 사실이 없었기 때문이다. 내뱉은 말에 책임질 수 없는 상황이 되자 결국 떠밀리듯 유시민은 사과문을 올릴 수밖에 없었던 것이다. 자신이 한 행동이 부끄러워서 하는 사과는 아니었고, 슬슬 재판이 걱정되니 근거를 남기기 위해 억지로 할 수밖에 없던 상황이다. 유시민의 사과로부터 1년이 지난 2022년 1월 27일, 명예훼손 관련 재판이 있었다. 이때 유시민과 합의 의사를 묻는 재판부의 질문에, 한동훈은 자신뿐 아니라 다른 많은 피해자가 있다는 점과 1년의 기간 동안 사과의 뜻을 전한 바 없다는 것을 이유로 합의 의사가 없다고 대답했다. 결국, 2023년 12월 21일 1심에 이어 항소심에서도 유시민은 벌금 500만 원을 선고받았고, 검찰과 유시민 모두 대법원에 상고한 상태이다. 항소심 선고 후 유시민은 기자들을 만나 다음과 같이 말했다.

● 2023년 12월 21일 유시민 : 항소심 선고 후 인터뷰

"한동훈 검사 개인을 공격한 적 없고, 검찰권에 대한 사적 남용이나 정치적 오용에 대해 비판한 것."

"검찰권 행사에 대한 비판 과정에서 나온 작은 오류로 법원이 유죄 선고를 한다면 대한민국 헌법이 보장하는 시민의 권리와 표현의 자유는 도대체 어디서 지켜주나."

"한동훈 검사가 고위 검사로서 수사해야 할 사안을 아웃소싱한 의혹이 있는 것은 사실이다. 자신이 한 행위를 공개 못 하고 있지 않느냐. 그 상태로 고위 공직자가 되었고, 이제는 정치인으로 사실상 당 대표자로 오셨는데 공직자로서 적합한 행위를 한 건 아니라는 비판에 일리 없는지 스스로 잘 생각해 봐야 한다."

유시민이 제기한 의혹은 한동훈에게 상당한 타격이었다. 유시민은 민주화의 상징이었고, 젊은이들의 멘토였다. 작가라는 타이틀이 자연스럽게 붙을 만큼 그가 썼던 책들은 항상 베스트셀러였다. 반면 한동훈은 정치에 관심 있는 사람들과 정치권 인사들에게는 '이명박, 박근혜, 이재용'을 감옥 보낸 실력 있는 검사였다. 명예훼손 사건 이전까지 대중에게는 그저 수많은 검사 중 하나였다. 결과를 살펴보면, 역설적이게도 유시민은 한동훈의 명예를 훼손했지만 훼손한 것이 아니게 되었다.

2022년 1월 27일 유시민과의 재판을 위해 법정에서 언론인터뷰를

했던 한동훈은 반전 그 자체였다. 그저 그런 부패하고 탐욕스러운 검사의 모습을 예상했던 수많은 사람들에게 그의 모습은 예상과 달리 매우 단정하고 젠틀했으며 "괜찮으시면 3분 정도만 말씀드리겠습니다"라며 시작했던 그의 발언은 '저 사람 말이 맞다'라는 공감을 불러일으켰다. 인터뷰 전문을 보면 그의 화법이 몇 가지 눈에 띈다. 하나는 누구도 부정할 수 없는 대원칙에 근거한 의견제시와 또 다른 하나는 직관적 비유를 통한 설명이다.

2022. 1. 27. 재판에 출석한 한동훈의 인터뷰 발언을 옮겨보면 이렇다. 당시 상황은 22년 3월 9일 대통령 선거를 2개월가량 앞두고, 윤석열 후보와 이재명 후보가 박빙의 아슬아슬한 승부를 볼 것으로 예측되던 시기였다.

질문 : 오늘 소감은 어떠십니까?

한동훈 : 2년 반 전에 조국 수사가 시작됐을 때 유시민 씨가 갑자기 제가 자기 계좌추적을 했다는 황당한 거짓말을 하기 시작했습니다. 그렇게 시작된 거짓말이 1년 넘게 계속됐고, 권력과 그 추종자들에 의해서 확대 재생산됐습니다.

조국 수사 등 자기편 권력 비리 수사를 막고 저에게 보복하기 위한 목적이었다고 저는 생각합니다. 그 후 저는 네 번 좌천당하고 두 번 압수수색을 당하고, 사적인 동선을 CCTV로 사찰당하고, 그리고 후배 검사로부터 독직 폭행을 당했습니다. 저와 제 가족, 그리고 주변에 있는 사람들이 통신 사찰을 당했습니다. 물론 저는 유시민 씨나 노무현 재단에 대해서 계좌추적을 한 사실이 전혀 없습니다. 그러나 우선 분명히 해둘 것은 유시민 씨든 그 누구든 간에 죄가 있으면 법에 따라 수사하는 것이 민주주의고 법치주의라는 점입니다.

유시민 씨나 지금 이 권력자들은 마치 자기들은 무슨 짓을 해도 절대 수사하면 안 되는 초헌법적인 특권 계급인 양 행동했습니다. 그러기 위해서 권력이 물라면 물고 덮으라면 덮는 사냥개 같은 검찰을 만드는 것을 '검찰 개혁'이라고 사기 치고 거짓말했습니다. 그래서 국민을 속였습니다. 그 결과 지금 권력비리 수사는 완전히 봉쇄됐고, 시민들의 고소 고발장은 알아서 증거 찾아오라는 무책임한 말과 함께 경찰서에서 반려되고 있습니다. 그리고 공수처는 민간인과 언론인을 무차별적으로 사찰하고 있습니다.

있지도 않은 자기 계좌추적에는 1년 반 동안 그렇게 공개적으로 분노하던 유시민 씨가 정작 전 국민을 불안에 떨게 하는 민간인 사찰에 대해서는 아무 말도 하지 않습니다. 유시민 씨는 자기 스스로를 '어용 지식인'이라고 했습니다. 지식인의 사명이 약자의 편에서 권위와 권력을 비판하는 거죠. 그렇기 때문에 유시민 씨가 말하는 '어용 지식인'이라는 말은 마치 '삼겹살 좋아하는 채식주의자'라든지, '친일파 독립 투사'라는 말처럼 그 자체로 대단히 기만적입니다. 저는 지식인이 어용 노릇하기 위해서 권력의 청부업자 역할을 하는 것이 논란의 여지 없이 세상에 유해하다고 생각합니다. 저도 유시민 씨처럼 권력의 뒷배 있고 추종 세력까지 있는 힘 센 사람과 맞서는 것이 힘들고 부담스러운 것은 사실입니다만, 제가 지금 이렇게 공개적으로 싸워서 이기지 않으면 유시민 씨나 그런 유사품들이 앞으로도 지금까지 그랬던 것 이상으로 권력과 거짓 선동으로 약한 사람들을 더 잔인하게 괴롭힐 겁니다. 저는 이렇게라도 싸울 수 있지만, 힘없는 국민들은 악 소리 못하고 당할 수밖에 없을 겁니다. 그렇기 때문에 제가 지금 이렇게 나서서 대신 싸우려 하는 겁니다.

사실 유시민 씨의 범죄와 유해함을 밝히는 데 저의 오늘 증언까지도 필요하지 않다고 생각합니다. 이분이 지금까지 이 사안에 대해서 해 온 말과 글, 사과문들을 모아서 한번 살펴보는 것만으로도 충분하다고 생각합니다.

국민들이 시간 좀 지났다고 해서 다 잊었을 거라 생각하고 자기가 한 말 뒤집고 또 뻔뻔하게 거짓말하는 것에 속지 않기만 하면 된다고 생각합니다. 그러기 위해서 지금 필요한 것은 제 생각에는 약간의 기억력과 상식이면 족하다고 생각합니다. 저는 오늘 법정에서 제가 할 말을 충분히 하겠습니다.

질문: 이재명 후보가 대선에서 떨어지면 검찰에서 없는 죄도 만들어서 감옥에 보낼 것 같다고 했는데 어떻게 생각하십니까?

한동훈: 검사가 아니라 그냥 일반인으로서, 시민으로서 말씀드리면, 없는 죄를 만들어서 덮어씌우는 것은 민주국가에서 절대로 있어서는 안 되는 일입니다. 그런데 말입니다. 그거 정확하게 이 정권이 저한테 한 일 아닌가요? 그리고 없는 죄를 만들어서 덮어씌우는 것만큼 있는 죄를 덮어주는 것도 절대 해서는 안 되는 일이라고 생각합니다.

유시민의 한동훈 명예훼손 사건을 정리하면 이렇다. 유시민은 한동훈 검사를 언론에 등장시켰고 의도하지 않게 그를 신드롬의 주인공으로 만들어주었다. 결과적으로 한동훈 신드롬은 2022년 1월 27일, 유시민과의 재판을 위해 출석했던 자리에서 시작되었다.

03

법무부장관 청문회

2022년 4월 13일, 대통령 당선인의 내각 발표 자리에서 윤석열은 뒤에 서 있던 한동훈을 불러 "법무부장관 한동훈 사법연수원 부원장입니다"라고 말했다. 윤석열 내각의 초대 법무부장관으로서 지명되는 순간이었다. 당시 이러한 지명에 대해 '상당한 파격'이라는 의견이 많았다. 국회의원을 해본 것도 아니고, 윤석열 캠프에서 대통령의 당선을 도운 것도 아니었기 때문이다. 당시 한동훈은 지방으로 좌천되어 수사권도 없이 자리만 차지하고 있는 한직에 배치되어 있는 밀려난 검사였다. 정치권에서는 한동훈에 대해 검찰총장이 될 것으로 예측했다. 윤석열 대통령의 측근으로 분류되고 있었고, 이전 정권에서 범죄를 저지른 수많은 인사들에 대해 칼을 휘두르는 일에 한동훈이 제격이었기 때문이다. 게다가 한동훈 자신도 문재인 정권에서 좌천과 감시를 당해 분한 감정이 쌓여있었을 테니, 제대로 칼을 휘두를 것이라는 예측이 우세했다. 그렇기에 한동훈이 검찰총장이 아닌 법무부장관으로 지명되었을 때 많은 사람들이 놀랄 수밖에 없었다.

장관 청문회를 준비하면서 더불어민주당은 한동훈 장관 낙마를 위해 많은 준비를 했다. 만일 한동훈 장관이 법무부장관으로 취임하면 자신들에 대해 압박이 들어오고 범죄사실이 드러날지도 모른다는 걱정이 많았기 때문이다. 도둑이 제 발 저린 격이다. 또한 한동훈 장관이 청문회를 통해 낙마하게 되면 윤석열 대통령의 국정 운영 동력을 상실시킬 수 있을 것이라는 기대를 가질 수 있기도 했다. 수많은 장관후보자들이 개인의 비리, 업무에서의 함량 미달 등으로 낙마하게 되면 정부는 국민의 신뢰를 잃고 야당은 지지세를 공고히 할 수 있었기 때문이다.

2022년 5월 9일, 말 그대로 온 국민의 관심 속에 법무부장관 청문회가 개최되었다. 장관 청문회 자체가 국민의 관심을 받는 것은 자연스러운 일이지만, 특히 한동훈 법무부장관 후보의 청문회는 그 열기가 정말로 뜨거웠다. 윤석열 당선자의 득표율이 48.56%, 이재명 낙선자의 득표율이 47.83%로 박빙의 승부였던 대통령 선거의 연장전을 연상케 했기 때문이다. 윤석열 대통령의 전적인 신뢰와 지지를 받는 한동훈 후보였기에 법무부장관 청문회는 단순히 장관의 자격과 결격사유를 점검하는 과정이 아닌, 윤석열과 이재명의 대통령 선거

2라운드로 받아들여졌다.

더불어민주당 입장에서는 한동훈을 낙마시켜야 국정 운영과 국민의 지지도에서 주도권을 가질 수 있었기에 더욱 치열할 수밖에 없었다.

국민들에게 불과 4개월 전에 유시민의 명예훼손 재판에서 혜성처럼 나타났던 바르고 젊은 엘리트 공직자의 모습을 보였던 한동훈이 과연 어떤 사람인가 호기심을 가질 수밖에 없었다. 그 결과 청문회는 첨예하게 대립하는 여야의 대결과, 사람 자체에 대한 호기심이 합쳐져 높은 동영상 조회 수를 기록하기도 했다. 결과적으로 한동훈 법무부장관 청문회는 더불어민주당 의원들의 부족한 준비와 잘못된 질문 등으로 코미디 청문회가 되었다. 한동훈 장관은 가만히 있었을 뿐인데 야당 의원들이 스스로 무너져버린 모습이었다.

한동훈의 일방적 승리로 끝난 청문회

더불어민주당에서는 처럼회 멤버를 주축으로 칼을 갈고 있었다. 김남국 의원, 김용민 의원, 최강욱 의원, 이수진 의원 등으로 이루어진 처럼회는 이재명의 친위대 역할을 하면서 당내 강경파로서 입지를 다지고 있었다. 처럼회는 한동훈을 낙마시키면 마치 전쟁에서 적장의 목을 베고 돌아온 개선장군의 위상을 얻을 수 있는 좋은 기회였다. 성공하기만 하면 그 공을 인정받아 다음 공천에서 유리한 입지를 차지할 수 있었음은 물론이다. 청문회가 진행된 과정을 세부적으로 살펴보면 아래와 같다. 당시 상황을 가감 없이 글자로 옮겨보았다.

🎙️ 한동훈 법무부장관 후보자 인사청문회 모두발언

"존경하는 법제사법위원회 박광온 위원장님, 그리고 위원님 여러분!

국회 일정으로 바쁘신 가운데 이렇게 인사청문회 준비에 노고를 아끼지 않으신 위원장님과 위원님들께 진심으로 감사의 말씀을 드립니다. 먼저 지난 2년여 기간 동안 코로나로 인해 고통과 불편을 겪고 있는 국민 여러분께 이 자리를 빌려 위로의 말씀을 드립니다. 저는 오늘 법무부장관 후보자로서 위원님들의 질문에 솔직하게 답변드리고, 충고의 말씀도 겸허히 듣겠습니다. 아울러, 법무·검찰이 나아가야 할 방향에 대한 저의 소신도 성심성의껏 말씀드리겠습니다.

존경하는 위원장님, 그리고 위원님 여러분!

저는 1995년 사법시험에 합격하고 군 복무를 마친 뒤 2001년 검사로 임관하여 현재까지 공직자로서의 삶을 살아왔습니다. 검사로 재직하는 동안 좌고우면하지 않으며, 오로지 법과 원칙에 따라 부정부패를 척결하고 정의와 상식을 지키기 위해 노력하였습니다. 저는 과분하게도 수사와 공판, 검찰제도, 법무행정 등 다양한 분야를 두

루 경험하였고, 법무·검찰의 주요 업무에 대한 전문성을 쌓을 기회를 가졌습니다.

존경하는 위원장님, 위원님 여러분!

제가 법무부장관이 된다면, 정의와 상식을 바탕으로 국민께 힘이 되고, 위로가 되는 법무행정 수행에 최선을 다하겠습니다.

첫째, 인권보호를 최우선으로 하는 따뜻한 법무행정을 펼치겠습니다. 진정한 법은 힘이 없고 소외된 국민을 따뜻하게 보호해야 합니다. 사회적 약자에 대한 인권 사각지대를 해소하여 성폭력 피해자, 아동, 장애인 등을 보호하고, 국민이 필요로 하는 현장에 맞춤형 법률지원을 강화해 나가겠습니다. 범죄피해자에 대한 신속한 치유가 이루어질 수 있도록 종합적인 지원체계를 완비하고, 피해의 고통으로부터 신속히 벗어날 수 있도록 하겠습니다.

둘째, 글로벌 스탠더드에 걸맞게 법제와 시스템의 수준을 높이겠습니다. 대한민국 발전의 원동력은 공정한 경쟁이고, 특권과 반칙 없이 공정한 룰이 지켜질 것이라는 국민의 믿음이 지켜져야만 국가의 번영을 기대할 수 있습니다. 법무부는 엄정한 법 집행과 함께, 국민들이 공정한 경쟁환경에서 자유로운 경제활동을 할 수 있도록 국가의 미래를 위한 선도적 법제 개선을 해야 합니다. 또한, 범죄예방·인권·출입국·교정 등 다양한 법무행정의 영역에서 우리 국민이 국격에 맞는 수준 높은 제도를 마음껏 누릴 수 있도록 해야 합니다.

셋째, 중립적이고 공정한 검찰을 만들겠습니다. 국민이 원하는 진정한 검찰 개혁은 실력 있는 검찰이 권력자의 눈치를 보지 않고, 부정부패를 단죄하여 국민에게 신뢰받는 시스템을 만드는 것입니다. 장관의 수사 지휘권 행사를 절제하여 검찰의 정치적 중립성과 공정성을 높이고, 검·경의 상호협력과 책임 수사를 통해 견제와 균형의 시스템을 갖추도록 하겠습니다. 검사의 능력과 실력, 그리고 공정에 대한 의지만을 기준으로 형평에 맞는 인사를 통해, 검사를 위한 인사가 아닌 국민을 위한 인사가 될 수 있도록 하겠습니다. 부정부패 척결 등 국가적 범죄대응역량을 강화하고, 불법과 편법이 뿌리내릴 수 없도록 공정하고 투명한 사회를 만들겠습니다.

마지막으로, 범죄로부터 국민의 안전하고 평화로운 삶을 지키겠습니다. 우리 국민들은 여전히 강력범죄로 인해 생명과 안전을 위협받으면서, 자신에게도 언제 범죄가 닥칠지 모른다는 불안감 속에서 생활하고 있습니다. 최근에는 자본시장 교란사범, 보이스피싱 등 서민을 울리는 경제범죄도 급속도로 확산하고 있습니다. 범죄를 엄정하게 처벌함은 물론, 범죄수익도 철저히 환수하겠습니다. 범죄를 유발하는 환경도 지속적으로 개선하고, 강력사범 등에 대한 전자감독제 운영도 획기적으로 강화하겠습니다.

존경하는 위원장님과 위원님 여러분!

최근 소위 '검수완박' 법안이 국회를 통과하여 시행을 앞두고 있어 국민적 우려가 큰 상황입니다. 이 법안은 부패한 정치인과 공직자의 처벌을 어렵게 하고, 그 과정에서 국민이 보게 될 피해는 너무

나 명확합니다. 저는 많이 부족하지만 법무부장관으로 일할 수 있는 기회가 주어진다면, 용기와 헌신으로 일하겠습니다. 정의와 상식의 법치를 해 나가겠습니다.

경청해 주셔서 감사합니다."

한동훈 장관후보자의 모두 발언이 끝나자, 더불어민주당 의원들은 모두발언의 마지막 부분에 언급되었던 '검수완박'이라는 단어에 격앙된 반응을 보였다. 더불어민주당 의원들은 한동훈 장관의 발언에 대해 질책하고 사과를 요구했다. 동시에 야당의 발언에 대해 여당 의원들이 발끈하여 대립함으로써 청문회는 당사자 한동훈을 앞에 두고 2시간가량 여당, 야당 의원들의 설전이 이어져서 결과적으로 한동훈 후보자는 한마디도 하지 못하는 웃지 못할 상황이 이어지기도 했다.

결국, '검수완박'이라는 표현으로 촉발되었던 여야의 신경전으로 인해 오전 10시에 개최된 청문회는 오후 2시 30분이 되어서야 재개되어 본질의에 들어갈 수 있었다. 이어진 의원들의 질의응답 과정은 대한민국 국회의원들의 수준을 다시 보게 만드는 어이없는 질문들의 연속이었고, '이러니 개콘이 망하지'라는 반응을 불러일으키기에 충분했다. 더불어민주당 소속 주요의원들의 질의와 한동훈 장관의 답변 내용을 일부 옮겨보면 다음과 같다.

최강욱 : 확인을 해보니까, 지금 그 물품을 지급받았다는 보육원의
　　　　경우에, 지금 보십시오. 기증자가 한 아무개라고 나옵니다.
　　　　그리고 거기에 해당되는 것은 영리법인이라고 나옵니다.
　　　　그런데 잘 기억하시는 것처럼 회사는 지금 후보자 따님의
　　　　인터뷰 내용은 '사회공헌부서에다가 연락을 했다', 그런데
　　　　회사는 '사회공헌부서는 없다, 그리고 회사가 남은 물품을
　　　　기증한 것이다'라는 것으로 얘기를 한 거지요……(후략)

한동훈 : 답변 올려도 되겠습니까? 위원님, 아까 말씀하신 그 한○○
　　　　으로 나온 거 있지 않습니까? 그거 한국쓰리엠 같습니다,
　　　　한국쓰리엠.

최강욱 : 한○○인데요.

한동훈 : 거기 보면 영리법인으로 돼 있지 않습니까? 제가 보니까요,
　　　　제 딸 이름이 영리법인일 수는 없지요. 저는 한국쓰리엠으
　　　　로 보입니다.

최강욱 : 아니지, 영리법인에서 받아서 한 아무개가 저기를……

한동훈 : 아닙니다. 영수증이 한국쓰리엠으로 돼 있기 때문에 아마,
　　　　다시 한번 확인해 보셨으면 좋겠습니다.

최강욱 : 쓰리엠이면 이게 여러 가지가 더 있어야 되겠지요. 딱 세 글
　　　　자잖아요?

한동훈 : 아닙니다. 그게 아마 글자 범위의 차이인 것 같고요.

 김남국 의원 (경기 안산 단원 을) 질의/답변

김남국 : '점성이 높은 유산균(연쇄상구균 살리바리우스균)을 경구용 의약품으로 봉입하기 위해 이중 유화 액적에 최적화하는 실험 과정을 분석하고 결과를 담고 있는……' 이 논문을 1저 자로 썼습니다, 이모하고 같이. 공저자가 아니라 1저자로.

한동훈 : 누구와 같이 썼다고요?

김남국 : 이모하고요, 이모.

한동훈 : 제 딸이요?

김남국 : 그렇습니다. 실험을 한 적이 있는지……

한동훈 : 내 딸이…… 이모가 있었어?

한동훈 : 잠깐만요, 이모하고…… 누구의 이모 말씀이신가요?

김남국 : 2022년 1월 26일 논문에서 말한 겁니다.

한동훈 : 위원님, 제가 사실 이걸 잘 챙겨 보는 아빠가 아니라서 잘 모르기는 하겠는데요. 이모랑 뭘 같이했다는 얘기는, 논문 을 같이 썼다는 얘기는 제가 처음 들어 봅니다.

김남국 : 개리티 원칙에 대해서 후보자 아시나요, 개리티 원칙에 대 해서?

한동훈 : 그게 본인에게 징계를 이유로, 징계를 통해서 겁줘서 진

술을 이끌어냈을 때 그 진술이 증거능력이 없다는 원칙이
지요.

김남국 : 아니요, 그렇지 않고요. 피의자의 헌법상 권리가 보장되어
있고 그것이 피의자의 진술을…… 거부할 권리가 법 집행
관의 직위에서 배제하는 것과 충돌할 때 그 권리를 충돌하
는 배제하는 권리로서 정당화할 수 있다라는 겁니다. 예컨
대 지금 한동훈 후보자가 자기의 헌법상 진술을 거부할 권
리를 통해서 법 집행을 방해했다라고 한다면 국민이 그 법
집행관에 대한 신뢰를 할 수가 없기 때문에 이것을 이유로
직무에서 배제하는 것을 정당화할 수 있다, 징계할 수 있다
라고 하는 것이 개리티 원칙입니다.

한동훈 : 개리티 룰은 그게 아니라 제가 말씀드린 게 맞습니다.

김남국 : 거기에 대해서 요지가 여러 가지 있을 수 있는데 그것에 대
해서 어떻게 생각하시는지?

한동훈 : 그게 그 보도가 잘못 인용한 거예요. 한겨레 보도가 개리티
룰을 잘못 인용한 것이거든요. 개리티 룰은, 그것은 이미 있
는 룰이고요. 미국에서 그러면 예를 들어서 징계로 겁줘 가
지고 진술을 이끌어내거나 예를 들어 진술 안 한다고 공직
자를 잘라도 되고 그런 룰이 있을 리가 있겠습니까?

김남국 : 잘라야 된다는 것이 아니라……

김남국 : 국민의 신뢰를 잃었을 때 거기에 대해서 정당하지 못한 그

런 배제할 수 있는, 징계할 수 있는 권리가 된다라는 그 이

야기를 지적한다라는 것입니다.

한동훈 : 위원님, 어차피 이것은 논란의 영역이 아니고요. 개리티 룰

이 어떤 건지는 그냥 평가하시면 될 것 같습니다.

김남국 : 그리고 한 가지만 더 말씀드리면 앞서 이모가 썼다라고 하

는 논문은 같이 공저를 한 게 아니다라고 지금 확인이 됐습

니다.

한동훈 : 아닌 거지요?

김남국 : 예, 그 부분은 확인됐습니다.

🎙️ 이수진 의원 (서울 동작구 을) 질의/답변

이수진 : 법무부장관은 국민을 위해서 일하는 자리예요. 검찰이라는

조직을 위해서 일하는 자리가 아니고. 명심하세요!

한동훈 : 예…… 답변을 다시 드릴까요?

이수진 : 명심하시라고요.

한동훈 : 예, 잘 새기겠습니다.

이수진 : 뭐라구요?

한동훈 : 잘 새기겠습니다.

이수진 : 비꼬는 겁니까?

한동훈 : 하하……

이수진 : (다른 참석자를 향해) 왜 웃어요?

한동훈 : 제가 잘 새겨듣겠다고 말씀드렸습니다.

이수진 : (다른 참석자를 향해) 왜 웃냐고요. 제 질문이 웃깁니까?

국민의 힘 청문위원 : 예!

이수진 : 예? 왜요?

이수진 : 후보자님 이렇게 검찰 간부였을 때 사적 경로 통해서 대통령 후보자 배우자하고도 연락을 사적으로 그렇게 나누셨는데. 대통령 배우자가 되면 카톡을 하겠습니까, 텔레그램으로 하겠습니까?

한동훈 : 질문하신 건가요?

이수진 : 답변하세요.

한동훈 : 지금 말씀하신……

이수진 : 이 질문에 대해서만 빨리 답변하세요. (웃음소리) 왜 제가 하는데 왜 웃고 계세요.

한동훈 : 제가 특별히 영부인이 될 분하고 연락할 일이 없습니다.

이수진 : 그때는 뭐라고 왜 그렇게 많이 했습니까? 332회 카톡을 왜 주고받았어요?

한동훈 : 그 300회라는 것이요. 하나하나 센……

이수진 : 그래, 좋아요. 그러니까 무슨 말씀 하셨어요?

한동훈 : 자, 당시 제가 부산고검 차장이었지만, 조국 사건, 이재용 사건……

이수진 : 그걸 왜 검찰총장 배우자하고 합니까?

한동훈 : 아닙니다. 제가 총장하고 연락되지 않았을 경우에 한해서 한 겁니다. 그러니까 그 당시에……

이수진 : 그게 말도 안 되는 소리라는 건 다 국민이 알고 있습니다!

한동훈 : 아닙니다. 그게 말이 되는 소리죠.

이수진 : 가만히 계세요! 그만!

한동훈 : 알겠습니다.

이수진 : 이 비선 실세 존재가 얼마나 무서운 존재인지 다 보셨지 않습니까. 우리 온 국민이 촛불 들고, 싸워야 했습니다. 검찰총장 배우자랑 공적인 일을 카톡으로 나누고, 그거에 대해서 이렇게도 떳떳하게 대답을 하시는데 대통령의 배우자가 되시는 분하고 안 그렇게 하신다는 보장이 있습니까?

한동훈 청문회 결과

한동훈 청문회는 흠결을 찾아내서 낙마시키겠다는 더불어민주당 의원들의 계획대로 되지 않았다. 오히려 더불어민주당 일부 의원들의 잘못된 질문들이 비웃음거리로 전락하고 말았다. 청문회를 보고 나서 남았던 것은 한동훈이 아닌 김남국의 '이모', 최강욱의 '한국 쓰리엠', 이수진의 '취권'뿐이었다.

한동훈 장관의 방어 논리 역시 탄탄하게 준비되어 있었다. 우선 검사가 왜 아이폰 비밀번호를 밝히지 않고 수사에 비협조적이냐 하는 질문에는 헌법상 기본권이 무력화되면 안 된다는 법리적 방어와 과거 이재명이 시장이던 시절 휴대전화를 지키라고 말한 것이 있지 않느냐는 정치적 방어 논리로 대답했다. 실제 발언은 이렇다.

"저는 헌법상 기본권이 이런 식으로 무력화되는 선례를 남기면 안 된다고 생각하고요. 같은 이유에서 이재명 지사라든가 그 가족의 휴대전화를 공개하지 않은 것도 비난하면 안 된다고 생각합니다" 또한 어떻게 장관이 검찰 개혁을 검수완박이라 표현하느냐 하는 비판에는 공익의 차원에서 답변했다. "누구를 기소하고 아니면 기소하지 않는다는 판단에 법률 전문가가 한 번 더 보는 게 왜, 공익에 어떤 점에서 마이너스가 되는지 저는 이해하기가 어렵습니다"라고 답변했다.

한동훈 법무부장관에 대한 여론조사 결과는 한동훈 청문회가 어떤 영향을 줬는지 수치로 표현했다. 청문회 직전인 2022년 4월 15일의 여론조사에서는 긍정과 부정이 각각 46.5%, 44.4%로 비등한 수준이었으나 청문회 후 같은 조사에서는 긍정과 부정이 49.2%, 38.9%로 긍정은 늘고 부정은 줄어들었기 때문이다. 더불어민주당은 준비 부족과 날카롭지 못한 질문으로 인해 이미지 타격을 입었고 간접적으로 한 달 후에 치러졌던 2022년 6월 1일, 국회의원 보궐선거 및 지방선거에도 패배했다. 2018년엔 광역자치단체장 가운데 14대3으로 승리를 거뒀던 민주당이 5:12로 국민의 힘에 밀렸던 것이다. 결과적으로 한동훈은 본인의 의지와 계획에 관계없이 국민의 힘에는 플러스 요인으로 더불어민주당에는 마이너스 요인으로 작용했다. 국민의 힘에서 끊임없이 차기 대권후보로 거론되는 이유라 할 수 있다.

04 국회 법사위, 대정부 질문

국회 법사위와 대정부질문은 국회의원들이 정부 각료들을 군기 잡는 자리로 활용되고는 한다. 국회의원들이 서슬 시퍼렇게 호통치면서 "장관! 장관!" 이렇게 외치고, 정부 관계자들이 식은땀을 흘리면서 답변하는 모습에 우리는 익숙하다. 특히 야당 입장에서는 날카로운 질문을 통해 정부의 잘못을 지적하면 국민들의 호응과 지지를 얻어 정치적 위상이 높아진다. 야당 의원들은 각부 장관을 비롯한 정부 관계자들의 군기를 세게 잡을수록 박수를 받는다.

고 노무현 대통령을 보자. 그가 국민의 사랑을 받기 시작한 시점은 1989년 12월 31일이다. 증인으로 출석한 전두환 전 대통령의 불성실한 답변 태도에 항의하는 의미에서 명패를 집어 던진 순간부터 그는 청문회 스타로 등극할 수 있었고, 대통령에 당선될 수 있었다.

이렇듯 청문회, 국회 법사위, 대정부질문은 국회의원들이 자신의 정치적 신념과 개인적인 매력을 대중에게 어필할 수 있는 좋은 수단이 된다. 제대로 된 질문을 하면 언론의 집중적인 관심을 받기도 한다. 정치인들 역시 이 점을 잘 알고 있기에 대정부질문을 잘 활용하여 자신을 홍보하는 기회로 삼을 수밖에 없다. 한동훈은 이러한 점에서 더불어민주당 의원들에게는 '꼭 잡아야 할 적군의 장수' 즉 '끝판왕'인 셈이다. 한동훈을 궁지로 몰아넣고 식은땀을 흘리게 만들기만 하면 주목받고 정치적 커리어가 완성된다고 생각한다. 특히 한동훈 청문회에서 망신당했던 의원들은 이전에 받았던 망신을 되갚아 주기 위해 더욱 독기를 품을 수밖에 없었다. 한동훈이 법무부장관에 취임했던 때부터 2023년 12월 장관직을 그만둘 때까지 한동훈이 야당 의원의 공격에 무너졌다는 소식은 없다. 오히려 더불어민주당 의원들이 한동훈을 공격할수록 한동훈 장관은 그 자리에서 또는 언론인터뷰를 통해 자신의 소신과 의견을 밝히는데, 이것들이 또 명언이 되어 한동훈의 가치를 높이고는 했다.

◆ 2022년 5월 19일 국회 예산결산특별위원회-고민정 의원

고민정 의원의 질문 스타일은 '빌드업' 기법이다. 즉, 상대방에게 하나씩 질문을 하면서 점점 코너로 몰아가고 상대방의 대답에 상대방이 스스로 걸려들도록 하는 방법이다. 첫 번째 질의응답을 보면 죽은 권력(문재인 정부 시절 산업부 장관)에 대해서 수사하는 것이 옳다면 지금 살아있는 권력(김건희 여사)에 대해서도 수사하는 것이 맞지 않겠냐 하는 주장을 한다.

또 살펴보면 대통령만 형사상의 소추를 받지 않으니 영부인 김건희 여사는 수사를 받아야 하지 않느냐는 주장을 펼치기 위해 헌법 84조를 꺼낸다. 빌드업 기술을 쓰는 것은 상당히 전략적으로 좋은 질의 방법이라 할 수 있다. 다만, 고민정 의원은 상대방을 코너로 밀어넣기에는 부족한 질문을 했기에 원하는 결과를 얻을 수 없었다. 고민정 의원이 원했던 대답은 "성역 없이 김건희 여사까지 수사를 시작하겠습니다"였을 것이다.

문제는 법무부장관은 개별적인 사건을 지휘하지 않는다는 것. 한동훈 장관이 취임 초기부터 강력하게 천명하기도 했고, 매번 국회의원들의 질문을 받을 때마다 동일한 답변을 내놓기도 했던 문제다. 한동훈 장관은 "제가 김건희 여사에 대해 수사를 지시하면 이재명 대표에 대한 수사도 지시해야 하지 않겠습니까"라는 논리로 민주당 의원들의 공격을 방어해왔다. 실제 한동훈 장관은 이재명 대표에 대해 수사 여부에 대한 지시를 하지 않았기에 김건희 여사의 일명 도이치모터스 주가 조작 사건에 대해서도 동일한 입장을 취할 수 있었다. 고민정 의원은 자신의 시나리오대로 질의응답 시간이 흘러가지 않자, 전혀 엉뚱한 접근을 한다. 바로 감정에 호소하는 것. 한동훈 장관을 향해 "사람이지 않습니까?", "어떻게 이렇게 공감력이 없습니까?"라 했다. 고민정 의원은 이 순간 자신이 논리에서 밀렸다는 점을 인정했다 볼 수 있다.

특히 그 자리는 청문회도 아니었고 국회에서 예산에 대해 이야기하는 예산결산위원회였다. 즉, 예산의 사용에 대해 묻고 답하는 자리였던 것. 예산에 대한 이야기가 전혀 없었다는 점도 비판받을 일이었다. 즉, 법무부 예산과 관계없는 김건희 수사, 대통령의 형사상 소추를 질문한 것은 적절하지 못했던 것. 특히 가장 비판받을 지점은 바로 한동훈의 감정이 대체 법무부 예산과 어떤 관계가 있는지 '왜 감정이 그렇게 드라이하냐?'면서 감정이 메마른 것 같다고 했던 점이다.

 고민정 의원 vs 한동훈 장관 질의 응답

고민정 : 죽은 권력에 대해서도 엄격하게 수사하겠다는 의지는 갖고 계시겠죠?

한동훈 : 죽은 권력이요? 저는 그게 당사자가 누군지 이름 가려도 똑같아야 한다고 생각합니다.

고민정 : 누구든 똑같이 엄격하게 수사받아야 할 일에 대해서는 하시겠다?

한동훈 : 그래야 하는 게 저희 검찰의 임무고요. 말씀하신 것처럼 저는 이제 검사가 아니니까 법무부장관으로서 그런 일을 할 수 있도록 외풍을 막고 지원을 하는 역할을 하는 것이고 구체적인 사건에서는 제가 개입하지 않습니다.

고민정 : 그러면 살아있는 권력에 대해서 어떻게 하실 겁니까?

한동훈 : 사건이라는 것이 어떤 범죄를 전제로 하는 것이죠. 범죄가 있으면 범죄가 범죄를 한 주체가 강자든 약자든 관계없이 공정하게 해야 되는 게 민주주의 기본이라고 생각합니다.

고민정 : 김건희 여사 수사하실 겁니까?

한동훈 : 대단히 많이 진행되어 있죠. 아까 말씀하신 것처럼 저는 직접 수사하는 사람은 아니니까요. 검찰이 공정하게 수사하고 공정하게 처분할 거라고 생각합니다.

고민정 : 이미 너무나 기본적으로 잘 알고 계시는 일이겠지만, 헌법 84조에 보면 대통령은 내란 또는 외환의 죄를 범한 경우를 제외하고는 재직 중 형사상의 소추를 받지 아니한다, 라고 되어 있죠. 형사상의 수치를 받지 아니하는 사람은 누구입니까?

한동훈 : 현직 대통령 본인입니다.

고민정 : 당연한 범위가 어디까지입니까?

한동훈 : 당연히 대통령의 말은 대통령에게만 해당되는 겁니다.

고민정 : 대통령의 가족은 불소추의 해당되지 않는다는 말씀이시죠?

한동훈 : 네.

고민정 : 장관님은 사람이지 않습니까? 그리고 장관이라고 하면은요 지금은 검사가 아니십니다. 장관으로서는 부처에 있는

여러 공무원들과 그리고 국민들의 마음까지도 읽어내야 되는 게 당연한 일 아닌가요? 장관님이 지금까지 법과 함께 살아오신 분이라 굉장히 객관적이고 드라이하실 거라고는 예상은 했지만 그래도 이제는 한 부처의 장관으로서는 국민들의 마음을 읽어야 될 의무도 있는 거 아닙니까? 어떻게 이렇게 공감력이 없습니까?

한동훈 : 앞으로 많이 노력하겠습니다.

고민정 : 이게 노력한다고 되는 게 아니라 본인의 과연 사람에 대한 마음이 어떠신지가 굉장히 좀 의문스럽네요.

◆ 2022년 9월 5일 국회 예산결산위원회-이수진 의원과 최강욱 전 의원

국회 예산결산위원회에서 청문회 때의 그 의원들과 한동훈 장관의 질의, 응답시간이 있었다. 결론부터 말씀드리자면 민주당 의원들은 한동훈이 얼마나 장관직을 잘 수행하고 있는지 드러내 주는 역할에 그쳐야 했다. 공격을 하기 위한 질문들은 의원들 스스로의 부족함을 증명했고, 반면 바보 같은 질문에도 원칙과 법리에 의해 대답하고, 반박이 필요할 때엔 지난 정부의 과거 사례를 예시로 들면서 흔들리지 않는 모습을 보였던 것. 의원들의 질문과 이에 답변하는 장관의 질의, 응답을 다음과 같이 요약해 볼 수 있다

🎤 이수진 의원 – 스스로의 모순을 고백하다

이수진 : 대검찰청 과학수사부에서 2019년 7월부터 1억 9,200만 원을 들여서 AI 기반 불법 촬영물 탐지 시스템을 개발했습니다. 그리고 올해도 3억 5,000만 원을 시스템 고도화 사업으로 편성했습니다. 그런데 최근에 제2의 N번방 사건이 발생했습니다. 피해 여성 중 한 명이 올해 1월 초에 최초 신고를 했는데 왜 검찰의 AI 기반 불법 촬영을 탐지 시스템이 작동하지 않았습니까?

한동훈 : 그거 경찰에 신고했던 것 아닌가요? 검찰이 신고한 게 아닌데요.

간단하게 배경 설명을 하자면, 대검찰청 과학수사부에서 개발한 'AI 기반 불법 촬영물 탐지 시스템'은 피해자가 불법 촬영물을 신고하면 AI가 100여 개의 주요 인터넷사이트를 자동탐색해 방송통신심의위원회에 삭제를 요청하는 프로그램이다. 즉, 불법 촬영물을 먼저 인지하고 예방하는 것이 아닌 신고된 게시물을 바탕으로 삭제에 들어간다. 이수진 의원은 프로그램의 이름만 보고 왜 미리 탐지하지 못 했냐고 질문했다. 한동훈 장관의 대답은 이미 경찰에 신고된 상태이기 때문에 AI 프로그램이 개입할 여지가 없다는 뜻이었다. 신고가 경찰에 들어갔기 때문에 경찰에서 후속 절차를 밟는 것이 정상적인 절차이기 때문에 한동훈 장관의 대답은 합리적이고 논리적이었다. 혹시 경찰에 신고된 사건을 검찰이 미리 탐지해서 사건을 수사한다면 '검수완박'을 앞장서 추진했던 이수진 의원의 논리가 맞지 않게 된다. 경찰의 사건을 검찰이 지휘하게 되는 모양새가 되기 때문이다. 예결위에서 이수진 의원이 던진 '왜 검찰이 개입하지 않았느냐'하는 질문은 스스로 추진했던 검수완박과 완전히 모순되는 질문이었다.

🎙 최강욱 의원-60년 전의 일에 대한 사과를 강요하다

최강욱 : 인혁당 사건 피해자분들의 배상금과 관련해서 이자를 면제하는 내용의 법원 화해 공고 결정을 수용하겠다는 한 장관의 결단의 대해서 굉장히 높게 평가한다. 기억하시죠? 그 부분에 대해서 많은 분들이 한동훈 장관이 할 수 있는 좋은 조치를 했다라고 이야기를 했습니다. 저도 그렇게 생각합니다. 검찰이 과거 인혁당 사건에 재심으로 이어져서 무죄가 확정될 때까지 저지른 잘못이 과거에 있었지요?

한동훈 : 지금 검찰이 한 것은 아니고⋯⋯

최강욱 : 과거 검찰이 있습니까, 없습니까? 과거 검찰이 잘했습니까, 잘못했습니까?

한동훈 : 과거 검찰에 대해서 의인화해서 말씀하시는 건 아닙니다.

최강욱 : 사실관계를 묻는 겁니다. 과거 검찰이 잘했으면 재심으로
　　　　이게 무죄판결이 나도록 그렇게 수십 년의 세월이 흘러야
　　　　했습니까?

　인혁당 사건은 '인민혁명당 사건'을 가리키는 것으로, 1964년부
터 1975년까지 중앙정보부와 검찰에 의해 언론인, 학생 등 41명이
기소되어 간첩혐의로 사형 또는 실형을 받았던 사건이다. 사건의
피해자 유족들이 제기한 재심의 소에 의해 서울중앙지방법원은 국
가의 불법행위 책임을 인정하였다. 법원의 화해 공고는 이른바 '빚
고문'에 대한 것이다. 즉, 법원에서 배상금이 과다책정되었기 때문
에 미리 받았던 배상금에 대해 34년 치의 이자를 정부에 지급하라고
했던 것. L모 씨의 경우 배상금 10억 9,000만 원을 미리 받았다가 5
억 원을 반환해야 했고, 이 과정에서 정부에 반환해야 할 이자만 9
억 6,000만 원이 되어 결과적으로 받은 배상금은 11억 원인데, 정부
에 반환해야 하는 금액이 14억 6,000만 원이 된 셈이다. 한동훈 장관
은 이러한 특수상황에 대해 화해 공고 결정 수용을 통해 반환 이자
분을 포기했던 것이다.
　최강욱 의원은 1973년생인 한동훈 장관이 태어나기도 전에 벌어졌
던 1964년의 일에 대해 한동훈 장관에게 사과를 요구했다. 한동훈 장관
이 검사 출신이니 60년 전의 검찰 잘못을 대신 사과하라는 뜻이었다.
분명 무리한 요구였고 한동훈 장관은 계속 사과를 거부했다. 최강욱

과 한동훈은 이 문제로 언성이 높아지고 결국 보다 못한 법사위원장이 "그따위, 저따위란 말이 나오고 그러면 안 되지 않느냐"라면서 "대응도 매끄럽지 못한 것 같은데 다시 한번 당부드린다"라며 마무리 되었다.

◆ 2022년 9월 19일 국회 대정부질문-김회재 의원 (전직 검사장)

전직 검사장 김회재 의원은 다른 의원들이 한동훈을 제대로 공격하지 못하자 스스로 공격수를 자처하고 나섰다. 한동훈 장관이 더불어민주당이 통과시킨 '검수완박' 법에 대해 대통령 시행령을 통해 기존처럼 '검수원복' 시키자 책임질 수 있느냐, 만일 시행령이 잘못된 것으로 결과가 나오면 사퇴하겠느냐고 한동훈에게 따져 물었던 것. 한동훈 장관은 공직을 도박하듯 걸면 안 된다는 취지로 우선 대답한다.

이어서 "반대로 헌법재판 결과, 시행령 개편이 정당하다는 판결이 나면 어떡하시겠습니까?"라고 역으로 질문한다. 김회재 의원은 "그럴 일 없습니다. 걱정 안 하셔도 돼요"라는 답변을 내놓는다. 김회재 의원은 한동훈 장관의 입에서 "잘못되면 사퇴하겠습니다"라는 말을 듣고 싶었을 것이다. 한동훈 장관은 "도박하듯 직을 걸 수는 없다"라고 응수함으로써 김회재 의원은 다른 의원들과 마찬가지로 자신의 부족함을 드러내고 원하는 결과도 얻지 못했다. 다음은 대정부질문에서 오간 질문과 답변이다.

김희재 : (검수완박 시행령) 잘못되면 장관 사퇴하시겠습니까?

한동훈 : 저는 공직을 수행하는 데 있어서 도박하듯이 직을 거는 것은 잘못된 것이라 생각합니다. 다만 제가 책임 있게 업무를 수행하겠다는 말씀은 드립니다.

김희재 : 사퇴하신다는 말씀이시죠?

한동훈 : 그걸 또 그렇게 해석하시나요? 저는 뭘 했었을 때 도박하듯이 무슨 직을 걸고 이런 것은 국민들이 보시기에 좋아 보이지 않을 것 같습니다. 다만 제가 그렇게 장난하듯이 하는 것이 아니고 대단히 책임성을 가지고 국민을 위해서 시행령을 만들고 그리고 헌법재판에 임할 것이라는 각오를 말씀드리겠습니다.

김희재 : 잘못해서 책임을 지면 사퇴하셔야죠. 사퇴하신다고 왜 말씀을 안 하십니까?

한동훈 : 그 반대로 헌법재판에서 저희가 승소하게 되면 어떻게 하실 겁니까?

김희재 : 그럴 일 없습니다. 걱정 안 하셔도 돼요.

한동훈 : 위원님, 제가 다시 말씀드립니다만, 구체적 사건에 대해서 일체 지휘를 하지 않겠다고 말씀드렸는데 갑자기 김건희 여사 사건에 대해서만 수사 지휘하라고 말씀하시는 거는 너무 정파적인 접근같습니다.

김희재 : 해야 될 수사 지휘를 안 하고 지금 일부러 안 하는 거 아닙니

까. 이렇게.

한동훈 : 그렇게 따지면 제가 이재명 사건에 대해서 이렇게 이렇게 하라고 지휘해도 되겠습니까?

김회재 : 하세요. 법대로! 법대로 하세요!

한동훈 장관이 국회에서 질의를 받을 때마다 항상 반복되는 몇 가지 질문 유형이 있다. 매번 같은 질문에 매번 같은 대답의 반복인데, 민주당 의원들 입장에서는 그렇게 한동훈을 공격하는 모습을 보여야 자신들의 지지층이 만족해하며 지지와 응원을 보내기 때문에 답을 이미 알고 있으면서도 억지 부리듯 질문을 하는 것이라 판단된다.

유형 1 : 김건희 여사 수사

이재명은 선거에서 졌기 때문에 각종 의혹에 대해 검찰, 법원에 불려 다녀야 하고, 김건희 여사는 선거에 이긴 대통령 부인이라서 수사도 안 받느냐는 내용이다. 한동훈 장관의 입장은 간단하다. 첫째, 개별 사건에 대한 수사 지휘를 하지 않는다. 김건희 여사, 이재명 당대표와 같은 개별 사건에는 외풍을 막아주는 역할 이상은 하지 않는다. 둘째, 김건희 여사에 대한 수사는 이미 문재인 정권 시절에 임명된 법무부장관, 친정권 검사들이 수사를 담당하지 않았느냐. 만일 죄가 있다면 왜 그때 기소하지 않았는가. 한동훈은 항상 이렇게 두 가지 이유를 제시한다. 그런데도 여전히 민주당은 집회 때마다 '김건희를 수사하라', '김건희를 특검하라'라는 팻말을 든다.

민주당 입장에서는 김건희 특검, 김건희 수사를 주장할 수밖에 없다. 지지자들의 울분을 풀어줘야 하고, 이재명 대표에 대해 집중된 사법리스크에 대해 어느 정도 시선을 돌릴 수도 있기 때문이다. 현재 시점에서는 이재명 대표에 대해 판결이 확정되지 않았기에 유죄, 무죄를 판단할 수 없다. 앞으로 이재명 대표에 대해 기소와 재판이 계속되는 동안 김건희 특검은 민주당이 계속 외치는 단골 소재가 될 것으로 보인다. 한동훈 장관은 앞으로도 계속 앞서 이야기된 두 가지 근거를 계속 제시할 것이고 말이다. 2023년 12월 현재, 이른바 쌍특검법(김건희 특검 / 대장동 50억 클럽 특검)은 국회를 통과한 상황이다.

유형 2 : 휴대전화 비번은 왜 안 깠는가

한동훈 장관의 채널A 검언유착 수사 당시 휴대전화 비번을 풀지 않은 것에 대한 비난이다. 휴대전화 비번을 시원하게 까면 진실이 나오는데 뭐가 켕겨서 비번을 공개하지 않았느냐는 질문이다. 법무부장관이 법을 따르지 않고 비번 공개를 거부한 것은 장관의 자질 문제고 사퇴 사유가 된다는 것. 여전히 한동훈 관련 동영상에는 '비번이나 까라'는 댓글이 많이 달리는 상황이기도 하다. 한동훈 장관은 이에 대해 세 가지 근거를 들어 비밀번호 공개 거부의 이유를 설명한다.

첫째, 휴대전화의 내용을 공개하지 않는 것은 헌법상 기본권이라는 것. 즉 휴대전화에 담긴 정보가 수사에 필요한 내용이라면 수사기관에서 수사력을 발휘해서 휴대전화의 내용을 파악해야 한다는 것. 둘째, 그렇기에 이재명 대표가 휴대전화 정보를 공개하지 않는다 해도 비난할 일이 아니라는 것. 참고로 이재명 대표는 경기지사 시절, 공개적인 자리에서 "여러분은 절대로 사고를 치면 전화기를 빼앗기면 안 됩니다(2016년 11월 24일)"라고 이야기하기도 했었다. 셋째, 당시 휴대전화 압수수색은 유심칩이 대상이었고 그건 비번과는 관계없다. 한동훈은 기술적이고 법리적인 세 번째 내용에 대해서는 자세한 설명을 하지 않는다. 앞선 두 가지 이유로도 충분하다고 생각하는 것 같다.

그런데도 여전히 한동훈은 '비번이나 까라'는 소리를 장관 취임 초부터 계속해서 듣고 있다. 예상컨대 비번을 왜 안 풀었냐 하는 것은 한동훈이 장관을 수행하는 동안 끊이지 않은 것이고 정치권에서 활동할 때에도 계속 반복될 것이다. 보통 사람이라면 '그래 내가 졌다, 한번 들여다 봐라'라고 하겠지만 한동훈은 자신이 스스로 세운 원칙에 의해 오히려 비번을 공개하는 것은 잘못된 일이라고 판단하는 듯하다.

유형 3 : 태도가 건방지다

2023년 2월 6일 대정부질문에서 민주당 최고위원 정청래는 "장관은 참기름, 들기름 안 먹고 아주까리기름 먹어요? 왜 이렇게 간죽대요?"라고 짜증 섞인 발언을 했다. 보통의 장관과 달리 현안에 대해 한 치도 밀리지 않고 답변하는 한동훈 장관에게 화가 나서 그랬지 않았을까 싶다. 같은 날 정의당 비례대표 장혜영 의원은 답변하는 한동훈을 노려보며 "의원의 말을 끊으십니까?"라고 하기도 했다.

'어른이 말씀하시는데 감히 끼어들면 안 된다'라는 것이 사회적 규칙이던 시절이 있었다. 높은 사람은 말하고 아랫사람은 얌전히 들어야 한다는 암묵적인 규칙이기도 했다. 과거에는 경험과 연륜이 개인의 재산이고 경쟁력이던 시절이었다. 나이가 많다는 것은 그만큼 경험이라는 데이터를 많이 보유하고 있어서 경험 적은 사람에 비해 더 나은 판단을 할 수 있는 가능성이 더 높았기에 사회에서 충분히 존경과 대접을 받을 이유가 있었던 것이다. 현재는 변하고 있다. 나이 많다는 것이 더 많은 경험과 연륜과 연결되지는 않는다.

한동훈 장관은 정치권에서 기존의 관행과 관습을 깨는 모습을 보인다. 의원들에 대해 존중은 하지만 토론할 때엔 계급장 떼고 자유롭게 의견을 이야기할 수 있어야 하는 모습이다. 여야를 막론하고 권위의식 가득한 국회의원들에게는 불편한 캐릭터일 수밖에 없다. 자신의 말에 대해 고분고분하지 않고 틀렸다고 지적하는 아랫사람은 누구든 불편하게 느끼기 때문이다. 따박따박 대답하는 한동훈의 모습은 누구에게는 아주까리기름을 먹어서 깐죽대는 모습으로 보이기도 하고, 감히 자신의 말을 끊는 사람으로 보이기도 할 것이다. 더불어민주당 소속이었다가 '울산 선거 개입 사건'으로 1심에서 징역 3년을 받았던 더불어민주당 황운하 의원은 한동훈 장관의 건방진 태도가 헌법위반이고 탄핵 사유라고 말하기도 했었다. 한동훈 장관은 앞으로도 계속 태도가 건방지다고 지적받을 것이다.

유형 4 : 여론조사에서 이름 빼라

2022년 9월 22일 더불어민주당 이병훈 의원은 국회 대정부질문에서 차기 지도자 적합도 조사에서 이재명이 40%, 한동훈이 18.5%를 차지했다는 자료를 보여주며, 한동훈 장관에게 다음과 같이 이야기했다. "여권 주자에서 1등이에요, 대통령과 정부가 역대 최저 지지도를 달리고 있는데 대통령 최측근이라고 불리는 장관님이 그것도 직권 초기에 이렇게 차기 문제가 벌써 거론되고 이렇게 되는 거예요 장관님, 이건 이렇게 해야 됩니다. 여론조사 문항은 각 여론조사 기관이 알아서 하잖아요. 알아서 하지만, 장관이 도리를 아는 분이라면 지금 집권 초기의 장관인데 나를 좀 빼달라고 해야 되는 거 아닙니까? 그게 정치적 도리죠. 그게 대통령을 위하는 길이고 그렇게 생각 안 하세요?"

한동훈 장관의 대중적 인기가 올라가는 것에 대해 민주당은 불편한 심기를 숨기지 않는다. 법무부장관답게 공직의 일에 집중해야지 정치계에 기웃거리면 안 된다는 주장이다. 원칙적으로 맞는 말이기는 한데 문제가 있다. 문재인 정권에서 민주당 소속 국회의원 박범계가 법무부장관을 겸직했던 일에 대해 같은 기준을 적용할 수 없기 때문이다.

한동훈은 스스로의 정치 성향에 대해 공개적으로 언급한 바 없다. 윤석열 대통령의 최측근으로 분류되고 있기는 하지만 우파정당인 국민의 힘에 입당한 사실도 없다. 그럼에도 민주당에서는 정치할 생각은 하지 말라는 강요를 한다. 이와 같은 상황을 보면 일종의 기시감을 느끼게 된다. 검찰총장이던 윤석열에게 '정치할 거냐, 안 하면 안 되냐'라며 강요하던 민주당이 이번에는 한동훈에게 같은 질문을 하고 있기 때문이다.

윤석열 대통령은 검찰총장 시절, 민주당의 탄압이 거세질 때마다 지지율 상승이라는 반사이익을 얻었다. 한동훈 위원장 역시 민주당의 공격이 거세질 때마다 대중의 인기를 얻었다. 한동훈은 언론인터뷰 또는 국회의원들과의 설전에서 말실수가 전혀 없다. 오히려 기자들이 기사 제목을 잘 뽑을 수 있도록 간단명료하고 핵심을 짚는 언어를 사용한다. 등장 때마다 언론의 주목과 대중의 관심을 받는 한동훈에 대해 민주당에서 '정치할 생각 마시라'고 강요할 때마다 오히려 한동훈의 지지율은 상승했다.

청담동 술자리 거짓 뉴스

2022년 10월 24일, 국정감사에서 더불어민주당 김의겸 의원이 제보를 받았다면서, 한동훈 장관에게 청담동 고급 바에서 김앤장 변호사 30명, 윤석열 대통령과 술자리를 가졌었는지 물어봤다. 보통의 경우 누구와 술자리를 가지는 것이 크게 문제 될 일은 아니다. 다만 한동훈의 경우 법무부장관이 변호사들과 자리를 함께한다는 것은 '이해충돌'의 문제가 있기 때문에 문제의 소지가 컸다. 결국 제보자는 관련 수사를 통해 자신이 거짓말했다고 경찰에 진술했고 김의겸 의원을 비롯해 '더 탐사'라는 유튜브 채널에 명예훼손 소송이 걸려 있는 상황이다. 단순한 가짜뉴스 헤프닝이라 생각할 수도 있지만, 깊이 들여다보면 정치적 목적을 가진 선동이었고 국회의원의 면책 특권을 악용한 사례로 볼 수 있다. 이 사건은 결과적으로 한동훈 장관이 자기 자신에 대해 얼마나 엄격한 관리를 하는지 드러내는 기회가 되었다. 술을 전혀 안 마시고 술자리도 거의 안 가는 한동훈 장관의 생활방식이 언론을 통해 밝혀졌기 때문이다.

일명 청담동 술자리 의혹 사건은 다양하게 관련자들의 이해관계가 얽혀있었다. 각자의 이익을 위해 거짓말을 하고 새로운 논리를 만들어냈다.

김의겸 의원 – 김의겸 의원은 새롭게 한동훈 저격수를 자처하며 '큰 거 한방'을 통해 민주당 내에서 입지를 다지고자 했다. 김의겸은 비례대표로서 투표를 통해 당선된 것이 아니기에 탄탄한 입지가 필요했다. 그가 의원이 된 과정을 보면 이해가 쉽다. 문재인 정부에서 청와대 대변인이었던 김의겸은 2019년에 국회의원 선거 출마를 선언했다. 이때 서울 동작구 흑석동 부동산 투기에 대해 '흑석 선생' 등의 별명이 붙으며 여론이 악화되자 결국 불출마했다. 2020년 3월, 열린민주당에 입당해 비례대표로 출마했지만 낙선했다. 이후 열린민주당 비례대표 의원이었던 김진애 전 의원이 2021년 3월 의원직에서 사퇴하며 의원직을 승계받았다. 김의겸 의원 입장에서는 한동훈을 잡기만 하면 다음 공천을 보장되는 것이니 청담동 의혹이 비록 사실로 확인되지 않았다 해도 정치적 측면에서 손해 볼 것이 없었다. '아니면 말고' 식으로 의혹을 터뜨리면 나는 이익을 보고 상대방은 아무리 해명을 해도 낙인찍히는 수많은 사례들이 이를 증명하지 않던가. 결국 김의겸 의원은 손해 볼 것 없는 장사를 짭짤하게 했다.

더불어민주당 – 김의겸 의원의 의혹 제기에 대해 같은 당 소속 일부 의원들은 '확실한 물증 없이 의혹을 제기하는 것은 무리가 있다'라는 의견을 제시했지만, 더불어민주당 지도부와 강경파 의원들에게 이러한 우려가 들리지는 않았다. 더불어민주당 입장에서 한동훈 술자리 의혹이 사실이라면 그동안 한 장관에게 당했던 모든 것을 되갚아줄 수 있는 좋은 기회였다. 술자리가 사실이 아닌 것으로 밝혀졌음에도 더불어민주당 누구도 사과하지 않고 넘어갔다. 후에 한동훈 장관은 언론인터뷰에서 "민주당의 사과를 요구합니다. 저한테 사과하는 것이 모양 빠져서 싫으시면 국민들에게라도 하시라"는 발언을 통해 민주당의 공식적 사과를 요구하기도 했다.

유튜브 채널 '더 탐사' – 청담동 술자리 의혹을 제기하며 채널이 급격히 성장했다. 유튜브 특성상 이슈가 나오고 관심이 집중되면 구독자와 조회 수가 증가하게 되는데 이런 점에서 더 탐사 역시 상당한 재미를 봤다. 더 탐사 채널은 2022년 9월 한동훈 장관의 퇴근길을 자동차로 미행해서 신고당하기도 하고, 한동훈 장관의 자택을 무단 침입 시도한 혐의로 고발당하기도 했다. 더 탐사 채널 역시 결과적으로 한동훈 장관에 대한 비방과 거짓 뉴스를 콘텐츠로 제작하여 슈퍼챗(후원금)과 조회 수 수익을 많이 얻을 수 있었다.

첼리스트와 전 남자친구 – 이들은 한동훈 장관과는 직접적인 연관이나 이해관계가 없다. 가끔 밤늦게까지 첼로연주 알바를 하던 첼리스트는 밤늦게 남자친구와 연락이 안 되는 상황을 변명하기 위해 없는 이야기를 지어낸 것이고 남자친구는 자신이 들었던 이야기를 제보한 것뿐이다. 여기까지만 보면 그들은 오히려 억울한 측면이 있다. 어떠한 이익도 얻은 것이 없기 때문이다. 문제는 그들이 자꾸 거짓말을 함으로써 형사처벌 받을 가능성이 높아졌다는 것. 첼리스트는 자신이 거대한 진실을 알고 있는데 누군가 권력이 있는 사람의 협박에 의해 입을 다물고 있어야 한다는 뉘앙스를 풍겼고, 전 남자친구는 트위터를 통해 '제가 가지고 있는 증거를 공개하면 진실을 말씀하시겠습니까?' 하는 식으로 자신이 진실을 알고 있고 공개할 의향도 있다는 뉘앙스를 풍겼다. 첼리스트와 남자친구는 대중의 관심을 받는 과정을 즐겼다고 볼 수 있다. 허언증을 가지고 있는 것이 아닐까 싶은 이 두 사람은 대중의 관심을 받는 과정을 즐기기 위해 진실을 밝히지 않았다고 볼 수 있다.

이세창 자유총연맹 총재 – 정치권 유력인사와 친분이 있음을 과시하는 전형적인 인물이다. 특별한 이력이나 활동 사항은 알려진 것이 많지 않다. 첼리스트에게 명함을 준 것으로 보아 개인적인 친분을 가지고 있는 것으로 보인다. 기자가 윤석열, 한동훈과 아는 사이냐 물어보고 청담동에서 술자리를 가진 적 있느냐 물어봤을 때 그

렇다고 대답함으로써 술자리 의혹 제기의 빌미를 제공했다는 비난
을 피할 수 없다. 의혹이 제기됨과 동시에 기자회견을 통해 한동훈
과 윤석열에 대해 만나본 적이 없다는 내용을 발표했으나 이미 의혹
제기가 들불처럼 번지는 상황이었기에 의혹을 없애기엔 부족했다.

오마이뉴스 하OO 기자 – 첼리스트의 전 남자친구가 첼리스트와
연락이 안 되던 시간에 같이 있었다고 주장하는 인물이다. 첼리스트
가 윤석열과 한동훈을 봤다고 주장하는 그 날짜에 이세창과 있었는
지 하OO 기자와 있었는지는 명확하지 않다. 전 남자친구가 트위터
에 하OO 기자에 대해 "왜 그랬냐", "왜 집에 안 보냈냐", "진보팔이
파워 트위터라인으로 활동하면서 여자들한테만 껄떡거리고 밖으로
꼬셔내 술 먹여서 잠자리까지 하는 기자야. 빨리 트윗, 페이스북 접
고 잠수 타. 오늘도 뻔뻔하게 활동하네"라는 트윗을 올린 것으로 추
측만 가능할 뿐이다. 놀라운 것은 하OO 기자는 의혹이 불거진 이후
'청담동 술자리 의혹, 의아한 한동훈 행보와 대통령이 키운 의혹'이
라는 기사를 작성하여 의혹을 더 키우기도 했다는 것.

그렇다면 이 사건의 결과는 어떻게 되었을까? 2022년 10월 24일
부터 3개월 정도 지속된 소위 한동훈 청담동 술자리 의혹은 애정행
각과 거짓말, 그 거짓말을 유리하게 이용하려던 김의겸 의원이 엮
인 사건이다. 첼리스트는 전 남자친구가 아닌 다른 남자(하OO 기

자 또는 이세창 총재)와 함께 있느라고 연락이 닿지 않았고 나중에 이를 변명하기 위해 알바 자리에 윤석열, 한동훈과 같이 있다는 거짓말을 했을 뿐이다. 어찌 보면 말도 안 되는 이런 이야기를 좌파성향의 전 남자친구는 믿고 싶어 했던 것 같다. 윤석열 정권의 도덕성에 타격을 입힐 수 있을 것이라 판단하여 더 탐사, 김의겸 측에 제보했다. 일부 관련자들은 명예훼손 등으로 소송을 당한 상황이다. 더 탐사는 여전히 "그날에 대해 떳떳하다면 알리바이를 밝히십시오"라고 주장하고 있다.

결과적으로 술자리 의혹은 한동훈이 술을 싫어하고 술자리도 참석 안 한다는 사실만 부각시켰다. 그런데도 일부 국민들은 아직까지 술자리 의혹이 사실이라고 믿고 있다. 아니면 말고 식의 뉴스가 당사자에게 피해를 입히는 전형적인 사례라 할 수 있다.

06

이재명 체포동의안 국회 설명

한동훈이 법무부장관으로서 이재명 체포동의안을 설명했던 것은 두 차례였다. 첫 번째는 2023년 2월 27일, 두 번째는 2023년 9월 21일이었다. 주요 내용은 더불어민주당 이재명 대표가 국회의원이 되기 전 성남시장, 경기도지사 시절 저질렀다고 의심되는 많은 의혹에 대해 검찰의 수사 내용을 발표하고 국회의원들에게 이재명을 구속하여 영장실질심사를 받아야 할 이유에 대해 설명하는 자리였다.

체포동의안이 관심을 모았던 것은 이재명이 입었던 삼중의 방탄조끼를 뚫을 수 있는가의 여부였다. 이재명은 감옥에 가지 않기 위해 세 겹의 방탄조끼를 입었기 때문이다. 첫 번째는 불체포특권을 가진 국회의원이라는 신분, 두 번째는 야당의 당대표라는 신분이다. 이재명은 이걸로는 충분하지 않다고 판단하여 더불어민주당의 당헌(80조 3항)을 수정했다. 기존 당헌은 '부정부패 관련 법 위반 혐의로 기소된 당직자의 직무를 기소와 동시에 정지할 수 있다'는 기존 당헌 80조 1항은 유지한 채, 80조 3항에서 정의된 '징계처분' 주체를 기존 '윤리심판원'에서 '당무위원회'로 바꾼 것이다. 당무위원회에 자기 사람을 다 심어놓고, 혹시라도 자신이 기소되어 직무가 정지되어야 하는 상황이 되었을 때 당무위원회가 자신을 지켜주도록 방탄조끼를 보강했던 것이다.

첫 번째 체포동의안 설명을 하면서 한동훈은 이재명이 입었던 세 겹의 방탄조끼를 뚫기 위해 치밀한 준비를 했다. 대략 15분간에 걸쳐 이재명이 어떤 잘못을 했는지, 그 잘못을 덮기 위해 어떤 잘못을 또 했는지, 그에 대한 증거는 어떠한 것들이 있는지 세세하게 설명했다. 결과는 1표 차이로 아슬아슬하게 부결되었다. 당시 기록을 보면, 재적 299명, 재석 297명 상황에서 가결은 139표, 부결은 138표, 기권 9표, 무효 11표였다. 단순하게 보면 가격이 1표 더 많았으나 과반을 넘지 못해 이재명 체포동의안은 부결되었다. 체포동의안 설명 이후 더불어민주당 의원들은 한동훈 장관이 너무 지나치게 세부적으로 이야기했다고 비판했다. 짧고 간단하게 체포의 이유를 설명하는 것으로 충분한데도 이재명을 범죄자로 묘사하기 위해 긴 시간 동안 너무 자세하게 설명했다는 것이 그 이유였다.

두 번째 체포동의안은 그로부터 7개월이 지난 2023년 9월이었다. 이재명은 혹시라도 체포동의안이 통과되어 판사 앞에서 영장실질

심사를 받아야 하는 상황이 올까 두려워 당시 단식을 하는 와중에 한동훈 법무부장관의 체포동의안 설명 하루 전에, 민주당 의원들에게 메시지를 보내 자신에 대한 체포동의안 부결을 부탁하기도 했었다. 일명 '개딸'이라 불리는 이재명 적극 지지자들은 광장에 모여 이재명 체포동의안이 부결되기를 기원하며 집회를 열기까지 했었다. 월드컵 중계를 보듯 국회 현장 중계 화면을 보며 '부결'을 기다렸다.

야당 대표인 이재명이 과연 법원에 출석해서 구속 여부를 판단 받게 될 것인가, 이것은 좌파와 우파 모두에게 초미의 관심사였다. 이재명의 구속을 간절히 바라는 우파지지자들과 이재명은 구속되면 안 된다는 좌파지지자들 모두에게 이날 한동훈 장관의 체포동의안 설명과 바로 이어진 표결에 관심이 집중될 수밖에 없었다. 이미 한 번 부결되었던 이재명 체포동의안이었기에 다시 부결될 것인가 아니면 이번에는 가결되어 이재명을 판사 앞에 세울 수 있을 것인가 결정하는 중요한 날이었다.

결과는 잘 알고 있듯, '가결'이었다. 이재명에게 환멸을 느낀 민주당 의원들이 가결에 찬성하였던 결과다. 숫자를 보면 재적 298명, 재석 295명, 가결은 149명, 부결은 136명, 기권 6명, 무효 4명으로 재적인원 과반 출석에 재석인원 과반이 찬성하여 가결되었다.

당시 한동훈 법무부장관은 준비한 원고를 제대로 읽지 못했다. 설명을 시작하고 얼마 지나지 않아 더불어민주당 의원들이 고성을 지르며 야유를 해서 설명을 방해했기 때문에 한동훈 장관은 몇 번씩 설명을 멈춰야 했다. 왜 검사처럼 범죄사실을 자세히 설명하느냐며 민주당 의원들이 항의했고, 심지어 한동훈 장관이 국회에서 '피의사실공표'라는 위법행위를 했으니 탄핵해야 한다는 주장도 있었다.

야당 의원들이 야유를 받으면서도 한동훈 장관은 꿋꿋하게 자신의 소임을 다했다. 당시 소란스러웠던 상황에서도 한동훈 장관은 이렇게 설명하는 것이 본인의 임무이며 본인은 주어진 소임을 다하겠다는 말을 했다. 아래는 한 장관의 당시 워딩이다.

"이재명 의원을 비롯해서 민주당 의원들께서 이 사안 자체가 증거가 없다고 주장하고 계시기 때문에 저는 국민들 앞에서 설명할 의무가 있는 겁니다. 그 부분에 대해서 설명하는 것을 듣기 싫으시다면 그것은 내용을 알지 못하고 그냥 판단하겠다는 이야기밖에 되지 않겠습니까? 저는 국무위원으로서 여기서 그 내용을 설명할 임무가 있습니다. 그 임무를 다하겠습니다."

이재명에 대한 체포동의안은 통과되었지만, 이재명은 구속을 피할 수 있었다. 이재명과 더불어민주당 의원들은 불구속이 '무죄선고'라고 받아들이는 분위기였다. 이재명이 말했던 것처럼, '없는 죄도 만들어서 덮어씌운 것'이라 주장하기까지 했었다. 좌파진영은 이재명이 결백하다는 주장을 하기도 했었다. 이재명의 불구속은 우파에게 상당한 충격이었다. 당연히 구속되어 죗값을 받을 거라 생각했었는데 불구속되었기 때문이다. 우파는 윤석열 대통령과 한동훈 장관조차도 이재명을 구속시키지 못했다는 생각에 무기력함과 실망감을 느꼈고 이는 다음 달에 있었던 강서구청장 재보궐 선거에서 민주당 후보가 당선되는 결과로 이어졌다.

한동훈 장관의 정치권 입문이 본격적으로 논의되기 시작한 것이 강서구청장 선거 직후다. 만일 국민의 힘이 승리했었다면 한동훈 장관이 필요하다는 목소리는 힘을 얻지 못했을지도 모른다. 국민의 힘이 지금 잘하고 있으니 강서구청장 선거로 이긴 것 아니냐 하는 주장이 힘을 얻었을 것은 물론이다. 선거 패배 직후 국민의 힘에서는 '한동훈 차출설'이 본격적으로 이야기되기 시작했다. 한동훈이 나와서 응원단장 역할을 하고, 지역 민심을 국민의 힘으로 불타오르게 만드는 불쏘시개 역할을 해야 한다는 주장이 힘을 얻었다. 2023년 12월 21일 국민의 힘의 비상대책위원장에 취임하기 전까지 한동훈 본인은 국민의 힘의 러브콜과 차출설에 대해 명확한 입장을 밝히지 않았다. 한동훈은 법무부장관 시절 총선 출마설에 대해 "법무부장관으로서 해야 할 일이 아직 많다"라고 답했다. 당시 한동훈 장관이 정치할 생각이 있다고 했어도, 반대로 할 생각이 없다고 했어도 야당은 공격했을 것이다. 하루하루 최선을 다하고 있다는 한동훈의 답변은 정답이라 할 수 있다. 더불어민주당은 윤석열 당시 검찰총장 때에도 한동훈 법무부장관에게도 '정치할 거냐' 반복해서 물음으로써 오히려 국민의 관심이 더 집중되게 하고 지지세를 만들고 있다는 사실을 깨닫지 못한 것 같다.

Chapter 3.

한동훈, 정치를 시작하다

01

한동훈은 새것이다

한동훈은 늘 새롭다. 지금까지 우리에게 익숙한 공직자나 정치인의 모습과 전혀 다르고, 말과 글도 새롭다. 아니 새롭게 느껴진다. 보통 고위공직자나 정치인들은 권위의식에 젖어 아랫사람을 함부로 다루지만 자기보다 높은 사람에게는 한없이 약한 모습을 보인다.

되짚어보면, 2022년 봄, 윤석열 당시 대통령 당선자가 한동훈을 법무부장관으로 임명하고자 할 때 이야기했던 것들이 모두 사실이었다. 그때는 아직 한동훈의 체급이 부족하여 대통령이 한동훈 후보자에 대해 과장까지 해가면서 임명 이유를 설명하는 것이 아닌가 싶었는데 그렇지 않았다. 윤석열 대통령의 당시 밝혔던 인선 이유를 살펴보자.

"한동훈 후보자는 절대 파격 인사는 아니라고 생각합니다. 유창

한 영어 실력으로 다양한 국제 업무 경험도 가지고 있고 법무행정이 경제발전을 뒷받침할 수 있는 법무행정의 현대화 그리고 글로벌 스탠더드에 맞는 사법제도를 정비해 나가는 데 적임자라고 판단했습니다"

실제로 한동훈은 2004년과 2005년에 미국 컬럼비아대학교 로스쿨에서 연수하여 2005년에 뉴욕주 변호사 자격을 취득했다. 2023년 3월에 한동훈은 세계법무장관 회의에서 통역 없이 영어연설을 하고 다른 국가의 장관들과 영어로 토론하는 모습을 보이기도 했다. 한동훈 장관이 법무부 내부적으로 추진하는 교정직에 대한 처우개선과 이민청 설립 등의 움직임은 말 그대로 글로벌 스탠더드에 맞는 법무부를 만들어 나가는 과정이었다. 이러한 점에서도 한동훈은 기존의 법무부장관들과 매우 다른 모습을 보여줬다. 여기에 더해 그가 인터뷰 또는 뉴스에서 보여준 모습들은 그를 '새것'이라 칭하기에 충분하다.

한동훈의 강강약약

비단 공직자, 정치인뿐 아니라 우리 모두는 강한 사람에게 약하고 약한 사람에게 강할 수밖에 없다. 강한 자에게 고개를 숙이지 않으면 불이익을 받을 것 같은 두려운 마음이고, 약한 자에게는 함부로 해도 별 문제 없을 것이라 생각하기 때문이다. 높은 사람에게 굽신대고 고개 숙이고 낮은 사람에게는 고개를 드는 것은 인간의 자연스러운 행동일지도 모른다. 윤리 교과서에서는 약한 사람을 따뜻한 마음으로 자신과 동등한 위치에서 대해야 한다고 배웠다. 하지만, 과연 그런 사람이 얼마나 될까?

한동훈은 이러한 점에서 새것이다. 강한 사람에게 강하고, 약한 사람에게 약하다. 돈과 권력이 있는 사람을 대할 때 결코 물러서거나 고개 숙이지 않는다. 그가 검사이던 시절 재벌들을 수사할 때, 권력이 있다고 봐주거나 사건을 덮지 않고 오히려 더 적극적으로 수사했다는 것은 이미 잘 알려진 이야기다. 약한 사람을 어떻게 대하느냐에 대한 자료는 많지 않다. 그가 했던 발언과 행동을 통해서 유추할 수 있을 뿐이다.

2023년 2월 8일 국회 대정부질문에서 '비동의간음죄'에 대한 의견을 질문받았을 때 한동훈의 대답은 약간 의외였다. 그가 했던 답변을 두 가지로 요약하면 첫째, 성범죄자를 처벌하는 법규가 촘촘하게 되어 있고 강간, 간음의 범위를 넓게 잡고 있기 때문에 특별법으로 처벌할 필요성은 상대적으로 적다. 둘째, 강간, 간음의 구분을 동의 여부로 결정해야 하는데, 이때 동의 여부를 증명할 책임은 피의자가 지게 된다. 그렇게 되면 피의자가 억울하게 처벌받을 가능성이 높아진다.

결론적으로 한동훈 위원장은 비동의간음죄에 대해 부정적 입장을 가지고 있다는 것으로 요약된다. 한동훈 위원장이 부정적 견해를 가진다는 점은 그가 강강약약의 마인드를 가지고 있음을 증명한다. 비동의간음죄에 있어 강자는 여성 시민단체들이다. 비동의간음죄에 대해 부정적 입장을 내비치면 그게 누구든 '너는 여자가 강간당해도 괜찮다는 거냐?'라며 공격의 대상이 되기 때문이다. 우리 사회는 법정에서도 조차 피해자의 일관된 주장과 눈물이 증거로 활용되지 않던가. 만일 판사가 자신의 양심에 따라 남성이 무죄라는 판결을 하게 되면 '성인지 감수성'이 떨어지는 함량 미달의 판결이라는 비난을 받기 때문에, 남성들 입장에서는 억울하더라도 여성이 성적 수치심을 느끼고 피해를 입었다고 주장하면 처벌될 수밖에 없는 구조다. 웬만한 상황에서는 여성의 편을 드는 것이 사회적으로 불이익이 없는 상황이다.

한동훈 위원장이 이를 모를 리 없다. 그런데도 그는 자신의 소신을 밝혔다. 남성이 억울하게 처벌될 가능성이 높기 때문에 이 법에 대해 본인은 부정적이라 수차례 밝혔던 것이다. 일부러 약자의 편을 들기 위한 발언은 아니었다. 그는 입증 책임의 관점에서 남성들이 피의자가 될 가능성이 높고 그로 인해 억울하게 처벌받게 될 사람들이 많다는 이유로 비동의간음죄에 대해서는 반대 입장이었다.

만일 그가 강한 자에게 약한 모습을 가졌다는 그 역시 성인지 감수성이 충만한 척하며, 비동의간음죄에 대해 환영하고 서둘러 법무부에서도 관련 사항을 점검하고 준비하겠다고 했을 것이다. 그게 그의 신상에 더 이롭기 때문이다. 한동훈 위원장이 비동의간음죄에 대해 긍정적 입장을 보였다면 한동훈 개인에게는 득이 되었을 것이다. 성인지 감수성과 약자의 눈물을 닦아주는 사람이라는 이미지를 가질 수 있었을 것이니 말이다. 괜히 불필요하게 분란을 일으켜 여성단체와 여성계를 적으로 돌리거나 젠더 대결에 휘말리지 않는 좋은 방법이었지만 한동훈은 쉬운 길을 택하지 않았다. 그가 강한 자에게 굽히지 않는 모습을 보이는 사례라 볼 수 있다.

교정직 공무원의 처우개선 역시 한동훈 위원장이 약자에게 강하지 않는 사례다. 정치적인 면만 고려한다면 대략 1만 6,000명(이 중 75%인 1만 2,000명은 8급, 9급 공무원)의 교정직 공무원에 대한 처우는 법무부장관의 정치적 기반과는 큰 관련이 없다. 사회적 관심도 많이 쏠리지 않고, 처우개선을 한다 해도 업적으로 자랑하기에도 부족하다. 잘해줘도 그만 못 해줘도 그만이다. 그런데도 한동훈 장관이 교정직에 대한 처우개선을 추진했다는 것은 자신의 인기와 업적을 고려한 것이 아니라, 열악한 대우를 받고 있는 하급공무원들에 대한 배려였다.

다른 정치인의 사례를 보자. 국회의원이 얼마나 꼰대스러운지 보여주는 사례가 있다. 2023년 3월 21일, 국회 외교통상위원회에서 4선에 빛나는 우상호 의원은 국회 공무원(수석 전문위원)을 향해 수준 이하의 호통을 쳤다. 이유는 대통령을 흠집 낼 수 있는 동영상을 재생할 때 소리가 음소거되어 있었다는 것. 규정에 의하면 소리까지 재생하는 것은 여당과 야당의 간사가 합의했을 때 가능했으니 공무원은 규정에 따라 일 처리를 한 것뿐이었다. 그 공무원을 향해 4선 의원 우상호는 "이게 국정감사야 지금? 수석! 이게 국정감사냐고, 가만 보자 하니까 웃기네 이거, 어디서 이따위 소리를 하고 있어? 똑바로 해 진짜"라는 폭언에 가까운 발언을 했다. 이어서 국민의 힘 태영호 의원이 "규정에 따라 재생을 안 하는 게 맞지 않냐"는 의견을 제시하자 그는 "가만히 계세요, 초선의원은!"이라고 했다. 느껴지는가? 자신보다 하급이라 생각되는 인물에게는 막말과 하대가 기본으로 장착되어 있는 우상호 의원의 모습이다.

악수할 때도 무의식중에 한동훈 위원장의 강강약약 품성이 드러난다. 한동훈 위원장이 악수하는 사진들을 보면, 국내, 국외의 고위 공무원 또는 권력자들과 악수할 때는 상대와 눈을 맞추며 비즈니스 에티켓에 맞는 악수의 정석을 보인다. 자신이 상관으로 모시던 윤석열 대통령과 악수할 때도 고개만 살짝 숙이는 정도다. 반면 일반 시민 또는 자신보다 하급 공무원들과 악수할 때는 고개를 숙이는 것은 물론이고 허리까지 숙이는 모습을 많이 보인다. 약자 배려에 대한 생각이 그의 무의식에 깊이 자리하고 있음을 나타낸다.

과거 혜성 정치인과 다른 점

우리나라 정치계에서 한동훈은 신드롬을 불러일으키는 인물임에는 틀림없지만, 이와 같은 신드롬은 한동훈이 처음은 아니다. 근 20

년간 여러 인물들이 언론과 대중의 집중적인 관심을 받으며 혜성처럼 나타나기도 했었다. 2007년 대권에 도전했던 문국현 전 의원을 보자. 유한킴벌리의 대표이사를 하던 문국현은 사회적으로 신망이 높고 깨끗한 유한킴벌리라는 기업의 이미지와 연결되어 단기간에 많은 지지를 얻을 수 있었다. 기존 정치인들에게 염증을 느끼고 '새것'을 좋아하는 대중들에게 문국현은 좋은 선택이 될 수 있었다. 특히 젊은 층의 적극적인 지지를 받기도 했으나 그의 정치 인생은 그리 길지 않았다. 2007년 대선에 출마하였으나 불과 3년도 지나지 않은 2009년에 사실상 정계 은퇴를 했다. 당시 공천헌금을 받았다는 혐의로 유죄를 선고받았기 때문이다.

5년 후 등장했던 또 다른 인물을 보자. 바로 안철수 의원이다. 2011년 10월 서울시장 보궐선거를 기점으로 그는 안랩 CEO에서 정치인으로 변신했다. 당시 안철수는 자신보다 지지율이 낮은 박원순 무소속 후보에게 흔쾌히 양보하는 모습을 보여 대중에게 더욱 좋은 이미지를 남기기도 했다. 이후 그는 일거수일투족이 국민의 비상한 관심을 받으며 정치에 입문하였으나 아직 이렇다 할 족적을 남기지 못하고 있다.

반기문 전 UN 총장 역시 2015년부터 보수진영의 새로운 인물로 주목받기 시작했고, 당시엔 차기대선 주자로 선호되는 인물 1위로 뽑히기도 했었다. 일명 반기문 대망론이라 하여 2016년 말에 UN 총장 임기가 끝나고 2017년에 대권에 도전한다는 시나리오가 준비되어 있기도 했었다. 결국 반기문 대망론은 짧은 꿈으로 끝나고 말았다. 2017년 1월 25일 공식적으로 대권 도전을 선언하였으나 불과 1주일 후인 2월 1일, 대선 불출마 선언을 하고 정계를 은퇴했기 때문이다.

지금 한동훈에게 쏟아지는 엄청난 관심들은 새로운 것이 아닐 수도 있다. 이미 문국현, 안철수, 반기문 역시 '현상', '신드롬'이라 불리울 만큼 많은 관심을 받은 경험이 있기 때문이다. '새것'을 좋아하는 대중의 속성상 참신한 인물이 등장하게 되면 기존 정치인에 대해 가졌던 환멸의 크기만큼 새 인물에게 지지를 보낸다. 새로운 인물이 대중이 원하는 행보를 연속해서 보인다면 그 관심은 지지와 응원으로 바뀌게 되지만 동시에 새 인물의 모습이 대중이 원했던 이미지가 아니면 관심은 빠르게 식어가게 된다.

문국현은 깨끗한 기업의 CEO로서 참신함을 마케팅 포인트로 삼을 수 있었지만, 그 참신함이 진실된 것이 아니라는 점이 밝혀지는 순간 정계를 은퇴해야 했다. 과거에 서울 강남에서 부동산 거래로 시세차익을 많이 얻고, 자녀들에게 재산을 준 과정이 석연치 않다는 점이 대중에게 알려졌기 때문이다. 문국현은 부정부패로부터 대한민국을 지켜낼 것이라 생각했었는데, 이미 문국현 자신이 대한민국의 기득권으로서 실망스러운 모습을 가지고 있었다는 점이 그를 은퇴하도록 만들었다.

안철수는 어떨까. 예능프로그램인 '무릎팍 도사'에서 보여줬던 순수하고 열정 많은 젊은 IT기업 대표의 이미지가 그를 정계로 이끌었다. 대중은 그가 V3 백신을 통해 컴퓨터들을 바이러스로부터 지키듯, 대한민국 역시 나쁜 것들로부터 지켜낼 수 있다고 기대했다. 안철수 자신도 기존과 다른 새로운 정치를 하겠다는 점을 마케팅 포인트로 삼아 지지세를 확산시켰다. 그가 구상하는 새로운 정치는 어떤 것인지 그가 만들고자 하는 대한민국은 어떠한 모습인지 모두가 궁금해하고 기대했었다. 그러나 안철수는 자신이 하고자 하는 새로운 정치가 무엇인지 명확하게 제시하지 못했다. 안철수는 자신을 중도라고 표방하지만 2017년 대선에선 문재인 대통령과 후보 단일화를 했다가, 5년 후인 2022년 대선에선 윤석열 대통령과 후보 단일화를 했다. 결론적으로 안철수의 가장 큰 실패 원인은 그가 좌파인지 우파인지 명확하지 않다는 점이다.

반기문은 공식적인 대권 선언과 대선 불출마 선언이 1주일 만에 이루어졌기에 그의 실패 원인이 무엇인지 명확하지 않다. 다만 유추해 볼 수 있는 것은 그에게는 '조직'이 없었다는 것. 그가 UN 총장을 하고 돌아왔을 때 좌파와 우파 모두 그에게 러브콜을 보냈지만 그는 명확하게 어떤 노선을 택하지 않았다. 여기에 더해 그가 해외 생활을 오래 하면서 한국의 실정, 정확히는 대중이 원하는 것을 제대로 파악하지 못했다는 점도 실패 요인이다. 청년실업 문제에 대해 '인턴확대', '자원봉사', '해외 진출'을 대안으로 제시했던 것은 오히려 청년층의 분노만 키우기도 했다. 또, 조선업의 구조적 문제에 대해 "세계 지도자들과 네트워크가 잘되어 있으니 정상외교를 통해 해결하겠다"라는 발언으로 경제적 식견에 대한 빈약함을 드러내기도 했었다. 그의 부족함을 상징적으로 나타낸 사건이 있었으니 열차표 자동발매기를 이용할 때 한 번에 만 원짜리 두 장을 한꺼번에 집어넣었던 해프닝이다. 한국 현실을 제대로 모르는 것 아니냐는 비판이 일었기 때문이다.

짧게 요약하자면, 문국현에게는 청렴함이 없었고, 안철수에게는 철학이 보이지 않았으며, 반기문에게는 조직이 없었다.

청렴함, 철학, 조직이라는 세 개의 조건 부족으로 인해 과거 혜성 정치인들은 큰 꿈을 이룰 기회를 놓치고 말았다. 그렇다면 한동훈은 어떻게 될까? 한동훈에게 세 개의 조건이 충분한지는 앞으로 차차 확인할 기회가 많이 있을 것이다. 현재 시점에서 예측해보자면, 한동훈 장관은 청문회를 통해 특별히 문제 삼을 비리가 없다는 점이 밝혀졌고, 정치철학에 대해서는 현재도 각종 인터뷰, 뉴스 등을 통해 한동훈이라는 정치인이 어떤 철학을 가지고 있는지 대중에게 실시간으로 전달되고 있다. 남은 것은 조직인데, 이는 이미 여당인 국민의 힘을 이끌고 있기 때문에 전혀 문제가 아니다.

한동훈 신드롬은 앞으로 얼마 동안 지속될까? 대중이 그에 대해 실망하기 전까지는 계속 될 것이다. 즉, 한동훈을 지지하지 말아야 할 현저한 오점이 발견될 때까지라 할 수 있다. 현재까지 한동훈이 살아온 인생에서는 아직 발견되지 않았다. 검사 시절과 법무부장관직을 수행하면서 중대한 잘못을 하지 않았으니 현재와 같은 신드롬은 앞으로 선거가 있을 때마다 더욱 확산될 것이다. 더불어민주당에서 한동훈 위원장의 오점을 찾기 위해서 부단히 노력하겠지만, 그가 살아온 궤적을 보면 그리 쉬운 일은 아닐 것이다.

02 왜 한동훈이 필요한가

한동훈이 주목받고 지지율이 높다는 것은 우리 사회가 '법'과 '정의'에 대해 아직 목말라 있다는 것을 의미한다. 한동훈은 그 흔한 인권변호사 출신도 아니고, 어릴 적 고생을 많이 하다가 자수성가하지도 않았다. 유복한 가정에서 태어나 엘리트 코스를 밟으며 일명 '소년급제'를 해서 만 23세에 영감님 소리를 들으면서 사회생활을 했다. 그리고 40대에 법무부장관이 되었고, 50세에 대한민국의 여당을 이끄는 비상대책위원장이 되었다. 그런데도 대중은 왜 한동훈을 강력하게 원할까? 겉으로 드러난 그의 경력을 보면 독특하다 할수는 없다. 소년급제를 했던 것이 한동훈뿐만 인 것도 아니고, 검사 출신의 정치인이 없는 것도 아니기 때문이다. 그럼에도 한동훈 신드롬이 이어지는 것은 또 다른 이유 때문이다.

갈등 요인 – 이념과 지역

대한민국의 현 상황을 보면 아직 우리 사회는 '이념'과 '지역'에 의한 구분이 계속되고 있다. 이념으로 보면 좌파와 우파가 반반으로 나뉘어져 있다. 윤석열과 이재명의 대통령선거 당시의 득표율이 각각 48.6%, 47.8%로 1%p도 차이 나지 않았다는 것이 이를 증명한다. 주말에는 윤석열 탄핵집회가 열리고 있고 각종 시민단체는 여전히 '김건희 구속', '탄핵이 민생이다' 등등의 구호를 외치고 있다. 이념에 의한 갈등은 아직 현재진행형이다.

지역 요인을 보면 호남과 영남은 후보와 상관없이 소속 정당만을 보고 투표한다. TK라 불리는 대구, 경북에서는 막대기만 꽂아도 우파후보가 당선된다고 한다. 호남 역시 마찬가지다. 영남과 호남은 굳건하게 지역기반으로 투표하고 서울과 수도권은 상황에 따라 좌파와 우파에게 표를 주는 모습이다.

이념과 지역은 아주 우연히도 겹쳐서 표현된다. 즉 영남권은 우파, 호남권은 좌파에 표를 집중적으로 몰아주고 서울과 수도권, 기타 지방은 상황에 따라 유동적인 결과를 보인다. 즉 좌파와 우파는 각 30%씩 확실한 지지기반을 가지고 있고 나머지 40%에 따라 선거 결과가 달라지는 셈이다. 매번 총선이나 대선에서 후보들이 이 40%를 잡기 위해 경쟁한다.

이와 같은 갈등 구도에서 한동훈 역시 우파의 지지를 받게 될 것이다. 여기에 더해 중도파의 지지 역시 확보할 수 있으리라 보인다.

법무부장관 시절 그의 행보는 좌파, 우파를 가리지 않았기 때문이다. 그는 지금까지 '합법이냐, 불법이냐'를 기준으로 살아왔다. 여기에 더해 법무행정에 있어서도 '국민에게 이익이냐 손해냐'를 기준으로 삼았다. 정치인이 된 지금도 한동훈의 균형 잡힌 태도는 변하지 않을 것이라 생각된다. 한동훈 위원장이 중도에 대한 확장성이 있다는 것은 이런 그의 태도에서 비롯한다.

2023년 3월 헌재 판결이 났던 '검수완박' 법에 대해 한동훈 장관은 일관된 주장을 했다. "깡패, 마약 등 범죄의 수사를 검찰이 하면 안 되는 이유를 아직 듣지 못했다"는 것. 좌파 국회의원들이 추진한 법이라서, 우파 국회의원이 추진한 법이라서 안 된다는 주장이 아니었다. 물론 공직자, 공무원이 정치적 중립을 지키기 위한 명분을 얻고자 한 발언일 수도 있다. 그럼에도 한동훈의 발언을 신뢰할 수 있는 것은, 그가 검수완박뿐 아니라, 정치적으로 손해 볼 수밖에 없는 '비동의간음죄'에 대해 반대 입장을 밝혔다는 점 때문이다. 성인지 감수성 프레임으로 인해 이를 반대하면 '여성의 성적 자기 결정권을 침해한다'는 비난을 받을 것임이 분명함에도 한동훈은 명확하게 반대 입장을 밝혔다. 앞에서 설명했듯, '입증 책임이 피의자에게 전가되는 구조의 법'이 될 가능성이 높다는 이유에서다.

만일 한동훈이 정치적인 측면을 고려했다면 국회의원들이 '비동의간음죄'를 어떻게 생각하냐는 물음에 긍정적인 의견을 내놓았을 것이다. 앞으로 정치하고 싶으면 여성의 표도 얻어야 하기 때문이다. 아마도 한동훈이 아닌 다른 사람이 법무부장관을 했다면 "여성을 위한 법안이니 적극 검토하겠습니다" 또는 "성인지 감수성을 적극 반영하겠습니다" 정도의 답변을 하지 않았을까 싶다. 국민의 힘에서는 한동훈에 대해 국회의원 총선에서 '얼굴마담'으로 활용하려는 움직임을 보인다. 한동훈 장관이 가진 확장성, 즉 우파는 물론이고 중도성향의 표심까지 모두 끌어올 수 있다는 계산이 깔린 움직임이라 할 수 있다. 이런 점에서 한동훈 위원장은 선거 결과가 어떻게 나오든 보수의 가장 강력한 대선 주자로 계속해서 주목을 받을 것이다.

갈등 요인 – 세대와 젠더

한국 사회는 기존의 갈등 요인이 이념과 지역에 더해 새로운 갈등 요인으로 몸살을 앓고 있다. 세대 갈등, 젠더 갈등이 바로 그것이다. 구세대와 신세대의 갈등이 없었던 적은 없음에도 최근의 갈등은 경제 상황과 맞물려 그 골이 더 깊어지고 있다. 경제가 성장할 때엔 세대의 갈등이 있다 해도 경제적 성과가 있기에 어느 정도 잠재워질 수 있다. 불만이 있어도 소득이 있으면 묵묵히 참고 일할 수 있기 때문이다. 최근까지의 경제는 성장세가 지속되어 왔기에 기존세대와 청년세대가 서로의 문화에 대한 비판과 조롱은 있을 수 있었지만 어느 정도 용인될 수 있는 수준이었다. 하지만 현재와 같은 경제

저성장 상황에서는 세대 갈등의 양상이 기존세대의 자리를 청년세대가 **빼앗아야** 하는 일종의 의자 **뺏기** 게임의 양상으로 변화하고 있다. 즉, 과거엔 누가 더 많이 받느냐 하는 '분배'의 문제에서 이제는 '생존'의 문제가 된 것이다. 2000년대부터 시작된 청년취업의 문제가 해결되지 않고 점점 더 깊어지고 있는 상황인 것이다. 젊은 MZ세대가 버릇없다는 기성세대의 불만도, 기성세대는 산업화의 과실은 더 먹고 부동산값만 올려놓은 거 아니냐는 MZ세대의 불만도 나름대로 일리가 있다. 앞으로 이와 같은 갈등은 더욱 심해질 것으로 보인다. 전 세계가 저성장 시대에 돌입하고, 우리나라 역시 낮아진 경제성장률로 마찬가지인 상황이기 때문이다.

갈등은 세대만으로 끝나지 않고 젠더에도 존재한다. 남녀가 서로를 적대시하는 문화가 조금씩 주류로 자리잡고 있는 상황이다. 《82년생 김지영》으로 대표되는 페미니즘 움직임은 일명 '강남역 살인사건'을 통해 그 응집력과 저변 확대를 한국 사회에 인식시켜주기에 충분했다. 참고로 강남역 살인사건은 2016년 5월, 조현병을 앓던 김성민이 여성을 상대로 '묻지마 살인'을 저질러 징역 30년을 받은 사건이다. 냉정하게 보면 정신이상자가 저지른 살인사건이지만 피해자가 여성이었기에 여성계와 페미니즘 커뮤니티 등에서 '여자라서 당했다'는 주장이 강하게 나왔던 사건이다. 세대 갈등, 젠더 갈등은 이념, 지역과는 또 다른 요인이 되고 있다.

한동훈은 얼마 전까지 이념과 지역이라는 두 가지 갈등 요인이 있었다면 이제는 세대와 젠더라는 두 가지 갈등 요인이 추가된 상황이다. 만약 한동훈이 대통령이 된다면 이러한 갈등 요인을 해결할 수 있을까? 결론부터 말하자면 '아니오'일 확률이 높다. 이념과 지역, 세대와 젠더 갈등은 일종의 생득권(사람이면 누구나 태어날 때부터 가지고 있는 권리)처럼 바꿀 수 없기 때문이다. 태어난 고향, 성별, 나이를 바꿀 수 없는 것 아니겠는가.

게다가 새로 추가될 갈등 요인이 또 하나 있으니 바로 '인종'이다. 아직 수면 위로 떠오르고 있지는 않지만 한국에 머무르며 돈을 버는 외노자들과 불법으로 한국에 와있는 조선족 등의 문제가 더욱 큰 문제로 부각될 것이 분명하기 때문이다. 대구 어느 동네의 무슬림 사원을 둘러싼 갈등을 보라. 이슬람을 믿는 신도들이 주택을 매입하여 새로 회당을 만들기 시작했고 주민들은 반발하고 있는 상황이다. 앞으로는 그와 같은 모습들이 비단 대구만의 문제는 아닐 것이다. 이제 우리나라도 단일민족이 아닌 다인종 국가로 바뀌게 될 것이다. 한동훈은 법무부장관 시절 이민청 설립을 통해 피할 수 없는 흐름인 이민과 다인종, 다민족 국가로서의 전환을 선제적으로 준비했었다.

다시 원래의 질문으로 돌아와 보자. 한동훈 위원장은 각종 갈등을 효과적으로 해결할 수 있을까? 그렇지 않을 것이다. 다만 한동훈 위원장은 기준을 마련할 것이다. 현재 윤석열 대통령이 시스템을 통한 갈등과 문제해결을 하는 것에서 크게 벗어나지 않을 것이다. 아마도 한동훈 장관은 앞으로 시스템을 보강하거나 새로운 기준을 제시할 것으로 예상된다. 어차피 갈등은 피할 수 없다. 그렇다면 가장 현명한 대처방안은 그 갈등을 효과적으로 조율할 수 있는 시스템을 만드는 것이다. 여기에 더해 누구나 수긍할 수 있는 '기준'을 확립하여 갈등이 생길 때 조정할 수 있는 방안을 마련해야 한다.

감히 예상해 보자면, 차기 대통령 후보는 국민의 힘에서는 한동훈이, 더불어민주당에서는 이재명 당대표 또는 좌파 성향의 인물이 후보로 나오게 될 것이다. 이 두 후보의 대결에서 한동훈은 '유능한 관리자'로서, 상대방은 '서민을 위한 대통령'으로서 각각 이미지를 연출하지 않을까 싶다.

한동훈이 대통령에 당선된다는 것은 앞으로 한국 사회가 마주하게 될 여러 갈등에 대해 '평화통일 대통령', '서민을 위하는 대통령'을 뽑는 것이 아니라 대한민국에 산적한 문제들을 효과적으로 해결할 수 있는 공정한 '심판'을 뽑는 셈이다. 대한민국은 그동안 여러 유형의 대통령을 겪어왔다. 군인 출신의 철저한 상명하복 대통령이 필요했던 시기도 있었고, '문민정부' 즉, 군인 출신이 아닌 민간인 대통령을 경험해 보기도 했다. 경제 대통령, 인권 대통령 등등 되돌아보면, 지금까지 한국이 통치를 맡겼던 각 대통령들은 시대의 요구에 맞는 인물들이었다. 그렇다면 한동훈은 어떤 대통령이 될 수 있을까? 아마도 '엘리트 리더'로서 자리매김할 것이다. 물론 국민 대다수의 절대적인 지지를 받기는 힘들지도 모른다. 각 진영의 콘크리트처럼 단단한 지지층이 있기 때문에 윤석열 대통령처럼 박빙의 승부 끝에 당선될 가능성이 높다.

한동훈 위원장이 리더가 된다면 대한민국은 그야말로 새로운 정치지형을 맞이하게 될 것으로 보인다. 586세대라 불리우는 일명 운동권 세대가 무대에서 퇴장하고 X세대 대통령이 지도자가 되는 것이기 때문이다.

근본적인 질문을 다시 해보자. 우리 사회가 한동훈을 필요로 할까? 그렇다. 필요로 한다. 이제 민생을 챙기고, 통일 준비하겠다는 우리의 실제 삶과 관계없는 비전을 읊어대는 정치꾼이 아니라 경제와 민생, 사회의 각종 갈등 요인을 조율하고 대처할 수 있는 유능한 관리자로서의 정치지도자가 필요한 시기이기 때문이다.

03 한동훈의 역설

한동훈이 대중적인 인지도와 인기를 얻고 있다는 사실은 부정할 수 없다. 인터뷰에서 하는 말들, 국회의원들의 질문에 대한 답변들이 항상 언론의 주목을 받고, 여론조사에서 차기 리더로 한동훈이 상위권을 계속 유지한다는 사실이 이를 뒷받침한다.

한동훈의 인기에 대해 여당과 야당 모두 복잡한 심경이다. 여당인 국민의 힘에서는 한동훈 위원장이 자신들의 '꼰대 정당', '수구 정당' 이미지를 개선해 주기를 바라고, 야당인 더불어민주당은 한동훈을 공격하여 무너뜨리는 것이 곧 윤석열 정부를 무너뜨리고 정국의 주도권을 잡을 수 있다는 계산이 깔려있는 듯하다. 여당이든 야당이든 셈이 복잡할 수밖에 없다.

한동훈은 더불어민주당 의원들에게는 '공공의 적'이고 '적장'이다. 만일 누구라도 한동훈에 대해 성공적인 공격을 해낸다면 그는 야권에서의 영웅으로 떠오를 수 있기 때문이다. 적장의 목을 쳐낸 장수에게 영광이 돌아가듯, 누군가 한동훈을 쳐낸다면 그는 좌파진영에서 영웅 대접받으며 순탄한 정치 인생을 계속 이어나갈 수 있을 것이다.

적장의 목을 베기 위해 지금까지 몇몇 더불어민주당 의원들이 도전했었다. 장관청문회에서는 '3M' 최강욱, '이모' 김남국, '취중' 이수진 의원들이 '한동훈 저격수'가 되고자 했었으나, 실패해서 오히려 비웃음만 샀던 바 있다. 이후 대정부질문에서 수많은 의원들이 때로는 호통치고 억지 부리며 한동훈에게서 '죄송합니다' 한마디를 듣기 위해 노력했다. 그간 더불어민주당이 한동훈을 장관직에서 사퇴시키기 위해 어떤 노력을 해왔는지 잠시 살펴보자.

2022년 늦가을, 이태원에서 참사가 벌어졌을 때 '한동훈 장관이 마약 수사에 집중하라는 지시를 내려서 경찰의 군중 통제 인원이 부족해서 벌어진 일이다. 그러니 한동훈은 사퇴해야 한다'라는 주장을 하기도 했다. 교육부 장관에 임명되었다가 아들의 학폭 문제로 철회되었던 정순신의 경우, '왜 인사검증을 제대로 못 했느냐. 그러니 한동훈은 사퇴해야 한다'는 주장이었다. 헌법재판소에 '검수완박법'에 대한 판단을 받았던 경우에도, 야당 의원들은 '한동훈 장관은 5:4로 헌재 재판에 의해 청구가 기각되었으므로 사퇴해야 한다' 이렇게 주장했다. 모든 현안은 더불어민주당에는 기-승-전-한동훈 사퇴로로 이어졌다. 역설적인 것은 한동훈은 더불어민주당이 때릴수록 더 인기를 얻고 있다.

때릴수록 강해진다

한동훈이 공격을 받을수록 인기를 얻는다는 것. 어딘가 기시감이 느껴진다. 바로 윤석열 대통령이 이러했기 때문이다. 검찰총장 근무 시 추미애 전 법무부장관이 직무 정지를 시키기도 하고 박범계 장관이 인사권을 동원하여 팔다리를 다 잘라 '식물 총장'을 만들어 놓는 과정이 오히려 윤석열을 빛나게 해주었다. 더불어민주당의 탄압과 공격을 받는 윤석열 당시 검찰총장의 모습이 지지층을 결집시키는 효과를 불러일으킨 셈이다. 이때 정치권에서는 윤석열에 대해 자체 발광이 아닌 당시 여당의 탄압이라는 빛을 받아야 하는 반사체라고 평가 절하했지만 결론적으로 그는 대통령이 되었다. 한동훈 역시 이와 비슷하다. 한동훈이 더불어민주당에 의해 '공공의 적'으로 규정되어 공격당하는 모습은 과거 윤석열 총장이 빛이 나도록 했던 장면과 겹쳐져 보인다.

윤석열과 한동훈은 더불어민주당의 공격 목표가 되었지만 역설적으로 그로 인해 인기와 지지를 얻었다는 공통점이 있다. 차이가 있다면, 이들을 때리는 더불어민주당의 입장이다. 윤석열을 공격할 때는 집권 여당이었지만 지금은 제1야당이다. 더불어민주당이 공격할수록 우파경향의 국민들은 '좌파가 공격하니까 지금 잘하고 있는 거구나'라고 오히려 더 지지를 받는다.

과거의 윤석열을 빛나게 해주었던 인물들이 추미애, 박범계를 주축으로 한 좌파 공직자들이었다면 지금 한동훈을 빛나게 해주는 좌파 정치인들은 처럼회 소속 최강욱, 김남국, 이수진 의원, 김의겸 의원 등 이들의 역량이 부족한 것이 드러나자 총선을 앞둔 시점에서 검사장 출신 김회재 의원, 종편 패널 박용진 의원 등이 합세하기도 했다. 아직까지 이들 의원들이 한동훈 장관을 무너뜨렸다는 소식은 들려오지 않는다.

단순한 현상으로만 본다면 한동훈은 때릴수록 강해진다. 조금 더 깊이 들어가 보자. 왜 한동훈은 때릴수록 더 강해지고 응원을 받을까? 한동훈에게는 '이해관계'가 없기 때문이다. 정치인은 누군가에게 빚을 지거나 경제적으로 도움을 받으면 판단이 흐려질 수밖에 없다. 일명 계파 정치인들을 보면, 무엇이 옳은지를 따지지 않는다. 단지 누구 계열의 사람인가에 따라 판단이 달라진다. 뇌물을 받는 정치인들을 보라. 사업자들에게 편의를 제공해주는 대가로 금품을 수수하는 경우가 대부분이지 않던가. 정치적으로 경제적으로 이해관계가 있으면 일명 대리인 문제agency problem가 발생할 수밖에 없다. 즉 국가를 위해 권한을 위임받은 공직자, 정치인들이 자신의 이익과 편의를 더 우선해서 챙기는 경우가 생기는 것이다.

2023년 4월 윤석열 대통령이 거부권을 행사했던 '양곡관리법'을 보자. 양곡관리법의 핵심은 남는 쌀을 국가가 매수하여 농민의 생존권을 보장하겠다는 것이다. 언뜻 보면 농민의 생계를 위해주겠다는 명분이 있어 보이지만 자세히 뜯어보면 그렇지 않다. 점점 쌀 소비가 줄어들고 있는 상황이기에 농민들은 쌀 대신 다른 작물을 재배해야 한다. 그럼에도 양곡관리법을 통해 쌀을 남는 쌀을 무조건 국가에서 매입하게 되면 농민들 입장에서는 다른 작물을 재배하지 않고 쌀생산량을 늘리는 것이 경제적으로 도움 된다. 쌀의 소비는 줄어드는 반면, 쌀의 생산은 늘어나게 되고, 이 차이만큼 국가에서 비용을 들여 매입하는 악순환이 발생하게 된다. 예산 측면에서 1년에 1조 원 넘는 예산이 발생할 것으로 계산된다.

더불어민주당이 이러한 내용을 모를 리 없다. 무리가 된다는 것을 알면서도 억지로 양곡관리법을 통과시켜 대통령이 거부권을 행사하도록 만든 것은 국가가 아닌 민주당에 이익이 된다고 판단했기 때문이다. 정치적인 이익을 보면 우리나라 쌀 생산의 중심지역은 호남에 몰려있다. 민주당의 지지기반인 호남의 농민들에게 이익이 되는 법안을 통해 지지율을 끌어올리려는 계획이 숨겨져 있다. 농민을 위한 법안인데 대통령이 이를 거부한다는 정치공학적인 기술도 가능함은 물론이다. 대한민국이라는 큰 틀에서 보면 예산이 낭비되고 장기적인 쌀의 수급 상황에도 맞지 않는 법안이지만 '양곡관리법'은 민주당 입장에서 보면 전혀 손해 보는 장사가 아니기 때문에 머릿수로 법안표결을 추진했다. 대통령의 거부권에 항의하며 삭발까지

했던 민주당 의원들은 과연 거부권에 항의하기 위해 삭발했던 것일까? 아니면 2024년의 국회의원 선거에 대비해서 자신들에게 유리한 그림을 만들기 위해 삭발했던 것일까?

한동훈은 이런 식의 '자기 이익'을 위해 또는 계파나 조직의 이해관계에 얽매일 필요가 없다. 그렇기에 그는 항상 '국가의 이익'을 기준으로 판단할 수 있다. 이 점이 한동훈이 누구에게 질문받아도 항상 떳떳하게 의견을 밝히고 자기주장을 할 수 있는 힘이 된다. 반대로 민주당 의원들은 자신의 이익을 위해 한동훈을 공격한다. 한동훈을 무너뜨려야 자신의 정치생명이 연장되기 때문이다.

법무부장관인 한동훈이 펼친 법무행정에 대한 옳고 그름을 따지는 것이 아니라 사퇴시킬 이유만 찾으려 하니 옹졸한 질문만 하게 된다. 4성 장군 출신의 민주당 김병주 의원은 2023년 4월 국회대정부 질문에서 대체복무요원 숫자를 모른다는 이유로 한동훈에게 본업에 충실하지 못하다는 비난을 했는데, 알고 보니 법무부 파견 대체복무요원 관리 주체는 법무부가 아닌 국방부와 병무청이었다. 이에 대해 한동훈이 '장학퀴즈냐?'라고 했던 것은 김병주의 의도가 뻔했기 때문이다. 정말 대체복무요원의 처우에 관심을 가졌다면 국방부장관에게 묻거나 그들의 처우에 대해 질문했어야 하는데 김병주는 다짜고짜 몇 명인지 아느냐 모르느냐, 모르면 직무유기다라는 설득력 없는 주장을 했다.

검수완박에 대해 헌재에 심판청구를 했을 당시, 검사장 출신의 민주당 김회재 의원은 "검수완박 합헌 판결이 나면 장관 사퇴할 거냐"라며 내기하듯 묻기도 했었다. 이와 같은 질문과 주장들은 국민의 이익을 위한 것일까 아니면 의원들 자신을 위한 것일까?

한동훈을 때리려는 시도에 불순한 의도, 즉 자신의 이익이 걸려 있기에 그 시도들이 성공적이지 못하다. '국민'이라는 기준점을 가진 공직자에게 '사익'이 걸린 의원들이 아무리 질문을 퍼붓고 호통치고 라디오에서 한동훈에 대한 험담을 늘어놓는다 해도 통할 리 없다.

엄밀히 말하면, 한동훈은 때릴수록 강해지는 것은 아니다. 때릴수록 한동훈이 가진 가치관들이 잘 드러나는 것뿐이다. 한동훈의 가치관에 공감하기도 하고, 기득권이 되어버린 586 정치인들의 억지에 멋진 말로 반격하는 모습에 환호하기도 하는 것이다. 한동훈은 때릴수록 강해지기보다는 때릴수록 가치가 더 명확해지는 인물이라 할 수 있다.

한동훈이 하면 다르다

한동훈은 현재 여당인 국민의 힘의 비상대책위원장이다. 국민의 힘에서는 한동훈 위원장을 영입하여 떨어진 지지율을 끌어올리고, 얼마 남지 않은 총선을 이끌어갈 든든한 장수가 되어주길 바라고 있다. 윤석열 대통령 입장에서도 중간평가의 성격을 띤 총선에서 승리하여 남은 임기 동안 하고자 하는 일을 힘 있게 추진하기 위해서는 가장 신뢰하고 전투력이 있는 사람이 필요했을 것이다. 그 사람이 바로 한동훈 위원장이었다. 반면, 진보진영에서는 한동훈 위원장이 정치판에 들어오기 전부터 엄청난 견제를 하며 경계의 목소리를 높였다. 그만큼 한동훈이 불러일으킬 바람을 두려워했기 때문일 것이다. 그 경계의 목소리를 정리해 보면 이렇다.

● 더불어민주당 김종민 의원 2023년 1월 18일 CBS라디오 '박재홍의 한판승부'

"정치 그만하시고 행정에 충실하시는 게 좋고요, 정치하시려면. 계속 말도 나오던데 아예 당대표 출마를 하시든가 아니면 내년 총선 준비를 위해서 빨리 지역구를 정하시든가 하십시오."

● 더불어민주당 박찬대 의원 2023년 1월 19일 MBC라디오 '김종배의 시선집중'

"본인이 검사인지, 장관인지 아니면 정치하는 사람인지 헷갈려하는 것 같아요. 저번에도 부스럭대는 소리를 듣고 돈 봉투 만지는 소리라는 제가 볼 때는 거의 헛소리를 하셨는데 정말 그런 발언하고 싶다면 장관직 내려놓고 출마하시는 게 적절하지 않나. 그런 신통력 발휘하는 장관은 처음 봤습니다."

● 더불어민주당 우상호 의원 2023년 1월 17일 YTN라디오 '뉴스킹 박지훈입니다'

"그 사람은 입 좀 다물라고 하세요. 법무부장관인데 왜 이렇게 말이 많아요? 특정 사건에 대해서도 원래 물어봐도 대답을 안 하는 것이 법무부장관의 무거운 태도인데 너무 가벼워요. 이재명 대표 잡으려고 하는 의도가 너무 노골적으로 드러나면서 '그 입 다물라' 제가 충고하고 싶습니다."

● 더불어민주당 고민정 의원 2023년 1월 17일 MBC라디오 '김종배의 시선집중'
"장관을 그만두셔야 하는 발언들을 너무 많이 하시는 겁니다. 법무부장관이라면 개별 사건에 대해서는 일절 언급하지 않는 게 상식적인 것입니다. 장관을 할 생각이 없는 것인지, 법 위에 자신이 있다는 자신감 때문인 건지."

법무부장관 한동훈에 대해 온갖 비난과 조롱이 가득한 내용들이다. 그가 이와 같은 조롱에 타격을 받지 않는 것은 그 대상이 공직자 한동훈이 아닌 정치인 한동훈이기 때문이다. 정치 안 하는 한동훈에게 정치인으로서의 처신을 바르게 한다고 해서 무슨 타격이 있겠는가. 아무리 공격해도 타격감이 없다. 그가 공직수행 중에 잘못을 한다던가 부적절한 정책으로 국민의 반감을 사게 된다면 그것은 한동훈의 약점과 결함이 될 수 있겠지만, 그가 공직자로서 부적절한 행동을 했다는 이야기는 전혀 들리지 않는다. 민주당 의원들은 허공에 주먹을 휘두르고 있는 셈이다.

04 언더독 한동훈

영화나 드라마뿐만 아니라 실생활에서 대부분의 사람들은 약자가 성공하고 승리하는 것을 응원한다. 약자의 승리가 자신에게 어떠한 경제적 이익을 제공하지 않더라도 심리적으로 약자의 편이 되어 이기는 과정에 함께하기를 원한다. 사회과학에서는 이러한 심리를 '언더독underdog효과'라고 한다. 사람들은 무의식적으로 약자에게 동정심을 갖게 되고 응원하게 된다. 한발 더 나아가 약자가 역경을 극복하는 과정을 함께 지켜보며 자신이 그 상황에 놓인 듯 감정이입까지 하는 현상을 가리킨다. 참고로 '언더독'이라는 명칭은 투견장에서 승리한 개를 '탑독topdog', 패배한 개를 '언더독'이라 부른 것에 기인한다.

홀로 싸우는 언더독

냉정하게 보면, 한동훈은 결코 언더독이 아니다. 윤석열 정부의 법무부장관, 여당의 비상대책위원장 지위를 가지고 있는 그를 약자로 분류할 수는 없기 때문이다. 여러 장관 중에서도 법무부장관이면 국정 운영에 있어 상대적으로 더 주목받고 중요성을 가지기에 한동훈이 약자라는 말에 쉽게 수긍하기는 어렵다.

그럼에도 한동훈은 언더독으로 인식된다. 검사 시절엔 문재인 정권의 실세들로부터 공격받았고, 장관 시절에는 민주당 의원들에게 공격받고 있기 때문이다. 민주당 의원들은 TV나 라디오에 출연하여 한동훈에 대한 불만과 조롱을 쏟아낸다. 한동훈은 출근길 인터뷰 이외에는 개별적으로 TV나 라디오에 출연하여 자신의 입장을 밝히거나 자신을 공격하는 민주당 의원들에 대한 불만을 토로하지 않는다. 일방적으로 당하기만 하는 모습이다. 심지어 SNS를 통해 자신에 대한 가짜 뉴스, 음해에 대해 의견을 내놓지도 않는다. 한동훈이 민주당 의원들의 공격에 대처하는 방안은 오로지 출근길 인터뷰와 국회에서의 답변뿐이다.

한동훈의 상황을 보면, 사면초가의 상태에서 홀로 싸우는 모습이다. 민주당 의원들은 법무부장관이던 한동훈의 태도에 대해 '건방지다', '예의가 없다'라는 이유로 수많은 비난과 흠집 내기를 일삼았다. 현안이 발생하면 한동훈 장관은 이에 대한 책임을 지고 사퇴해야 한다고 주장했다. 여당인 국민의 힘에서는 한동훈에 대한 공격에 대해 적극적인 방어를 하지 않았다. 당시에는 한동훈 장관이 공직자로서 국민의 힘 당적을 가지지 않았기 때문이기도 하고, 한동훈이 알아서 잘하고 있으니 굳이 편을 들어줄 이유가 없다는 생각을 하기 때문이기도 하다. 솔직히 말하면 조금은 아쉬운 부분이다. 한동훈이라는 보수진영의 가장 강력한 차기 대선주자를 자신들의 국회의원 뱃지를 유지하기 위한 수단으로만 생각하는 국민의 힘 의원들이 상당수 있다고 보여지기 때문이다.

그렇지만 언더독으로 인식되는 것은 한동훈 위원장에게 그다지 불리하지 않다. 앞서 설명했듯, 사람들은 언더독에 대해 응원하는 마음을 가지기 때문이다. 대중은 약자가 시련을 이기는 모습을 보고 싶어 한다. 한동훈 위원장이 민주당의 공격과 음해를 극복하고 선거에서 이기는 모습을 보고 싶어 한다.

성장을 응원하는 감정이입

언더독 현상의 또 다른 특징은 '감정이입'이다. 주인공이 어려움에 처하면 그걸 지켜보는 자신도 어려움을 겪는듯한 감정을 느낀다. 주인공이 조금씩 성장하는 모습을 보며 점점 애착을 가지고 응원하게 되는 것이다. 한동훈은 거의 매일 TV에 나온다. 항상 국정 현안과 이슈는 발생하기 때문이고, 언론은 매일매일 한동훈 장관의 의견을 뉴스로 내보내고 있다. 대중은 한동훈 위원장이 처음 법무부장관

후보로 지명되면서부터 지금까지 거의 매일 한동훈을 접하고 있는 셈이다. 어떻게 보면 윤석열 대통령보다 더 자주, 더 많이 언론에서 다루어지고 있다. 대중의 관심이 그만큼 높다는 반증이기도 하다.

좌파진영에서 한동훈 위원장을 공격하는 포인트를 보면, 몇 개의 카테고리로 분류된다. 카테고리는 크게 국정 운영, 태도, 물타기 이렇게 세 가지로 나눠볼 수 있다. 우선 '국정 운영'에 대해서는 검수완박법을 헌법재판소에 가져갔던 한동훈의 행동에 대해 '헌법 가치를 훼손했다'라는 이유로 사퇴를 요구했다. 이후 헌법재판소에서 검수완박법 합헌 판결이 나오자 민주당에서는 '입법취지를 무시한 한동훈의 무리한 행동은 탄핵받아 마땅하다'는 주장을 펼쳤다. 민주당은 검수완박법에 대한 이슈로 크게 재미를 보지는 못했다. 검수완박법을 통과시키기 위해 위장 탈당, 회기 쪼개기 등의 편법을 동원한 것에 대해 헌법재판소에서는 적절하지 못했다고 판결했다. 검수완박법은 유효하기는 하지만 절차에 있어 정당성은 훼손되었다는 판결이다.

검수완박법 이슈로 한동훈을 탄핵할 수 있는 가능성이 줄어들자 다음으로 민주당이 꺼내든 카드는 법무부의 인사정보관리단 이슈였다. 국가수사본부장으로 내정되었던 정순신에 대해 아들의 학폭 의혹이 문제 되었을 때 민주당은 '왜 사전에 제대로 걸러내지 못했느냐, 인사검증 담당인 법무부장관을 탄핵해야 한다'는 주장이었다. 부실 인사검증 이슈 역시 길게 가지 못했다. 인사검증 시스템을 점검하여 보완하겠다는 한동훈의 답변이 있었기 때문이다. 미비한 점을 고치겠다는 한동훈을 탄핵시키기에는 명분이 부족했다.

이태원 참사에 대해서도 민주당에서는 한동훈을 탄핵해야 한다고 주장했다. 한동훈이 마약 수사에 집중하라는 지시를 내렸기 때문에 이태원에서 핼러윈데이에 경찰 병력이 부족했고 이로 인해 참사가 발생했다는 이유였다. 이 역시 탄핵할 정도의 명분은 아니었다. 마약 수사를 하는 인력과 군중 통제를 하는 인력이 따로 있었기에 법무부장관에게 책임을 물을 수 없었다. 민주당은 한동훈 대신 이상민 행정안전부 장관에 대해 탄핵소추안을 가결시키고 직무정지시켰다. 민주당 입장에서는 한동훈, 이상민을 주축으로 하는 정부 시스템에서 둘 중 하나만 제거해도 윤석열 대통령의 레임덕을 앞당길 수 있으리라 판단한 것으로 보인다.

다음 카테고리인 '태도'를 보면, 한동훈에 대해 항상 민주당이 하는 말들이다. '예의 없다', '오만방자하다', '건방지다' 등등 업무에 관련된 것이 아닌 국회의원들에 대한 태도가 불순하다는 비방이 주를 이룬다. 기존처럼 국회의원은 호통치고 정부 관료는 아무 말 못하고 쩔쩔매야 한다는 낡은 사고방식을 가지고 있는 586세대에게, X세대인 한동훈이 모든 질문에 대해 따박따박 눈 크게 뜨고 대답하고 한마디도 지지 않으려는 답변 태도를 용납하지 못하는 것이다.

법무부장관 한동훈에게 국회의원의 질문은 '토론'의 개념에 가깝다. 토론은 서로 이야기를 나누면서 답을 찾아 나가는 과정이다. 이

지점이 국회의원들과 한동훈 장관의 생각이 나뉘는 지점이었다. 국회의원들에게 '질문'은 장관 및 정부 관료 등을 혼내고 잘못을 지적하는 방법인데, 한 장관에게 질문은 토론의 시작단계였기 때문이다. 국회의원에게 대정부질문이란 상대방의 잘못을 지적하고 꾸중하는 수단인데 비해 한동훈에게 대정부질문은 현안 이슈에 대해 함께 의견을 모아보는 시작단계라는 차이가 있었던 것이다.

한동훈 입장에서는 물어보는 것에 대해 자신의 의견 또는 법무부의 입장을 답변하는 것뿐인데 건방지다며 태도를 문제 삼는다. 야당 국회의원들이 바라는 것은 꾸짖을 때 조용히 입을 다물고 있으면서 공손하게 "의원님 말씀 잘 새겨듣겠습니다"라고 하는 것이 장관의 모습인데, 한동훈은 "의원님이 잘못 알고 계신겁니다"라고 한다. 심지어 "국민들이 어떻게 보실지 걱정됩니다"라는 식의 답변으로 화를 돋우기도 한다. 이와 같은 한동훈의 모습들은 민주당 의원들에게는 눈엣가시로 보일 수밖에 없다.

마지막으로 '물타기' 역시 한동훈 장관을 공격하는 이유라 할 수 있다. 내부의 혼란과 갈등을 외부의 적에 대한 공격으로 무마시킨다는 전략이라 볼 수 있다. 민주당 내부는 이재명 당 대표에 대한 사법리스크와 친명계, 반명계 간의 갈등으로 내부적으로 많은 문제가 산적해 있다. 내부적인 갈등을 해결하기 위해 외부의 적, 즉 한동훈을 목표로 삼는 것이다.

한동훈을 탄핵하는 것이 억지스러운 일이라는 것을 민주당 의원들이 모를 리 없다. 사실을 알면서도 내부 갈등을 무마시키기 위해 한동훈의 탄핵을 주장한다. 민주당의 이재명 대표나 노웅래 의원에 대해 체포동의안을 발표할 때를 기억해보자. 한동훈 장관이 혐의 사실을 너무 자세히 이야기했다고 비난했다. 만일 장관의 발표가 짧고 간단했으면 어땠을까? 혐의사실도 없는데 정치탄압을 위해 체포동의안을 발표했다고 비난했을 것이다. 그렇다. 해도 비난, 안 해도 비난인 상황이다. 마치 영부인 김건희 여사가 공식행사에서 비싼 장신구를 하면 '비싼 장신구를 해서 서민층에게 박탈감을 준다'고 비난하고, 값싼 장신구를 하면 '서민 코스프레를 해서 오히려 서민층에게 박탈감을 준다'고 비난하는 것과 비슷하다. 한동훈이 뭘 하든 민주당에서는 닥치고 비난이다. 그렇게 해야 민주당 내부에서 누가 친명인지, 누가 강경파인지 확인도 가능하고 내부 규율도 잡을 수 있다고 생각하는 듯하다.

한동훈이 국정 운영, 태도, 물타기 등의 이유로 해서 공격받을 때 그를 지지하는 대중과 중도성향의 국민들은 한동훈에 대한 공격이 과연 타당한가를 따져본다. 만일 한동훈에 대한 지적과 비판이 근거 있고 국익을 위한 정상적이라면 문제 될 것이 없다. 그러나 지금까지의 흐름을 보면, 한동훈에 대한 수많은 비방들은 청담동 술자리 의혹처럼 근거도 없고 수긍하기 힘든 것들뿐이었다. 한동훈을 바라보는 대중의 입장에서는 한동훈만 억울하게 계속 당한다는 생각을 하게 되는 상황이다. 억울한 일을 당하는 한동훈을 응원하면서 감정이입하게 되는 것. 한동훈이 비록 법무부장관이었고 현재는 여당의 비상대책위원장 자리에 있는 대한민국 최고 권력층이기는 하지만 한편으로는 언더독으로 인식되고 응원을 받는 이유이기도 하다. 윤석열 대통령이 검찰총장이던 시절을 생각하면 이해가 쉽다. 검찰총장이라는 최고 권력자였지만 상부의 압력으로 꼼짝 못 하게 되자 그를 자발적으로 응원하는 세력이 생겨나지 않았던가. 한동훈 역시 그를 공격하는 민주당 의원들에 대한 반발심으로 대중의 지지세를 넓히는 기회를 얻을 수 있을 것이다. 윤석열 대통령 만들기의 1등 공신이 추미애 전 법무부장관이라는 우스갯소리가 있듯, 몇 년 후엔 한동훈 대통령 만들기의 1등 공신은 민주당에서 나오지 않을까 싶다.

05 갈라치기의 종료

대한민국은 끊임없이 우리 편을 걸러내는 사회다. 특히 학연, 지연, 혈연은 상대방이 우리 편인지 판단하는 기준이 된다. 수많은 대학에 개설된 최고경영자 과정은 뭘 배우기 위한 목적보다 인맥을 넓히는 수단으로 활용되고 있는 것이 현실이다. 정치권을 보면 영남 지방엔 영남 출신의 국회의원이, 호남 지방에는 호남 출신의 국회의원이 당선되는 경우가 대부분이다. 전라도 출신의 인물이 대구, 부산에서 국회의원으로 당선되는 일은 쉽게 상상하기 어렵다. 학연, 지연, 혈연에 의한 부작용과 폐해가 있다는 것은 누구나 알고 있지만 쉽게 없앨 수 없다는 것 역시 사실이다.

우리 편을 걸러내는 또 다른 거름망이 있다. 정치 성향이다. 좌파냐 우파냐 하는 기준이 바로 그것이다. 좌파는 진보이고 더불어민

주당을 지지하는 반면 우파는 보수이고 국민의 힘을 지지한다는 일
종의 판단기준이라 할 수 있다. 세대, 성별 역시 우리와 그들을 나누
는 도구로 사용되고 있다. 조금 더 깊이 들어가면 페미니즘, 성 정체
성 등등 여러 가지 도구들이 우리 편과 남의 편을 구분 짓는 도구로
사용되고 있다. 한마디로 수많은 이념과 사상들이 나와 남을 나누는
갈라치기의 도구로 악용되고 있는 것이다.

한동훈이 앞으로 정치를 하게 된다면 그 역시 이러한 기준들에 의
해 판단을 받게 될 것이다. 우선 우리 사회에 드러난 수많은 갈라치
기 도구들을 살펴보고, 한동훈은 이에 대해 어떻게 대응할지 예상
해 보기로 한다.

학연

우리나라는 어느 대학을 나왔느냐가 그 사람을 평가하는 기준으
로 평생을 따라다닌다. 또한 '가방끈'이라 불리는 학력 역시 마찬가
지다. 고 노무현 대통령을 보자. 그를 수식하는 여러 단어 중의 하나
가 '고졸 출신 대통령'이었다. 노무현 대통령에게 있어 고졸 출신이
라 것은 그럼에도 불구하고 사법시험에 합격하고 대통령까지 올랐
던 위대한 인물이라는 점을 강조하기 위한 수식어였다. 21대 국회
의원 중 광주 서구 을의 양향자 의원 역시 고졸 출신이다. 삼성전자
에 고졸 직원으로 입사해서 임원까지 오른 이력을 가지고 있다. 공

식적인 학력은 한국디지털대학교 인문학 학사와 성균관 대학교 대학원 전기전자컴퓨터공학 석사이지만 첫 사회생활을 고졸 출신으로 시작했기에 아직까지 양 의원은 고졸 출신이라는 배경이 주목받기도 한다.

우리나라에서는 대학교를 졸업하지 않으면 안 된다는 인식이 강하다. 누군가 대단한 인물에 고졸 출신이라는 수식어를 붙이는 것은 그가 어려운 환경에서도 성공을 이루어냈다는 존경의 마음이 담겨있음과 동시에 한편으로는 고졸이라는 학력에 대해 얼마나 무시하는지를 드러낸다고 볼 수 있다. 사실, 학벌로 사람을 평가하는 것은 나쁜 것이라 할 수 없다. 어느 대학을 졸업했는가는 학창시절 얼마나 성실하게 학업에 임했는지, 얼마나 공부를 열심히 또는 잘했는지를 가장 단적으로 나타내는 지표가 될 수 있기 때문이다. 냉정한 이야기지만 지방 소재 대학교에 입학한 학생보다 서울 소재 대학교의 학생이 더 공부를 잘했을 가능성이 높다. SKY-서성한 등의 대학 서열이 있는 것은 어쩔 수 없는 현실이다. 그렇기에 학벌, 학연은 대단히 편리하게 사람을 판단하는 도구가 된다. 어느 대학을 나왔다고 하면 대략 어느 정도로 공부를 했는지 견적이 나오기 때문이다. 그 자체로는 나쁘다고 할 수 없다. 문제가 되는 것은 취업시장, 고용시장 또는 정부, 기업에서 학연만으로 취업과 승진 여부가 결정되는 불공정한 경우다. 입시 비리, 입사 비리가 최근들어 엄중하게 다루어지는 것은 '공정함'에 대한 가치가 그만큼 높아지고 있다는 뜻으로 해석할 수 있다.

　학연은 비단 우리나라에만 있는 것이 아니다. 선진국이라는 미국 사회에서도 어느 대학을 나왔는가, 일명 아이비리그라 하는 명문대 서열이 있다는 것은 부정할 수 없다. 거기서도 서로 동문을 끌어주고 밀어주고 하는 모습들이 있으니 학연은 무조건 나쁜 것이라 할 수 없다는 뜻이다. 나쁜 것은 학연이라는 이름으로 저질러지는 수많은 불공정한 모습들이다. 누구나 출신학교에 따라 학연은 있을 수밖에 없지 않겠는가. 출신 학교가 같다는 이유로 불공정한 혜택을 주거나, 다른 학교 출신에게서 기회를 박탈시키는 것이 문제가 된다.

　한동훈은 어떨까? 그는 서울대 출신이다. 그가 원하기만 하면 동문이라는 이름으로 많은 혜택을 얻을 수 있다. 그런데도 한동훈은 지금까지 학연을 이용해서 자신의 이익을 챙기지 않았다. 검사로 임용되는 과정은 사법고시 패스라는 과정이었고, 그가 검사로 승승장구할 수 있었던 것은 그의 수사 실력 덕분이었다. 술을 싫어해서 회식에 참석하지 않고, 꼴보기 싫은 선배들 때문에 장례식장에도 잘 안 간다는 그의 말로 미루어볼 때, 그는 학연을 통해 이익을 얻지 않았다는 것과 다른 사람에게도 학연을 이유로 이익이나 불이익을 주지 않으리라는 점을 유추할 수 있다. 그가 법무부장관이 되었을 때 유배지로 보냈던 검사들을 보면 이성윤, 이정수, 이정현, 심재철, 이종근, 정진웅이다. 이들 중 심재철, 정진웅 검사는 같은 서울대 동문이다. 한동훈에게는 서울대 동문의 인연은 통하지 않았다.

한동훈이 언젠가 대통령으로 선출되고, 국정 운영을 한다면 학연이 없는 것이 장점이자 단점이 될 것이다. 우선 장점으로 꼽을 수 있는 것은 사람을 뽑을 때 그의 능력을 볼 것이라는 점이다. 이점이 동시에 단점으로 작용할 수도 있다. 우리 사회에서 실력이 좋다는 사람들은 대부분 서울대 출신이니 그러하다. 실력이 좋아서 뽑으니 서울대, 능력 있어 뽑으니 서울대. 이런 식이 되지 않을까 싶다. 그를 비판하는 쪽에서는 결국 한동훈도 서울대 출신, 검사 출신만으로 내각을 구성하는 것 아니냐 하는 소리를 들을 수도 있다.

지연, 혈연

교통의 발달로 전국의 생활권이 일일생활권이 되고, 지방에서 수도권으로 이주를 많이 함에 따라 지연과 혈연은 80년대에 비하면 많이 사라졌고, 앞으로도 이러한 상황은 이어질 것으로 보인다. 우리 사회는 지연과 혈연에 따라 정치 성향이 유사한 방향으로 결정되는 모습을 보인다. 지역색은 경상도와 전라도가 상대적으로 강한 편이다. 경상도는 국민의 힘이 텃밭이고 전라도는 민주당의 텃밭이다. 선거하면 막대기만 꽂아도 막대기가 당선된다는 지역이기도 하다. 서울과 수도권은 지연이나 혈연에서 비교적 자유로운 분위기다. 물론 서울 지역 내에서도 자치구마다 일정한 정치 성향이 고정되어 있기도 하지만 절대적이지는 않다. 2022년 서울시장 보궐선거에서 국민의 힘 소속 오세훈 후보가 서울 전 자치구에서 우세한 결과를 얻었기 때문이다.

21대 국회의원 선거에서는 서울의 경우, 부유층이 밀집한 강남 3구와 용산구에서만 국민의 힘이 당선되고 나머지 모든 지역구에서 민주당 의원들이 당선되었던 것을 감안하면 서울시장 선거결과는 상당히 이례적이라 할 수 있다. 이를 통해 알 수 있는 것은 서울과 수도권 유권자들은 지지하는 정당을 따로 정해놓지 않는다는 것. 이제 지연이나 혈연은 한반도 남부의 일부 지역에는 지역색이라는 이름으로 아직 남아있지만 서울, 경기지역에서는 지역색은 점점 옅어지고 있다.

한동훈은 지연과 혈연에 있어 큰 영향을 받지 않을 것으로 보인다. 강원도와 서울에서 학창시절을 보냈기에 특별한 지역색을 가질 이유가 없다. 대통령이 되어 장관을 임명을 할 때에도 한동훈 자체의 지연과 혈연은 큰 영향이 없으리라 예상된다. 내각 각료들의 인사를 함에 있어 한동훈이 능력에 초점을 맞춘다면 한동훈이 지연에 의해, 혈연에 의해 인사를 한다고 꼬투리 잡을 수는 없을 것이다. 윤석열 대통령이 이미 이를 증명하고 있다. 몇몇 인사들이 과거의 잘못된 행적으로 인해 민주당 의원들의 비판을 받기는 했지만, 윤석열은 대부분의 인사를 능력기준으로 하였기에 특별한 잡음은 없었다. 과거의 대통령들이 정치적 동지들에게 마음의 빚을 갚기 위해 인사업무를 했던 것과 비교하면 확실히 윤석열 대통령의 인사업무는 이전에 비해 공정함 측면에서 향상되었다는 점을 발견할 수 있을 것이다. 한동훈 역시 인사업무에 있어 누구를 챙겨주어야 하거나 지역별로 누구를 안배해야 한다는 등의 제약이 별로 없을 것으로 보인다. 윤석열과 마찬가지로 한동훈은 정치적인 빚을 전혀 지지 않았기 때문이다.

직전의 문재인 대통령은 정치적인 빚도 많았고, 마음의 빚도 많았다. 촛불집회를 함께해주었던 민노총을 보라. 당당하게 대통령에게 청구서를 내밀지 않았던가. 문재인 정부 기간 동안 별다른 제약을 받지 않고 민노총은 당당하게 불법시위를 이어나갈 수 있었다. 지금은 어떠한가. 그간 민노총이 문재인을 등에 업고 저질렀던 일들이 하나씩 드러나고 있지 않은가. 윤석열의 원칙과 강경 대응으로 민노총뿐 아니라 화물연대 역시 와해되고 있다. 누군가에게 빚을 지지 않으면 이렇게 원칙과 소신대로 정치를 할 수 있다. 한동훈은 누구에게 빚이 많을까? 없다. 윤석열이 그러했듯, 한동훈 역시 올바른 정책을 펼쳐나갈 때 눈치 볼 일은 없을 것이다.

윤석열 vs 한동훈

윤석열과 한동훈은 공통점이 많다. 서울대학교를 졸업했다는 학벌도 같고, 검사라는 직업도 공통점이다. 대통령과 여당을 이끌고 있는 비상대책위원장이라는 우리나라 최고 자리에 있다는 점에서도 같다. 정치적으로도 상대진영의 집중포화를 받고, 그 반사작용으로 대중의 지지와 응원을 받고 있다는 점도 비슷하다. 반면 차이점도 있다. 우선 리더십 스타일을 보면 윤석열이 보스형 기질을 가지고 있는 것에 비해 한동훈은 리더형 기질을 가지고 있다. 매력의 측면에서도 스타일이 다르다. 윤석열은 함께 식사를 하고 술을 마시면서 허심탄회하게 이야기를 나누면서 인간적인 유대와 신뢰를 쌓는다. 국민의 힘 의원들이 윤석열 대통령과 몇 번 식사했느냐 하는 것으로 일명 윤심이 어디에 있는지 파악하는 기준으로 삼고 있다는 점을 보면 알 수 있다. 국민의 힘 전 당대표였던 김기현 의원을 보면 당대표 선거 당시 대통령과 식사했다는 사실을 자신에게 윤심이 있다는 주장의 근거로 활용했던 것을 보면 알 수 있다.

반면 한동훈은 식사와 술을 하면서 친분을 쌓지 않는다. 누구와 술자리를 했다는 보도는 지금까지 없었다. 청담동 술자리 사건 때도 한동훈은 자신이 새벽에 누구와 술자리를 가진다는 것 자체가 말이 안 되는 이야기라고 자신 있게 이야기했을 정도다. 예상컨대 한동훈은 같이 밥 먹고 술 먹는 것으로 친분을 쌓을 것 같지는 않아 보인다. 이제 윤석열과 한동훈, 이 두 사람의 몇 가지 특징을 비교해 봄으로써 한동훈에 대해 조금 더 깊은 이해를 해보도록 하자

리더십 스타일

리더십 스타일은 앞서 설명했듯, 윤석열은 보스형이다. 보스형 스타일은 지시가 명확하고 의사결정이 빠르다는 장점을 가지고 있으나 의사소통의 부족과 보좌관, 실무진들의 정책 아이디어와 창의성이 전달되기 어렵다는 단점을 가지고 있다. 윤석열 대통령에 대해 더불어민주당이 '소통이 없다', '정치를 독단적으로 한다', '국정 운영에 있어 검사들만 기용한다'는 비판을 받는 것은 윤석열 대통령이 자신의 기준에 따라 장관을 임명하고 '노란봉투법', '양곡관리법' 등 민주당에서 발의하여 통과시킨 법들에 대해 거부권을 행사하기 때

문이다. 물론 노란봉투법과 양곡관리법은 더불어민주당이 노동운동단체, 농민단체의 표를 의식한 포퓰리즘 정책이다. 그럼에도 불통의 이미지가 강한 것은 국민에게 설득하고 설명하는 과정이 보이지 않기 때문이다. 국민 간담회 또는 기자회견을 통해 더불어민주당이 추진하는 법률들의 문제점을 설명하는 자리를 마련했다면 야당에서도 정치적 공세를 계속하기는 어려웠을 것이다. 한덕수 국무총리와 국민의 힘 당대표가 더불어민주당의 말도 안 되는 포퓰리즘 입법에 대해 거부권을 건의했다고는 하지만 그 중량감에 있어서 윤석열 대통령이 직접 자리를 마련했으면 더 좋았을 것이라는 아쉬움이 있다.

한동훈의 리더십은 '리더형'이다. 앞에서 모범을 보여주며 함께 프로젝트를 완성해나가는 스타일이다. 일반 기업 조직의 경우, 리더 스타일의 장점은 조직 구성원들의 적극적인 참여를 이끌어낼 수 있으며 프로젝트를 함께 완성해나갈 때 동기부여와 함께 동지의식이 강해진다는 장점을 가지고 있다. 반면 단점도 있는데, 의사결정에 있어 '합의' 과정이 필요하기 때문에 시급한 사항에 대해 단점으로 작용할 수 있다.

지금까지 한동훈이 보여준 업무역량, 업무 스타일을 보면 한동훈은 위에서 일방적으로 지시를 내리거나 독단적으로 업무를 추진하지 않았다. 이민청 설립의 사례를 보자. 이민청에 대해서는 한동훈이 처음 법무부장관으로 취임할 때 취임사에 이미 계획이 발표되었고, 국정감사 과정에서도 충분한 논의를 했다. 국민에게 이민청을 홍보하고자 대전과 울산을 방문하여 외국인 학생과 근로자와 간담회를 하면서 이민청 설립의 필요성을 알리고자 노력했다. 법무부장관 한동훈이 꾸준히 이민청 설립을 추진한 결과, 국민들은 이민청이 새로 설립될 것이라는 점을 충분히 받아들일 수 있는 상황이 되었다. 물론, 이민청이 제대로 역할을 해낼 수 있는지, 내국인에게 피해가 가는 것은 아닌지, 이민청이 설립된 이후 시행착오를 겪으며 판단할 일은 남아있다. 이민청은 한동훈이 스스로 이야기하듯 욕먹을 것을 알면서도 추진했던 정책이다. 법무부에서 인사정보관리단을 운영하면서 장관, 고위공직자의 인사검증이 실패하면 그 비난의 화살이 한동훈 장관의 법무부에 쏟아졌던 것을 보면 예상할 수 있다. 앞으로 이민청은 한동훈 장관에게 눈부신 성공 사례가 되거나 지우고 싶은 실패 사례가 될 것이다.

커뮤니케이션 스타일

커뮤니케이션에 있어서도 다른 스타일을 보인다. 윤석열의 커뮤니케이션은 연설에 강하다. 그의 연설은 이전 정부의 무능함과 부패함에 지쳐있던 국민들에게 새로운 희망을 안겨주었고, 정권교체를 희망하던 유권자들에게 윤석열이 선택되어야 할 이유를 제시했다. 특히 그의 어퍼컷 세레모니는 그의 웅변을 더욱 돋보이게 했다.

윤석열 대통령의 커뮤니케이션 스타일은 단순 명료하고 행동파 스타일이다. 어찌 보면 공격적 스타일이라 할 수 있는데, 문학적 미사여구를 동원하거나 꾸며서 이야기하지 않는다. '현재', '여기서'와 함께 행동을 촉구하는 스타일이라 할 수 있다. 이러한 스타일은 명쾌하다는 장점이 있는 반면, 애매모호하게 이야기하고 빠져나갈 구멍을 만드는 정치인들의 언어는 아니다. 야당은 윤석열 대통령의 직설적인 화법에 대해 많은 비판을 했다. 특히 '불통'이라는 이미지를 성공적으로 씌웠다. 윤석열 대통령 입장에서는 yes/no를 구분하여 이야기하는 것이 야당 입장에서는 미리 결론을 내놓고 다른 이야기에는 귀를 기울이지 않는 불통 스타일이라고 주장할 수 있었기 때문이다.

개인적인 평가를 더해보자면, 윤석열 대통령은 '자유민주주의'라는 당연한 가치에 근거해서 정책 결정을 내리지만 그 과정에서 야당과 국민에게 설명하는 과정이 없기에 억울하게 오해를 받아 손해를 본다. 아쉬운 것은 대통령실 참모들 역시 윤석열 대통령의 스타일이라는 것. 참모들의 발언들도 그다지 친절하게 느껴지지 않는다. 2023년 초, 국민의 힘 당대표 선출 과정에서 대통령실 이진복 정무수석은 "아무 말도 하지 않으면, 아무 일도 일어나지 않을 것"이라는 희대의 망언을 했다. 그 배경은 안철수 당시 당대표 후보가 윤안연대(윤석열-안철수 연대), 윤핵관(윤석열 핵심 관계자) 등의 표현을 쓰는 것에 대해 엄중 경고하는 차원에서 나온 발언이었다. 윤석열 대통령의 마음 즉, 윤심이 안철수 자신에게 향하고 있다는 안철수 의원의 주장에 대해 대통령실은 대통령을 당내 선거에 끌어들이면 안 된다는 취지로 말했던 것인데, 결과적으로 오만한 대통령실의 모습과 함께 안철수 후보를 배척하는 모습으로 당내 경선에 개입한다는 오해를 받기에 충분했다.

윤석열 대통령이 직설적 화법을 사용한다면 그의 참모들은 더욱 세밀하게 커뮤니케이션을 했어야 하는데 대통령과 참모들 모두 직설화법을 사용함으로써 결과적으로 용산은 모두 불통에다가 말이 안 통하는 사람들이라는 오해를 받게 된 셈이다. 윤석열 대통령의 취임 초기, 기자들 앞에서 현안 질문을 받았던 '도어스테핑'은 윤석열 대통령의 국정 철학을 날것으로 들을 수 있었던 좋은 기회였으나 MBC 기자와의 마찰 때문에 중지되었던 것은 참으로 아쉬울 따름이다.

그에 반해 한동훈은 적극적인 스타일의 커뮤니케이션을 한다. 한동훈의 언론인터뷰를 보면, 한동훈은 곤란한 질문에 얼굴을 찡그리거나 왜 같은 질문을 반복하느냐 언짢다는 표시를 하지 않는다. 한동훈에게 쏟아졌던 정치인, 언론인들의 "정치할 거냐? 한동훈 차출설에 대해 어떻게 생각하냐?" 등등의 질문을 반복해서 받았음에도 한동훈은 한결같았다. '하루하루 최선을 다하고 있다'는 요지였고, 같은 질문을 받았을 때 "일전에 답변드린 것에서 변한 것 없다"는 답을 반복했다. 이러한 반복적인 질문 이외에도 한동훈은 더불어민주당 의원들이 자신에게 호통칠 때 같이 맞받아서 화를 내거나 하지 않는다. 오히려 논리적으로 차분하게 답변하면서 자신을 공격하는 상대 의원의 이야기에 어떤 허점이 있는지 짚어낸다.

한동훈에게 국정감사, 대정부질문은 현안 이슈에 대해 서로 토론하는 자리다. 누가 누굴 윽박지르는 자리가 아니다. 한동훈을 공격하는 야당 의원은 이때부터는 한동훈의 말이 맞느냐, 사실관계에 부합하는가를 따지지 않는다. 건방진 태도가 문제라는 식으로 화를 낸다. 장관을 윽박지르고, 이러한 모습을 지지자들에게 보여줌으로써 자신의 정치적 입지를 굳히고자 하는 목표가 있을 뿐이다. 한동훈이 이를 모를 리 없다. 그럼에도 한동훈은 아무리 어처구니없는 질문이라도 논리적으로 답변함으로써 최대한 커뮤니케이션을 하고자 한다.

언론의 질문, 국회의원의 질문 구분하지 않고 어디서나 자신이 할 말은 하는 것이 한동훈의 커뮤니케이션 방법이다. 다른 말로 하면 한동훈이 다른 사람에게 논리와 근거를 기반으로 자신의 주장을 펼치듯, 다른 사람도 얼마든 한동훈에게 같은 방법으로 이야기할 수 있다는 뜻이다. '나는 말할 테니 너는 들어라'라는 스타일이 아니다. 너의 의견을 들어보겠다는 마음가짐이다. 지금까지 대한민국에서 찾아보기 힘든 유형의 커뮤니케이션 스타일이라 할 수 있다. 한동훈은 남의 말을 안 듣고 무조건 대드는 것이 아니다. 야당 소속의 류호정 의원과 질의 답변할 때 화제가 될 만큼 차분하게 서로 논의를 했던 모습이 있었다. 한동훈에게는 내 편, 네 편이 없다. 한동훈은 언제든 좋은 의견을 받겠다는 마인드를 가지고 있다.

정치이념

윤석열과 한동훈은 자유민주주의 체제와 시장경제 체제를 지켜야 한다는 절대적인 신념을 가지고 있다는 점은 동일하다. 약간의 차이가 있다면 어디에 더 높은 비중을 두는가인데, 윤석열 대통령은 '반국가세력'에 대한 척결 등 자유민주주주의 체제 관련한 철학을 많이 보여줬다. 한동훈은 시장경제 체제에 더 비중을 둔다. 한동훈 장관이 국정감사할 때 발언을 하는 것이나 언론인터뷰에서 더불어민주당 소속 의원들과 날카롭게 부딪히는 경우가 많기 때문에 이념적으로 보수에 편향되어 있는 게 아닌가, 라고 생각할 수 있지만 실제 한동훈 장관이 법무부장관직을 수행하면서 보였던 정책들은 '국익'과 '국민의 편익'에 집중되어 있다.

이민청 설립에 대한 부분이 이를 뒷받침한다. 한동훈 위원장이 자신의 정책 철학을 적나라하게 이야기했다. 이민정책은 인권이나 휴머니즘을 위한 것이 아니라, 어디까지나 국익을 위한 것이라는 점을 강조한 부분이 그러하다. 한동훈이 검사 시절 재벌들에 대해 가혹한 수사를 했던 것은 자본가에 대한 분노를 바탕으로 하지 않는다. 한동훈 검사의 입장에서 볼 때 자본주의, 시장경제에 적용되는 공정한 룰을 지키지 않는 것이 발견되면 수사를 시작했다. 즉 검사 한동훈의 치밀하고 철저한 수사는 '재벌 때리기'가 아니었다. 한동훈에게 기업가, 자본가는 혼내주어야 할 대상이 아닌 일자리를 만들고 대한민국의 국익에 도움이 된다.

정치이념 측면에서 윤석열 대통령과 한동훈 위원장의 정치는 자유민주주의 시스템, 경제는 시장 경제체제에 대한 신념이 있다는 점에서 동일하다. 윤석열과 한동훈은 공통적으로 반골 기질을 가지고 있지만, 그 기질은 권력자, 자본가를 향하는 것이 아니라 (부패한) 권력자, (범죄를 저지르는) 자본가를 향한다는 말이 좀 더 정확할 것이다.

윤석열의 존재는 한동훈에게 이득일까 손해일까

한동훈이 윤석열의 최측근이고 가장 신뢰받는 장관이라는 점은 부정할 수 없다. 이미 한동훈에 대해서는 윤석열 당선인이 "법무부 장관은 생각해 놓은 사람이 있다"라고 말한 것에서 한동훈을 점찍어 두었다는 점을 알 수 있다. 그리고 2019년 조국 수사로 인해 문재인 정권에서 함께 탄압을 받으면서 동지의식도 강화되었을 것이다. 윤석열 대통령은 한동훈에 대해 '독립운동하듯 수사한 사람'이라 표현함으로써 한동훈에 대한 신뢰와 믿음을 숨기지 않는다.

한동훈이 정치인이 된다면 윤석열 대통령의 존재가 한동훈에게 도움이 될지, 아니면 손해가 될지 냉정하게 따져봐야 한다. 만일 윤석열 대통령의 지지율이 60%를 넘는다면 한동훈은 이런 고민을 할 필요 없다. 문제는 윤석열 대통령의 지지율이 30%~40% 내외를 계속 유지함으로써 윤석열 대통령과의 관계를 어떻게 해야 한동훈에게 도움이 될 것인지 고민이 필요한 상황이다.

한동훈이 윤석열의 후계자로서 정치에 입문하게 되면, 윤석열 대통령의 지지율에 따라 한동훈의 지지율이 움직일 것이다. 물론 그와 무관하게 더불어민주당에서는 한동훈에 대해 '윤석열의 황태자', '윤석열의 아바타'라는 식의 프레임을 씌워 윤석열 정부의 자그마한 실수 하나에도 이슈를 만들어 한동훈을 공격하는 데 사용할 것이다. 법무부장관 시절 인사검증단에 대해 더불어민주당이 프레임을 씌워 공격했었다. 장관 인사를 하면서 장관후보자의 흠결이 드러나는 경우 법무부 인사검증단이 제대로 역할을 하지 못했다는 이유로 법무부에 그 책임을 묻고자 하는 것을 보면 앞으로도 어떤 상황이 될지 쉽게 예측할 수 있다. 정부의 잘못, 국민의 힘 잘못은 모조리 한동훈의 책임이 될 것이다.

냉정하게 이야기하면 한동훈은 윤석열 대통령과 연결되는 것이 본인의 득표와 정치적 입지에서 큰 도움이 되지는 않는다. 윤석열과 국민의 힘이 하나로 묶여있는 현 상황에서 한동훈이라는 인물이 국민의 힘에서 활동한다는 것은 득보다는 실이 많을 수도 있다. 정권 지지율, 정당 지지율이 지속적으로 40%대 밑을 유지한다는 사실을 감안하면 한동훈은 굳이 윤석열, 국민의 힘의 도움을 받을 이유가 없다. 국민의 힘에 입당하여 활동하면서 오히려 불쏘시개로 쓰고 버려질 위험도 있다.

황교안 전 법무부장관처럼 될 위험이 있다. 황교안 전 장관 개인은 훌륭한 인품을 가지고 있었음에도 당 대표를 하면서 '험지 출마' 요구를 수용하여 종로에 출마했다가 낙선하고 지금은 정치권에서 실질적으로 은퇴한 상황이다. 특히 황교안 전 대표가 부정선거 의혹을 제기했을 때 이준석 전 국민의 힘 당대표는 황교안에 대해 정신병자 취급함으로써 황교안의 정치적 입지를 흔들어 놓았다. 결국 황교안은 보수정당이 어려웠던 시기, 이용만 당하고 버려진 셈이다. 한동훈에게도 이러한 일이 벌어지지 않을 것이란 보장은 없다. 2024년 총선에 '필승카드'로 활용되어 여기저기 유세를 다녔는데, 총선에서 초라한 성적표를 받으면 한동훈은 정치입문과 동시에 은퇴 압박을 받을 수밖에 없다.

이미 불필요한 말이 되어버렸지만, 한동훈 입장에서는 국민의 힘에 소속되는 것보다는 윤석열 대통령이 검찰총장에서 바로 정치 입문했던 것처럼 국회의원 과정 없이 대통령 선거에 나서는 것이 훨씬 유리했을지도 모른다. 2024년 총선에 발을 담그지 않는 것이 한동훈이 만일 대통령이 되고자 한다면 더욱 안전한 방법이었을 것이다. 법무부장관직을 수행하면서 국민의 기대와 관심을 계속 모으고, 더불어민주당과 싸우면서 우파 지지자들을 결속시키는 심지의 역할 하는 것이 좋았을 것이다. 그러나 이미 정치인의 길로 들어서서 24년 4월의 국민의 힘 총선을 책임지기로 한 한동훈으로 서는 그의 성정상 최선을 다해 임할 것이 틀림없다. 결과가 어떻게 되든 말이다.

07 한동훈 vs 이준석

이준석과 한동훈은 여러 가지 면에서 공통점이 있다. 우선 젊다는 점에서 공통점을 가진다. 우파의 철학을 가지고 있다는 점도 공통되고 기성세대의 불합리한 관행과 꼰대스러운 모습에 순순히 따르지 않고 반항한다는 점도 공통적이다. 그럼에도 이준석과 한동훈은 여러 가지 면에서 극단적으로 다르게 인식되고 있다. 이준석의 반항은 '버릇없음'이고 한동훈의 반항은 '시원함'이다. 개인적인 예상을 더해보자면 이준석은 자신의 계획과 관계없이 2024년 총선을 마지막으로 정치권에서 사라질 것이고, 한동훈은 정치인 한동훈으로서 날개를 달고 2024년부터 활동을 시작하게 될 것이다. 젊은 정치인, 이 두 사람을 짧게 비교해 보았다.

리더십 스타일

이준석 전 국민의 힘 대표는 당대표로 선출될 당시 많은 기대를 받았었다. 아마도 지금의 한동훈 위원장에 대해 국민들이 기대하는 것처럼, 당시 이준석은 힘없이 좌파정권에 밀리는 국민의 힘에 새로운 활력을 불어넣고, 국민의 힘이 변화할 수 있는 원동력이 되어 줄 것이라는 응원과 지지를 받았다. 특히 20대 남자들, 일명 이대남이라 불리우는 그룹에 대해 관심을 불러일으키는 역할을 했다. 이전까지 이대남 계층은 투표에 적극적인 참여를 하지 않아 정치권에서는 관심의 대상이 아니었으나 이준석을 중심으로 제 목소리를 내고 투표에 적극적으로 참여함으로써 세력화될 수 있었다. 이준석은 표면적으로는 당대표로 있으면서 검찰총장이던 윤석열을 후보로 영입하고 대통령 당선에 역할을 했다고 볼 수 있다. 불행히도 지금은 이준석에 대해 국민의 힘 당대표 시절, 그가 어떤 리더십을 보였는지 잘 모르겠다. 기억나는 것이라고는 정치인이 되기 위한 시험을 도입하고, 대변인은 서바이벌 형식으로 뽑았던 것 빼고는 크게 기억나는 것이 없다. 오히려 윤석열 당시 후보가 선거 유세를 할 때 가출하듯 자리를 비웠다는 것. 지금은 윤석열 정부에 등을 돌리고 윤석열을 공격하고 있다는 점만 부각되고 있다.

리더로서의 이준석은 어떤 스타일이었는지 명확하게 정의하기 어렵다. 보스형으로서 강한 카리스마를 바탕으로 조직을 이끌었는지, 리더형으로 솔선수범하면서 다른 의원들이 따라오게 만들었는

지 기억하기 어렵다. 일명 '천아용인(천하람, 허은아, 김용태, 이기인)'
이라는 똘마니 그룹에 둘러싸여 여기저기 돌아다니고, 몇 년 전 성
접대를 받은 의혹만 있다. 결국 이준석은 국민의 힘에서 당원권 정
지 징계를 받기까지 했다. 이준석의 조직운영 스타일은 '이간질'을
기반으로 한다. 국민의 힘 당내에서 천아용인같은 충성그룹을 만들
어 놓고 그들과만 어울린다. 마치 동네 양아치가 불량배들과 어울
려 나쁜 짓을 하고 돌아다니는 모양새였다. 당의 변화를 이끌어내
기 위해 비전을 제시하고 구성원들을 하나로 모으는 대신, 적을 규
정해 놓고 공격함으로써 자신의 지지세력을 결속시켰다. 이준석이
택했던 적은 윤석열이었다. 대통령의 측근들을 '윤핵관'이라는 새로
운 명칭으로 공격하고, 양두구육이라는 모욕적 표현을 대통령을 향
해 쉴 새 없이 떠들었다.

한동훈에 대해서도 우파 지지자들은 많은 기대를 하고 있다. 과
연 그가 어떤 스타일로 국민의 힘에서 변화를 이끌어낼지 아직은 미
지수다. 그가 지금까지 보여줬던 모습을 근거로 예측해 보면 이렇
다. 첫째, 적어도 조직에 침을 뱉지는 않는다. 이준석의 가장 큰 잘
못은 대통령 선거 시기에 가출을 두 번이나 했다는 것. 대통령 선거
과정에서 국민의 힘 내부적인 갈등이 있었다거나 후보자의 선거 전
략에 불만이 있었다거나 이준석 개인으로는 할 말이 있을 것이다.
그럼에도 남는 것은, 이준석은 마음에 안 들면 그냥 도망치는 인물
이라는 것. 조직이 마음에 안 든다고 잠적하는 당대표를 누가 따를

수 있을까. 어려운 상황을 겪을 때 남 탓하지 않고 더욱 역량을 발휘하여 조직을 변화시키려는 노력을 하지 않았다.

이준석은 여기에 더해 자신의 성접대 의혹에 대처하는 방법도 한심하기 이를 데 없었다. 우파 유튜브 채널인 가세연(가로세로 연구소)에서 이준석이 박근혜 대통령 시절, 기업인에게 성접대 받았다는 의혹은 상당히 구체적이었고 근거가 있어 보였다. 이준석은 그 의혹에 대해 yes/no 둘 중 하나로 답을 하면 되는 것이었다. 만일 yes라면 자신의 잘못을 시인하고 그 판단을 국민의 힘과 국민들에게 맡겨야 했고, 만일 no였다면 그런 사실이 없다고 해야 했다. 그러나 이준석이 보였던 모습은 비겁하기 짝이 없었다. 이준석은 "나는 그 건으로 경찰조사를 받은 일이 없다"였다. "그래서 성접대를 받았다는 거냐 안 받았다는 거냐?"라는 반복된 물음에 이준석이 했던 말은 오로지 그것이었다.

자신에게 불리한 의혹이 제기되었을 때 보였던 모습은 대단히 실망스러웠다. 겨우 이준석은 이정도밖에 안 되는 인간인가 하는 생각을 하게 만들었다. 이준석의 하버드 대학교 학력 의혹이 제기되었을 때 이준석은 '10억 내기하자'라고 했었다. 자신 있는 일에 대해서는 내기를 하자고 했는데, 성접대 의혹에 대해서는 아무 내기도 하지 않았다. 그 사람이 어떤 사람인지 알려면 가장 힘든 때를 보라는 말이 이준석에게 그대로 적용되었다. 이준석은 어렵고 힘든 일이 있을 때 가출해서 도망가거나, 의혹이 제기되었을 때 엉뚱한 소리를 한다.

한동훈의 가장 어려운 시절은 언제였을까. 좌파정권의 미움을 받아 채널A 사건으로 감옥에 갈지도 모르는 시기일 것이다. 그가 언론 인터뷰에서 이야기했듯, 그때 가족들에게 "험한 꼴 보일지도 모른다"는 이야기를 하고 스스로 '감옥에 갈지도 모르겠다' 판단했던 시기가 한동훈에게 가장 힘든 시기였을 것이다. 이때 한동훈은 어떻게 했을까. 놀랍게도 아무것도 하지 않았다. SNS에 자신의 억울함을 알리려 하지 않았다. 언론인터뷰나 유튜브 채널을 통해 자신을 변호하지 않았다. 그가 믿는 시스템에 따라 자신의 처분을 맡겼다. 그가 취했던 행동은 2020년 7월, 검찰 수사 심의위원회에서 '본인에게 닥친 현 상황을 어떻게 보고 있으며 왜 이런 일이 일어났느냐?'라는 질문에 대답한 것이 전부다.

그의 대답은 이러했다.

"지금 이 말도 안 되는 상황은 권력이 반대하는 수사를 하면 어떻게 되는지 본보기를 보여주기 위한 것이라 생각합니다. 저는 이 위원회가 저를 불기소하라는 결정을 하더라도, 법무부장관과 중앙 수사팀이 저를 구속하거나 기소하려 할 거라고 생각합니다. 제가 위원님들께 호소드리는 것은, 지금 이 광풍狂風의 2020년 7월을 나중에 되돌아볼 때 적어도 대한민국 사법시스템 중 한 곳만은 상식과 정의의 편에 서 있었다는 선명한 기록을 역사 속에 남겨주십사 하는 것이고 그렇게 해주시기만 한다면, 저는 억울하게 감옥에 가거나, 공직에서 쫓겨나더라도, 끝까지 담담하게 이겨내겠습니다."

이게 한동훈이 취했던 행동의 전부다. 자신의 억울함을 알리지 않았고, 어디가서 호소를 한다거나 자신에 대한 동정여론을 만들고자 하지 않았다. 그가 믿는 시스템이 그를 힘들게 했지만 한동훈은 시스템을 원망하지 않았다. 이러한 모습은 한동훈이 정치를 시작하면 반복해서 보게 될 것이다. 국민의 힘에서 정치를 시작하는 것이 바로 한동훈의 시간이 출발하는 지점이기 때문이다. 지금까지는 본인이 신경 쓸 것은 본인 혼자였다. 검사 시절엔 책상에 올라온 서류를 보고 수사만 잘하면 되는 일이었고, 법무부장관 시절에는 현안 이슈에 대해 자신의 생각을 정리해서 말하면 되는 것이었다. 또한 정치인의 길을 들어선 지금은 여당의 비상대책위원장으로서 국민의 힘을 정상화시키고 다가오는 총선을 승리로 이끌기 위한 노력을 하는 것이다.

정치인으로 살아가는 것, 특히 한동훈에게 더 많은 억울한 일이 생길 것이다. 외부적으로는 본인의 잘못이 아닌 것으로 비난받을 것이고, 내부적으로는 변화를 일으키고자 할 때 거센 저항에 부딪힐 것이다. 인요한 전 혁신위원장을 보라. 그가 제시했던 혁신안은 국민의 힘에 꼭 필요한 처방들이었다. 그런데도 당대표였던 김기현은 인요한의 의견을 철저히 무시했고 장제원은 관광버스를 빌려 무력시위를 함으로써 혁신안을 거부했다. 결과적으로 인요한 위원장의 업적은 이준석, 홍준표에 대한 징계취소를 한 것 외에는 없었다. 그 징계취소도 이준석이나 홍준표에게 고맙다는 말 한마디 듣지 못했다.

한동훈의 머릿속에는 지금 국민의 힘이 우파 정당으로서 앞으로 계속 생존하기 위해 필요한 조치들이 있을 것이다. 그 조치들은 국민의 힘 의원들이 무시하거나 저항할 것이다. 한 걸음 떨어져서 보면 국민의 힘은 한심한 당이다. 고인물들이 경상도에서 편하게 당선되었을 뿐이다. 윤석열 대통령이 취임한 이후 국민의 힘이 한 것이라고는 이재명을 왜 감옥에 안 보내냐고 따지는 것뿐이었다. 검찰과 사법부에 따지는 것 빼고는 특별히 한 일이 없다. 한동훈이 보기에도 국민의 힘은 많은 문제가 있을 것이다. 이제 한동훈 위원장이 어떻게 국민의 힘을 변화시킬 것인지 지켜보도록 하자. 적어도 이준석처럼 도망가지는 않을 것이고, 패거리를 몰고 다니면서 양아치 짓은 하지 않을 것이라는 믿음은 확실히 있다. 어떻게든 국민의 힘에 새로운 변화를 불러일으킬 것이다.

커뮤니케이션 스타일

이준석의 언어는 조롱을 기본으로 한다. 상대방의 말 중에서 한두 군데 공격할 틈이 보이면 그것을 놓치지 않고 조롱한다. 자신에 대한 공격을 효과적으로 방어하는 방법임에는 틀림없다. 그럼에도 이준석의 언어는 옆에서 보기에 '이준석은 참 버릇없다'라는 느낌도 같이 들게 한다. 2022년 8월 전후하여 국민의 힘이 자신을 몰아내고 비상대책 위원회 체제를 구축하고자 했을 때 이준석은 '가처분 금지' 신청을 통해 이를 저지했다. 이후 국민의 힘이 흠결사항을 보완하여 다시 한번 비상대책 위원회를 추진할 때 이준석은 "가처분 한방 더 맞아야"라는 조롱 섞인 입장을 냈다. 자신을 몰아내려는 움직임에 대한 불만을 조롱으로 응답한 것이었다. 자신이 몸담고 당대표로 활동했던 국민의 힘에 대해 아무리 억울한 일이 있더라도 조롱으로 응답하는 것은 좋아 보이지 않았다. 이준석은 말을 하면 할수록 손해를 보고 있다.

정치권에서는 '이준석 vs 한동훈' 또는 '이준석 and 한동훈' 구도로 총선이 진행될 것이라는 예측이 많이 나오고 있다. 이준석도 이를 의식했는지 한동훈에 대한 여러 가지 견제와 공격을 하고 있다. 특히 한동훈이 정치를 시작하면서부터 이준석의 한동훈에 대한 조롱과 공격은 본격화되기 시작했다.

2022년 11월 17일, 이준석은 한동훈에 대해 "법조의 커리어에서 보면 최정점에 있는 분이고 정치적인 면에 있어서는 긁지 않은 복권 같은 존재다"라고 했다. 이준석이 출마하겠다고 예고한 대구지역에 한동훈 당시 법무부장관의 출마설이 나온다는 질문에 대해, 이준석은 "저는 한 장관을 경쟁 상대로 보지 않는다"며 "오히려 재밌는 관계를 형성할 수 있다고 생각한다"라고 했다.

2023년 11월 22일, 이준석은 총선 출마 가능성이 언급되고 있는 한동훈에 대해 "한동훈은 윤석열 키즈고, 나는 박근혜 키즈지만 이를 넘어섰다. 한 장관도 윤석열 키즈에서 벗어나야 한다"라고 강조했다. 이어 "한 장관이 개혁적 방향으로 가면 동지가 될 수 있지만, 그 가능성은 많지 않다"며 "정치 입문이 윤 대통령 때문인데 바로 관점 차이를 드러내기 어렵기 때문"이라고 이야기했다.

개인적인 의견은 이렇다. 이준석은 한동훈과 대등한 '급'은 아니고 굳이 찾아보자면 안철수 의원과 이런저런 말싸움 하는 정도라고 생각한다. 아마도 2024년 이후 안철수는 그저 그런 국회의원직을 유지할 것이고 이준석은 아무 소득 없이 정치권에서 관심 밖으로 밀려 잊혀진 인물이 될 것이다. 이준석은 그 특유의 조롱과 비아냥으로 자신의 입지를 굳히고 인지도를 얻었지만 동시에 몰락의 원인이 될 것이다. 이준석을 비롯한 천아용인 역시 이준석이 하는 것처럼 조롱을 주요 무기로 하고 있는데 그들 역시 이준석과 나란히 손잡고 정치권에서 퇴장하지 않을까 예상한다.

한동훈은 쉬운 비유를 통해 이해할 수 있도록 하는 방법을 즐겨 사용한다. 즉, 자신의 의견을 피력할 때 '비유'를 사용하여 효과적으로 전달한다. 그의 인터뷰 발언 몇 개를 뽑아서 살펴보면 쉽게 알 수 있다.

"할 일을 제대로 하는 검찰을 두려워해야 할 것은 오직 범죄자뿐이다. 지난 5년 동안 무슨 일이 있었길래 이렇게 명분 없는 야반도

주극까지 벌어야 하는지 국민들께서 많이 궁금해하실 거라고 생각한다." (2022/04/15)

"2 더하기 2가 5라고 주장하는 사람이 있다고 해서 2 더하기 2가 4라는 점이 논란의 여지가 있다고 말하지는 않는다." (2022/07/29)

"수사받는 당사자가 마치 쇼핑하듯이 수사 기관을 선택할 수 있는 나라는 적어도 민주 국가 중에는 없다." (2022/10/24)

"가짜뉴스 유포나 선거 공작 같은 것이 흐지부지되고 처벌을 받지 않고 넘어가니 정치·경제적으로 '남는 장사'가 된다." (2023/09/05)

한동훈은 말을 어렵게 하지 않고, 즉각적으로 이해할 수 있도록 한다. 야당의 검수완박에 대해 '야반도주'라는 표현으로 부당함을 지적했고, 북한 어민을 북송시킨 이전 정부의 행동이 옳지 않았다는 점에 대해서는 '2+2가 5는 아니다'라는 명확한 점을 들어 비판했다. 대장동 수사를 특검으로 진행해서 시간을 끌어보려는 민주당의 움직임을 '쇼핑'이라 비유를 들어 비판했다. 또, 가짜뉴스를 통해 이익을 얻으려는 민주당의 의도에 대해 '남는 장사'라 표현하여 직관적으로 민주당의 움직임을 이해할 수 있게 한다.

한동훈 화법의 또 다른 특징은 '옳은 대전제'를 기반으로 하여 부정할 수 없도록 한다. 그의 인터뷰 내용 중 일부를 옮겨보면 이렇다.

"취재라는 이름만 붙이면 모든 불법이 허용되는 것인가, 이걸 그

대로 두면 우리 국민 누구라도 언제든 똑같이 당할 수 있는 무법천지가 되는 것." (2022/11/28)

"가석방이 허용되지 않는 무기형이 도입되면 흉악범을 사회로부터 영구히 격리하는 실효적인 제도로 운영될 수 있을 것."
(2023/08/11)

"정치사건 말고 깡패 사건을 생각해 보라. 깡패를 구속하기 직전 중요 자료들, 피해자 진술을 공개할 수 있다면 수사가 제대로 되겠나. 서민을 보호할 수 있겠나."

"범죄 혐의 개수가 많은 게 검찰 탓은 아니지 않느냐." (2023/01/20)

"깡패가 부패 정치인 뒷배로 주가 조작하고 기업인 행세하면서 서민 괴롭히는 것을 막는 것이 국가의 임무인데 그걸 왜 그렇게 막으려고 하는지 되레 묻고 싶다." (2022/08/29)

한동훈의 인터뷰 내용을 보면, 짧게 이야기하지만 반박할 수 없는 내용과 함께 자신의 주장이 잘 녹아들어 있음을 발견하게 된다. 한동훈의 발언이 공감과 설득력을 얻는 것은 한동훈의 화법이 가진 장점 때문이기도 하다.

결과적으로 이준석의 조롱은 상대방에 대한 공격에 효과적으로 대응하는 좋은 방법이기는 하지만 동시에 이준석 자신에 대한 비호감이 높아지는 요인이 된다. 반면, 한동훈의 화법은 한동훈 자신을 더 돋보이게 만들면서 공감을 얻어낸다. 정치인으로서의 한동훈 가진 많은 장점들 중에서 한동훈의 화법은 더욱 한동훈을 빛나게 할 것이다.

정치이념

이준석이 어떤 정치이념을 가지고 있는지는 사실 잘 모르겠다. 자신을 공격하는 정치인들을 조롱한 것 이외에 이준석 자체가 비전을 제시하거나 미래를 만들어 나가자는 호소를 들어본 기억이 없다. 이준석의 신당을 만들고자 하는 움직임을 보이면서 제시했던 것은 '반윤 연대'였다. 윤석열 대통령에 대한 반대 세력을 모아보겠다는 것이 핵심이었다. 앞으로 어떻게 하겠다는 내용이 아니라 지금의 대통령에게 반대하는 것이 이준석의 핵심 가치였다.

이준석은 눈앞의 상대가 자신에게 공격을 걸어오면 반격하는 방식의 정치철학과 이념을 가지고 있다. 이준석이 지금까지 보여준 모습은 '박근혜의 강을 건너자', '윤석열에 반대한다'였다. 이대남을 대변하는 입장을 취한 것이 전부다. 특별히 이념이라고 부를 수 있는 게 없다.

2023년 12월 6일 이낙연 전 민주당 대표는 이준석에 대해 만날 계획 있냐는 질문을 받았을 때 "아직 제가 거기까진 생각하지 않고 있습니다"라며 이준석을 만날 계획은 없다고 했다. 그런데 불과 나흘 만에 입장을 바꿨다. 이준석에 대해 "우리 정치에 매우 드문 인재이며 만날 의향이 있다"라는 뜻을 내비쳤다. 이에 대해 이준석은 즉시 "만날 준비가 다 되어 있다"는 입장을 발표했다. 이준석은 이렇게 즉각 이낙연에 화답함으로써 이준석 자신에게는 정치, 경제에 대한 철학이 따로 있는 것이 아니라는 점을 증명했다. 오로지 선거에서 득표를 위해 전혀 공통점이 없는 두 사람이 만나겠다고 하는 것. 이 자체로도 이낙연과 이준석은 어떠한 철학도 없다는 점만 부각시킨 셈이다.

한동훈의 정치이념은 어떤 것인지 아직 명확하지 않다. 오랜 시간 공직자로 살아오면서 정치에 대해 논평한다던가 자신의 의견을 공개적으로 밝힐 기회가 많지 않기 때문이다. 그런데도 지금까지 해왔던 인터뷰와 행보를 보면 그가 어떤 정치이념을 가지고 있는지 어느 정도 유추는 가능하다.

◆ 진보와 보수의 모호한 경계

한동훈의 정치이념에 대해 진보 또는 보수로 나누어 하나를 정하기 힘들다. 그가 법무부장관을 하면서 보였던 모습들은 각각 진보와 보수의 방향을 보이기 때문이다. 그가 더불어민주당 의원들과 설전을 벌이고 비판한다고 해서 그가 무조건 보수계열이라 보기는 힘들다. 대표적인 것이 국가의 배상책임을 인정하는 것이다. 인혁당 사건에서 한동훈은 자칭 진보정권이라 불리던 문재인 정부가 하지 못했던 일을 해결했다. 한동훈 장관의 결심이 상당히 진보적이었는데, 이를 이해하기 위해서는 우선 인혁당 사건의 개요를 알아야 한다.

　인혁당 사건은 1964년 8월과 1974년 4월 북한의 지령을 받은 인민혁명당이 한국의 국가변란을 기도하였다고 발표된 사건으로 1975년 4월 8일 대법원판결이 나온 바로 다음 날 8명에 대해 사형을 집행했다. 징역 20년 형을 받은 이창복 씨는 8년간의 수형생활을 마치고 1982년 석방됐다. 이후 2002년 9월 김대중 정부 시절, 의문사진상규명위원회가 인혁당 사건은 중앙정보부 조작이라고 발표했다. 이창복 씨는 2008년 재심을 청구해 무죄를 받았고, 피해자들은 국가를 상대로 손해배상을 청구했다. 이창복 씨는 10억 9,000만 원의 가지급금(위자료 6억 원에 지연손해금 4억 9,000만 원)을 받았다. 문제는 이후 발생했다. 2011년 1월, 노무현 정부 때 배상금이 과다 책정됐다며 판례변경을 했기 때문이다. 이명박 정부는 이 판례 변경을 근거로 이창복 씨 등 77명에게 보상금 반환 소송을 제기했다. 2022년 이창복 씨는 국가에 돌려주어야 할 금액이 원금 4억 9,000만 원에 더해 이자 9억 6,000만 원으로 15억 원가량 되는 상황이었다. 2017년 국정원은 이창복 씨 집을 압류하기까지 했다. 이와 관련하여 2019년 국가인권위원회가 정부가 피해자 구제에 나서라고 주문했고, 2020년 7월 박지원 전 국정원장은 인사청문회에서 "정의롭게 해결하겠다"고 답하기도 했다. 하지만 아무 일도 하지 않았다. 이와 같은 상황에서 한동훈 장관은 취임 1개월 만에 법원 화해 권고에 따라 5억 원만 받고 강제경매 절차도 종결하기로 했다고 발표했다. 한동훈 법무부장관은 입장문을 통해 "법무부는 오직 팩트, 상식, 정의의 관점에서 국민의 억울함을 해소하려 노력할 것이고, 국민의 억울함을 해소하는 데에 진영논리나 정치 논리가 설 자리는 없다"라는 입장을 밝혔다. 좌파정권이고 진보진영이라는 문재인 정부에서는 배임 또는 직권남용의 소지가 있다는 이유로 주저했던 것을 한동훈은 취임 1개월 만에 해결했던 것이다.

또 다른 사례도 있다. 진주 아파트 방화살인 사건으로 안인득이 무기징역을 받은 사건에 대해 피해자 유가족 4명은 국가배상 청구소송을 했다. 사건 발생 몇 개월 전부터 안인득이 이상행동을 보였기에 국가기관에 신고하였으나 제대로 된 조치를 받지 못하고 결국 사건이 발생했다는 이유였다. 서울중앙지법은 1심에서 국가의 책임을 인정하고 총 4억 원을 지급하라는 판결을 내렸다. 국가를 상대로 한 소송이고 당사자는 법무부였다. 법무부는 2심, 3심까지 가서 국가의 책임을 경감시키겠다고 할 수도 있었으나 한동훈 장관은 "항소를 포기하기로 했다. 대한민국을 대표해 유가족에게 깊은 사과와 위로의 말씀을 드린다"고 했다.

한동훈 법무부장관이 보여주었던 결단의 모습은 좌파진영으로부터 환영받을 만한 것들이었다. 국가의 책임, 억울한 피해자의 한을 풀어주는 것은 항상 좌파의 단골 메뉴이기 때문이다. 그럼에도 좌파는 한동훈의 이러한 진보적인 결심에 대해 특별한 코멘트를 하지 않았다. 유일하게 언급했던 좌파 인물은 최강욱이었다. 인혁당 사건 관련한 한동훈 장관의 결정에 대해 "그래서 그때 검찰이 잘못한 거죠? 사과 안 합니까?"라는 취지의 발언을 했던 것이 전부였다. 60년 전에 일어났던 일에 대해 그때 검찰이 잘못한 것이니 지금 한동훈 장관이 책임지고 사과하라는 뜻이었다. 이 주문이 얼마나 말이 안 되는 것이고, 좌파가 얼마나 상황을 비틀어서 사과 요구를 하는지 굳이 설명을 더 할 필요는 없으리라 보인다.

◆ 스마트 우파 한동훈

한동훈이 X세대라는 것은 그 선배 세대인 운동권 세대와 분리되어 있다는 것을 의미한다. 운동권으로 대표되는 민주화 운동 세대는 정치권 입문 20년이 지나면서 점차 고인물이 되어가고 그들이 타파하고자 했던 기득권 세력이 되어 가고 있다. 그들의 힘을 얻을 수 있었던 민주화에 대한 열망, 청렴함 등은 낡은 이야기가 되었고, 뇌물을 받고, 돈봉투를 받는 모습만 보이고 있다. 하지만 정치인 한동훈은 기존의 기득권의 영향에서 자유롭게 활동할 수 있을 것이다. 정치 경험이 없다는 일각의 우려는 있겠지만 오히려 정치적으로 빚이 없다는 장점으로 작용할 수 있다.

우파의 사상에 보수적인 철학을 가지고 있지만 결코 지금의 보수 정치인들이 보여주는 그 낡음과 꼰대스러움을 보이지 않고, 스마트한 우파로서 두각을 나타낼 것이다. 스마트 우파는 윤석열 대통령이 먼저 시작하기는 했지만, 이전 정권에서 발생한 수많은 문제들을 해결하느라고 '미래'에 대해서는 제대로 손을 대고 있지 못하고 있다. 한동훈 위원장은 윤석열 대통령 다음에 바통을 이어받으면서 어느 정도 이전 정권의 문제는 해결된 상태에서 국가이익을 최우선으로 하는 보수철학을 드러낼 것이다. '친일파 타도', '이번 총선은 한일 전'과 같은 낡고, 국민의 반일감정을 자극하는 모습을 보이지 않을 것이라는 점에서 기대된다. 개인적으로는 더불어민주당은 왜 중국과 북한에 대해 비판을 하지 않는지 이해하기 어렵다. 인권을 가장 많이 억누르고 짓밟고, 민주적이지 않은 모습을 보이는 것이 중국과 북한인데 이상할 따름이다.

08
국힘은 싫지만 한동훈은 좋다

2023년 12월 8일, 조선일보는 단독기사로 국민의 힘에서 총선 판세를 분석한 내용을 내보냈다. 핵심 내용은 서울 49개 의석에서 우세한 곳은 단 6곳뿐이라는 것. 더불어민주당을 180석으로 만들었던 2020년 4월 총선에서 당시 미래통합당은 8석, 더불어민주당이 41석을 얻었던 것을 감안하면 4년 전보다 못한 성적표를 받을 것이라는 분석이었다.

초라한 성적표를 받아들었던 국민의 힘은 어떤 반응을 보였을까? 놀랍게도 무반응이었다. 어차피 보고서는 최악의 상황을 가정한 것이고, 총선까지 5개월가량 남아있으니 이를 만회할 방법은 많다는 것이 국민의 힘 지도부 입장이었다. 아마도 만회할 방법 중에서 가장 쉬운 것은 한동훈 역할론, 한동훈 영입 정도로 생각했을 것이다. 국민의 힘이 가진 역량으로는 지지율을 올리거나 총선에서 승리할 방법이 없을 것 같으니 한동훈을 모셔와서 선거의 불쏘시개로 쓰겠다는 계획이라 할 수 있다. 고생은 한동훈이 하고, 당선은 고인물들이 되는 상황이 될 수도 있다.

국민의 힘이 싫다

국민의 힘이 보여주는 모습은 실망스럽다. 야당과의 싸움에서도 밀리고, 제대로 된 정책을 추진하는 모습을 보여주지도 못하고 있다. 인요한 혁신위원장을 모셔다가 당의 혁신을 위해 전권을 주겠다고 했던 김기현 전 당대표는 정작 자신이 혁신의 대상이 될 것 같으니 서둘러 인요한을 물러나게 했다. 인요한 위원장이 완벽하게 자신의 직무를 수행했다고 보기는 어렵지만, 인요한의 혁신위원회 요구사항은 그나마 국민들에게 국민의 힘이 변화하려는 노력을 하고 있다는 인식을 줄 수 있는 요구들이었다. 그럼에도 불구하고 김기현을 비롯한 국민의 힘 지도부는 혁신을 거부함으로써 국민의 힘은 구제불능이라는 인상을 주기에 충분했다.

이러한 인식이 퍼지면서 국민의 힘이 서울에서 단 6석만 얻을 것이라는 예측이 나왔음에도 국민의 힘은 전혀 놀라지 않았다. 그 놀라지 않는 모습이 오히려 놀라울 따름이었다. 윤석열 대통령이 22년 3월에 당선되고, 3개월 후에 치러진 2022년 6월 1일 지방선거에서 오세훈 서울시장이 서울 전 지역에서 더불어민주당에 비해 우세한 득표를 얻었다는 사실을 떠올린다면 서울 6석은 상당히 엄중한 경고임에 틀림없다. 그런데 국민의 힘은 아무도 놀라지 않고, 그냥 최악의 상황을 가정해 본 것이라는 안일한 모습을 보여줬을 뿐이다. 그리고 당 지도부의 일부 인사들은 한동훈의 '총선등판설', '험지출마설', '비대위원장설', '선거대책위원장설' 등을 매스컴에 흘리면서 여론의 간을 봤다. 결국 비대위원장으로 영입하여 총선의 지휘봉을 넘겼다.

묻고 싶다. 그래서 국민의 힘 당신들은 한동훈 영입하는 것 이외에 어떤 대책이 있느냐고. 한동훈은 지역과 연령 상관없이 폭넓은 지지를 받고 있다. 이러한 한동훈을 총선에서 나팔수로 영입해서 자신들이 당선되겠다는 그 발상이 참으로 어이없고 개탄스럽다.

그래서 국민의 힘이 욕을 먹는 것이다. 이미 기득권을 가진 경상도 지역 기반의 의원들은 느긋하고, 서울과 수도권은 잘 되든 말든 '나만 당선되면 된다'는 생각으로 비춰지기 때문이다. 한동훈을 지지하는 유권자들은 고민될 수밖에 없다. 한동훈이 국민의 힘으로 들어가게 되면 국민의 힘은 좋지만 한동훈은 힘들어지는 상황이기 때문이다.

전무후무한 캐릭터

한동훈의 인기와 지지는 한동훈 개인의 매력과 역량에 의한 것이다. 그가 처음 언론에 본격적으로 노출되었던 2022년 1월 27일부터 한동훈에 대해 호감과 기대를 가지고 그를 지켜보기 시작한 국민이 많다. 청문회 이후 법무부장관에 취임한 이후부터 더불어민주당 의원들에게 밀리지 않는 모습에 지지와 응원을 보내기 시작한 국민들이 많다. 한동훈의 언론인터뷰 역시 한동훈 장관의 인기를 높이는 원인이기도 하다. 야당 의원들과의 질의응답에서 알 수 있듯이 한동훈의 언변은 뛰어나기 때문에 적어도 말로 한동훈을 이길 수 있는 정치인은 그리 많지 않을 것이다.

키 크고 잘생겼는데, 바르게 컸고, 사법고시 패스할 정도로 머리가 좋다. 그런 인물이 정의감이 넘쳐서 부정부패를 저지르는 정치인, 기업인들을 모조리 법의 심판대에 세운다. 그런데 겸손하기까지 하다. 자기관리도 잘해서 뱃살 하나 없는 잘 관리된 몸매를 유지하고 있다. 이 정도면 현실에 존재하기 힘든 사기캐릭터다. 게다가 인터뷰를 하거나 야당 의원들의 질문에 답변하는 한마디 한마디가 정갈하고 속 시원하다.

한동훈은 전무후무한 캐릭터다. 영화나 드라마에서나 볼 수 있는 캐릭터다. 아니, 한동훈을 있는 그대로 묘사한다고 해도 말이 안 된다며 시청자들의 항의를 받을지도 모른다. 전혀 현실적이지 않은 인물이기 때문이다. '한동훈 갤러리'라는 유튜브 채널을 보면 영상이 올라올 때 대부분의 댓글들이 '제21대 대통령 한동훈'이다. 팬들이 '도토리'라는 애칭을 붙이는 것 역시 한동훈이 차기 대통령이 되면 좋겠다는 희망을 반영한 모습들이라 할 수 있다.

　한동훈은 따로 세력을 만들어서 자신에 대한 지지세를 만들거나, 정치적 메시지를 내보내 자신의 의견을 따르도록 요청한 적이 없다. 한동훈에 대한 지지는 자생적이면서 그의 모습을 보며 지지하기로 결심한 대중들이 모인 결과다. 국민의 힘은 싫지만, 한동훈은 좋다. 정당은 더불어민주당을 지지하지만 한동훈을 지지한다. 이런 국민들이 점점 늘어날 것이다.

Chapter 4.

한동훈의 시간

01 아마도 **최연소 대통령**

아직 윤석열 대통령의 임기가 절반도 지나지 않은 시점이기에 다음 대통령이 지금처럼 우파에서 나올지, 아니면 뼈를 깎는 노력으로 민주당이 거듭나서 좌파에서 대통령이 선출될지는 알 수 없다. 어찌되었든 2027년에는 누군가 대통령으로 당선되어 대한민국을 이끌어나갈 것이다. 필자의 생각으로는 이때 선출되는 인물이 한동훈이 될 가능성이 매우 높다. 물론 그의 의지가 가장 중요하겠지만, 이미 정치가의 길을 걷기 시작한 이상 그만한 각오는 하고 있을 것이다. 개인적인 소망을 담아 이야기하자면, 한동훈이 이끌어가는 대한민국이 궁금하다. 2024년 총선을 승리로 이끌고, 그것을 발판 삼아 한동훈 대통령이 되기를 바라는 마음이 매우 크다.

기대 이상으로 잘하는 윤석열 대통령

윤석열 대통령이 현재 국정 운영을 잘하고 있다고 생각하는 사람도 있겠지만, 그렇지 않다고 생각하는 사람도 있을 것이다. 대통령의 지지율을 보면서 지금 윤 정부가 잘하고 있다고만은 할 수 없기 때문이다. 그렇지만 현재 지지율이 높지 않다고 해서 국정 운영을 잘못하고 있다고 단정 지을 수는 없다. 개인적인 의견을 더해보자면, 대통령은 외교와 국방 분야에서 우파가 보여줄 수 있는 최선의 선택을 하고 있다. 물론 국정 운영의 최종적인 책임은 대통령에게 있지만, 국민의 힘이 우왕좌왕하며 대통령의 힘이 되어 주지 못한 것과 장관들이 대통령의 기대만큼 잘하지 못하는 것이 더 큰 문제라 생각한다.

2023년 잼버리 사태를 보자. 국무총리가 직접 현장에서 먹고 자고 화장실 청소하면서 엉망이 되었던 잼버리 행사를 수습할 때 주무장관인 여성가족부 김현숙 장관은 언론을 피해 도망 다니기 바빴다. 이태원 사태가 벌어졌을 때 윤석열 대통령은 국민 애도 기간을 정해 슬픔을 함께했으나 경찰조직과 행정조직은 남 탓 공방으로 비겁한 모습을 보였다. 윤석열 대통령 입장에서는 억울할 수밖에 없다. 그럼에도 윤 대통령은 'The buck stops here(책임은 여기서 멈춘다는 말로 모든 책임은 자신이 지겠다는 의미)'라는 문구처럼 모든 책임을 자신에게 돌리고 있다.

많은 국민이 처음에는 '윤석열 대통령이 과연 정치를 잘하고 대통령직을 잘 수행할 수 있을까?'라는 의구심을 가졌다. 문재인이 5년간 모든 분야에 걸쳐 망쳐놓은 대한민국이기에 우파 국민들은 이재명만 아니면 된다는 심정이었다. 이재명이 대통령이 된다면 문재인 시즌 2가 되리라는 두려움이 있었다.

처음 윤 대통령에 대한 기대치는 그리 높지 않았다. 정치를 해본 경험이 없기에 온갖 정치공세에 시달려서 국정 운영이 제대로 안 될 것으로 예상했다. 그런데 결과는 그와 정반대였다. 범죄자만 잡아넣던 검사 출신이 맞나 싶을 정도였다. 외교 관계에 있어 취임 1년 이내에 미국, 일본과의 외교를 정상화시켜 놓았고, 북한이나 중국에 쩔쩔매는 모습을 보이지 않았다. 반대로 한미일 동맹이 굳건해짐에 따라 중국과 북한이 불안해하는 모습을 보이는 상황이다.

문재인 정권은 북한이 미사일을 쏘아대면서 돈 달라고 할 때마다 '대화해야 한다'는 명분으로 뭔가 퍼줄 궁리만 했다. 문재인은 중국에서 혼자 밥을 먹고 한국 기자들이 중국 공안에 두들겨 맞는 수모를 당해도 제대로 된 항의도 하지 못했었던 것을 기억할 것이다. 반면 윤석열 대통령은 북한과 중국이 잘못된 행동을 할 때마다 '그건 잘못된 것이다'라고 명확히 밝히고 있다.

좌파 정치인들은 윤 대통령의 외교 행보에 대해 전혀 트집 잡을 것이 없다는 점을 잘 알고 있다. 기껏 생각하는 게 '바이든, 날리면' 논쟁이고, 영부인이 자기 연출을 위해 조명을 가져다 놓았던 것 아니냐는 의혹 제기 정도였다. 국내 문제는 국경을 넘지 못한다는 점을 모르는 바가 아닐 텐데, 민주당은 자신들의 이익을 위해 국익을 해치는 모습을 보인다.

윤 대통령의 지지율을 보면 낮을 때는 20%대에 간신히 머무르기도 하다가 높을 때는 40%를 넘기기도 한다. 만일 윤 대통령이 정권 지지율을 신경 쓰면서 정치를 하기로 마음먹는다면 온갖 포퓰리즘 발언과 정책을 통해 지지율을 70, 80%까지 올리는 것도 가능할 것이다. 여기서 윤 대통령의 진면목이 드러난다. 지지를 받지 못하더라도 옳은 방향으로 나라를 이끌겠다는 마음. 문재인이 망쳐놓은 사회 시스템을 다시 정상적으로 돌려놓겠다는 그의 의지를 발견할 수 있다. 만일 윤 대통령이 국회의원도 해보고, 당대표도 해가면서 천천히 정치를 배워갔다면 그 역시 다음번 선거 공천에만 신경 쓰고 다른 정치인들의 잘못된 비리를 보고도 '정치는 원래 이런 것인가 보다'라며 넘겼을지도 모른다. 그러나 윤석열 대통령은 정치를 모르는 정치인이다. 그렇기에 그는 나라를 옳게 이끌어갈 수 있는 것인지도 모른다.

2023년 5월 10일, 홍준표 대구시장은 이재명 의원이 방문했을 때 "대부분 정치를 잘 모르는 사람들이 대통령실에 있어요, 그렇지 않습니까"라고 말했다. 일부 조롱의 의미가 섞인 발언이겠지만 역설적으로 윤석열 대통령이 그만큼 기존의 정치에 물들지 않았다는 뜻이기도 하다. 더러운 정치에 물들지 않았고 신세를 진 적도 없기 때문에 갚아야 할 정치적 빚도 없다. 윤 대통령이 국정을 운영할 때 특정인의 편에 설 필요가 없는 이유이기도 하다.

윤석열 대통령의 국정 운영에 대한 1차 성적표는 2024년의 총선이 될 것이다. 정부가 잘하고 있다면 당연히 국민의 힘은 민주당보다 우수한 성적표를 받을 수 있을 것이고, 이에 따라 정부가 국정 운영의 동력을 추가적으로 확보할 수 있을 것이다. 민주당이 무리하게 밀어붙였던 검수완박법 역시 국민의 힘이 압도적인 의석수를 확보하여 원위치시키는 것도 가능하다.

다만 문제는 윤석열 대통령은 잘하고 있는데 국민의 힘이 오히려 대통령의 국정 운영에 부담이 되는 상황이 계속 연출되고 있다는 점이다. 태영호 의원은 대통령실의 모 인사와 공천 관련 거래가 있었다는 의혹이 비서관에 의해 제기되었고, 김재원 전 의원은 "4·3 희생자 추념일은 기념일이라 대통령의 참석이 의무가 아니다", "우파 진영은 전광훈 목사가 천하통일 했다"라는 발언으로 물의를 일으키기도 했다.

윤석열 대통령 입장에선 대통령과 대통령실이 잘못한 것이 있어서 지지율이 낮아지거나 비판을 받는다면 이를 받아들일 수 있겠지만, 국민의 힘이 잘못해서 그 화살이 대통령에게 향하는 일은 억울할 수밖에 없다. 국민의 힘이 '윤심 타령'을 끝내고 진짜 윤심에 맞게 움직인다면 2024 총선에서 압도적 지지를 받을 수 있을 것이다.

총선에서 '우리 당은 괜찮지만 저 쪽당은 안 됩니다'라는 식의 캠페인을 펼친다면 오히려 역풍을 맞을 수 있다. '민주당이 이렇게 잘못을 많이 저질렀고, 이재명 대표는 이제 감옥에 가야 할 사람입니다'라는 식의 정치마케팅을 한다면 '그렇게 말하는 너희들은 깨끗하다는 거냐'라는 반발심을 불러일으킬 수밖에 없다. 국민의 힘 소속 국회의원, 관계자 한 사람이라도 뭔가 잘못과 비리 의혹이 불거진다면 총선에서 대패할 것이다. 국민의 힘은 그래도 자신들은 민주당보다 나은 사람들이고, 정당이라는 착각을 하는 것 같다. 우파 이념 정당인데 매일 보여주는 모습들은 연금, 노동 개혁 등을 어떻게 처리할지에 대한 비전이 아니라, 여당 내에서 서로 합이 안 맞고 눈살 찌푸려지는 모습을 보인다면 실망한 유권자들은 투표를 하지 않고 민주당이 다시 당선되도록 내버려 둘 것이다.

국민의 힘이 윤석열 대통령의 지지율을 망쳐놓는다면 그 영향은 한동훈 위원장에게까지 이어질 수밖에 없다. 윤석열 대통령과 한동훈 위원장이 잘하고 있는데, 국민의 힘이 선거결과를 망쳐놓을 수도 있다는 뜻이다. 현재까지 국민의 힘이 보여주는 모습들을 보면, 총선에서 국민의 외면을 받아도 할 말이 없을 것이다. 민주당이 이재명의 재판, 송영길의 돈봉투, 김남국의 코인 등으로 완전히 밑바닥으로 향하고 있는 와중에 국민의 힘은 미래에 대한 비전을 제시하고 있지 못하다. 매일같이 민주당을 비난하는 일에 집중한다. 의혹이 제기되고 수사가 진행되면 나머지는 사법부에 맡기면 될 일인데, 그걸 기회 삼아 자신들이 더 바르고 깨끗하다고 우쭐해하는 어리석은 모습에 국민들은 걱정스러울 수밖에 없다.

만약 당신이 지금 윤석열 대통령의 입장이라면 자신의 후계자를 한동훈으로 할지, 국민의 힘 소속 인물 중에서 선발되는 사람을 밀어주어야 할지 고민될 것이다. 윤 대통령의 내심은 이미 한동훈을 자신의 후계자로 법무부장관에 임명할 때부터 정해놓지 않았을까 싶다. 한동훈 위원장이 윤 대통령 자신과 비슷한 점이 많기 때문이다.

한동훈 역시 정치를 직접 경험한 적은 없다. 기존 정치의 관행을 모르고 서로 좋은 게 좋다는 식으로 잘못된 것을 눈감아주지 않을 것이라는 뜻이기도 하다. 대통령 윤석열과 비대위원장 한동훈은 조합이 좋다. 서로 지향하는 이념과 신념이 비슷하다. 윤석열 대통령 입장에서도 다음 대통령이 국민의 힘 소속 정치인이 아닌 한동훈이 되기를 바라지 않을까 싶다.

여당 정치인들은 지금 윤석열이 대통령이기에 '윤심' 장사를 하며 자신의 이익을 챙기지만, 한동훈 위원장은 따로 '윤심' 장사를 하지 않는다. 한동훈은 윤석열이 잘될 때도, 잘 안될 때도 한결같이 '같은 신념을 가진 선배 검사'로 대했다. 윤석열의 최측근으로 분류되는 것이 자신에게 불이익이 될지도 모르는 상황에서도 한동훈은 윤석열에 대한 굳은 믿음을 보여줬다. 윤석열 역시 검찰총장 시절, 한동훈이 좌천되고 자신 역시 추미애, 박범계에 의해 손발이 묶였을 때도 한동훈에 대한 굳은 믿음을 드러내곤 했다. 윤석열 대통령이 온전히 신뢰를 보낼 수 있는 인물이 많지 않은 상황에서 한동훈 위원장은 자신에 이어 정권을 넘겨주고 싶은 인물일 수밖에 없다.

한동훈은 매력있는 캐릭터

한동훈은 많은 매력을 가진 인물이다, 외모에 있어서는 깔끔한 엘리트 이미지를 가지고 있다. 언론을 통해 드러나는 그의 성품은 올곧고 유하다. 특히 기자들의 질문을 받고 답변을 하는 과정에서 언어를 통해 드러나는 '언어적 의사소통'에서는 차분함과 명료함이 돋보이고, '비언어적 의사소통' 즉, 몸짓과 손짓, 표정 등에 있어서는 젠틀한 모습을 보인다. 한동훈 위원장은 그가 원하든 원하지 않든 외모를 통해 얻는 이득이 많다.

2022년 윤석열과 이재명의 대선 대결에서는 외모가 승부처는 아니었다. 두 후보 모두 특출나게 뛰어나거나 못나지 않았기 때문이다. 주목할 것은 2017년의 대선인데, 당시 민주당 후보는 문재인, 국민의 힘 후보는 홍준표였던 상황에서 문재인 후보에 투표한 일부 유권자들은 단순히 '그가 인자하고 잘 생겨서 이미지가 좋아서 찍었다'라는 응답도 있었다. 어떻게 대통령 될 사람을 단순히 외모로 뽑냐 싶기도 한데, 이것이 현실이기도 하다.

한동훈이 대선에 출마했을 때 누가 그의 경쟁자가 될지는 적어도 2027년까지는 미지수다. 민주당 역시 외모에 있어 매력적인 인물이 많다. 특히 조국, 김경수는 실제 그들의 행동이 그렇지 않다 해도 바르고 성실해 보이는 외모를 가지고 있다. 외모만 놓고 보자면 환하게 웃는 미소, 어린아이와 함께 다정하게 찍은 사진 등으로 이미지 세탁을 충분히 할 수 있다는 뜻이기도 하다. 즉 한동훈의 매력이 외모에만 집중되어 있다면 비교우위를 가지기는 힘들 것이다.

한동훈이 가진 또 다른 매력은 그의 언어에 있다. 격하지 않은 언어를 통해 화를 내고, 점잖게 상대방의 잘못을 지적한다. 그의 언어는 입에서 나오기 전에 머릿속에서 완전히 문장이 완성되는 듯하다. 순간적으로 떠오르는 생각을 머릿속에서 정리해서 일목요연하게 이야기하기는 힘든 일인데, 한동훈의 인터뷰는 그걸 해낸다.

문장의 완결성에 더해 표현의 신선함 역시 돋보인다. 그가 언론 인터뷰를 하고 나면 그의 말 하나하나가 뉴스의 헤드라인으로 쓰인다. 여야를 막론하고 대변인들이나 최고위원들이 아무리 말을 많이 해도 언론에서 비중 있게 다루지 않는 경우가 대부분인데, 한동훈의 말과 문장은 상세히 보도된다. 그만큼 그에 대한 국민적 관심도가 높고, 그의 말이 핵심을 짚어내기 때문이다.

'에펠탑 효과'라는 것이 있다. 처음에는 비호감이었으나 자주 보면서 점점 호감으로 변하는 현상을 가리킨다. 에펠탑이 처음부터 프랑스 사람들의 사랑을 받은 것은 아니다. 에펠탑이 세워졌을 당시, 고풍스러운 고딕 양식의 건물로 이루어진 파리에 300미터 가까운 철탑은 도시와 어울리지 않는 흉물이라며 파리시민들의 반대가 심했다. 그래서 프랑스 당국은 20년 후 철거를 조건으로 시민들과 타협한 후 에펠탑을 완성할 수 있었다. 이후 결과는 잘 알려진 바와 같이 파리의 상징처럼 되었고 20년 후 철거는 필요 없게 되었다. 이는 처음에는 흉물스럽게 느껴지는 에펠탑이라도 매일 보게 되면, 즉 단순 노출이 반복되면 그 대상에 대해 호감이 생긴다는 말이다.

이 효과를 진보진영의 강성 지지층과 연결시켜보자. 한동훈이 아무리 잘생긴 외모를 하고 있어도 그를 반대하는 사람들에게는 비호감으로 느껴질 것이다. 그러나 언론의 집중 조명을 받고 있는 한동훈의 모습이 반복적으로 노출되면 그를 반대하는 사람도 반감이 조금씩 줄어들게 된다. 그리고 그 반감의 크기가 크지 않았던 사람들은 호감으로 돌아서서 표로 이어질 수 있다. 특히 정치에 큰 관심이 없는 '정치 저관여 유권자'들에게 몇 년 동안 꾸준히 노출되면 호감으로 연결될 가능성이 훨씬 커진다.

한동훈은 정치에 발을 들이겠다고 선언하지도 않은 상태에서도 이미 차기 정치 지도자 설문조사에서 보수진영의 1위 후보였다. 이제는 본격적으로 정치를 시작했으니 그의 매력적인 말과 행동이 대중의 마음을 더욱 강하게 자리 잡게 될 것이다. 그리고 그 끝에는 차기 대통령이라는 자리가 기다리고 있을 확률이 매우 높다.

한동훈의 외부 리스크

완벽해 보이는 한동훈이라도 리스크 요인은 있다. 한동훈 관련 기사나 영상에 주로 달리는 비방 목적의 댓글들을 보면 크게 몇 가지 범주가 있는데, 이를 정리해 보면 아래와 같다.

이재명은 전과 4범에 지금도 여러 가지 의혹이 제기되고 있음에도 한동훈은 '이재명도 그런데 나는 뭐가 문제냐'라고 할 타입은 아니다. 오히려 리스크 자체를 만들지 않기 위해 스스로 자기관리에 힘쓰고 있다. 정리해 본 비방들은 한동훈의 의지, 자기 관리와는 상관없이 한동훈을 비방할 목적으로 제기되는 내용들이다. 이를 옮기는 것은 불쾌한 일이지만, 한동훈이 언젠가 해결하거나 해명할 시기가 올 것이라는 측면에서 미리 예방주사를 맞는 것도 의미있을 것이라 판단했다.

외모 관련 비방

한동훈의 외모에 대해 '가발 쓴 거 아니냐'라는 댓글은 꾸준히 달리고 있다. 인터넷 커뮤니티에서는 한동훈의 사진을 합성하여 대머리처럼 보이게 만드는 사진들이 돌아다니기도 한다. 그의 훤칠한 키와 깔끔하고 스마트한 외모에 대해 흠잡을 것이 없기 때문에 최후의 수단으로 그가 대머리 아니냐 하는 어처구니없는 비방을 하는 것으로 보인다. 한동훈의 학창 시절 친구들은 그가 머리숱이 너무 많을 정도였다고 말한다. 그 말에 비추어보면 한동훈이 가발을 쓴다는 것을 상상하기 힘들기는 한데, 만일 악의적으로 비방하는 사람들의 말처럼 대머리라면 실망하는 사람들도 꽤 있을 것이다. 그가 대머리라서가 아니라 자신이 만들어 놓은 매력적인 이미지가 깨져버린 것을 실망스럽게 생각하는 사람들이 많을 것이다. 한동훈은 언젠가 한 번은 가발이나 대머리 논란에 대해 명확하게 인증해서 더 이상 이와 관련한 비방이 나오지 않도록 조치해야 할 시기가 올지도 모르겠다.

핸드폰 비번을 까라는 비방

한동훈이 채널A 관련 사건으로 후배였던 조진웅 검사와 몸싸움을 했던 것은 핸드폰 비번 때문이었다. 한동훈 검사를 부당하게 수사하려던 당시 검찰은 한동훈에게 핸드폰(아이폰) 비번을 해제할 것을 요구했고, 그는 헌법에 명시된 기본권에 의해 비번을 알려줄 의무가 없다는 취지로 이를 거부했다. 몸싸움은 한동훈이 통화를 끝내고 아직 화면이 잠기지 않았을 때 조진웅 검사가 핸드폰을 빼앗으려다 발생했다. 여전히 한동훈에 대해 비방하는 사람들은 그때 핸드폰을 왜 풀지 않았느냐 항의한다. '핸드폰 비번이나 까라'는 식의 댓글이 아직까지 심심찮게 달리고 있다. 이재명이 공개적으로 '수사가 시작될 것 같으면 핸드폰부터 지켜야 한다'라는 식으로 발언했던 사실이 있음에도 민주당 극렬 지지자들은 물론이고 민주당 의원들조차 "그때 왜 비번을 안 깠냐?"라며 항의를 한다. 한동훈은 헌법의 권리에 따라 자신의 권리를 행사한 것임에도 비번을 까라는 댓글은 한동훈이 정치에서 은퇴할 때까지 계속 이어질 것으로 보인다.

처가 리스크

한동훈이 법무부장관 청문회에 참석했을 때 민주당 의원들은 자녀의 입학과 관련하여 비리가 있는지 따져 물었다. 결과적으로 한동훈은 자녀의 입학에 있어 비리가 있다거나 부정한 방법으로 자녀들이 진학한 것이 아니라는 결론이 나왔다.

가족 관련 의혹 중 청문회 때 문제 제기되지 않고 남아있는 것은 한동훈의 아내인 진은정 변호사에 대한 공격이다. 진은정 변호사 자체는 좌파들이 공격할 여지가 별로 없다. 김앤장 소속 변호사로서 20억~30억에 달하는 높은 소득을 올리고 있지만, 그 실력과 능력에 따른 대우를 받는 것이기 때문에 누구도 진은정 변호사에 대해서는 시비를 걸 수 없다. 다만 진보진영에서는 진은정 변호사의 아버지, 즉 한동훈 위원장의 장인 관련 의혹 두 가지를 제기하고 있다. 첫째는 '보타바이오'라는 기업이 주가 조작 혐의로 검찰의 압수수색을 받았고 해당 임원은 재판에 넘겨져 실형을 선고받았는데 어찌 된 일인지 당시 사외이사이던 한 장관의 장인은 압수수색 3일 전 사업을 했다는 것. 두 번째는 1998년 IMF 시기, 한국조폐공사 파업을 당시 대검찰청 공안부장이던 장인이 주도하여 징역 8월, 집행유예 1년을 선고받았다는 것이다.

한동훈의 장인에 대해 향후 민주당에서는 집중적으로 파고들어 장인의 도덕성에 흠집 내고 이를 한동훈의 이미지와 연결시킬 것으로 예상된다. 이에 대한 대응방안은 이미 고 노무현 전 대통령이 보여준 바 있다. 노무현 대통령은 대선 후보 경선 당시, 장인의 좌익 활동을 상대 후보가 문제 삼자, "그럼 아내를 제가 버려야 합니까?"라는 연설로 오히려 자신에 대한 공격을 기회로 삼아 더 굳건한 지지를 얻을 수 있었다.

진은정 변호사의 남동생도 검사였는데, 성추행 사건에 휘말려 검사를 그만두고 대기업에서 근무 중이다. 한동훈의 장인과 처남은 각각 합당한 책임을 졌기 때문에 법률적으로는 전혀 문제가 없다. 문제는 국민감정이다. 민주당에서 한동훈 처가에 대해 어떤 식으로 공격하고 비방할지 눈에 뻔히 보인다. 성범죄를 근절시키겠다는 한동훈이 어떻게 성추행 사건에 연루되었던 처남에게는 그렇게 관대하냐, 라는 공격이 예상된다.

이민청 관련 정책리스크

앞서 보았던 비방과 리스크는 이미 발생했던 것들이고 충분히 대응 가능한 리스크들이기 때문에 한동훈에게 큰 위협이 되지는 않는다. 그러나 이민청에 관한 리스크는 아직 일어나지 않았기 때문에 어느 정도일지 쉽게 예측하기 어렵다. 만일 한동훈 위원장이 법무부장관 시절 출범시킨 이민청이 절차에 따라 외국인 노동자 또는 이민자를 받았는데, 그들 중 누군가가 큰 사고를 친다면 정치적 책임은 온전히 한동훈 위원장에게 씌우려 할 것이다. 아직 일어나지 않은 일이고, 설사 그런 일이 벌어진다 해도 이민청과는 전혀 무관한 일일 텐데 호시탐탐 한동훈을 공격할 기회만 찾는 진보진영에는 좋은 먹잇감이 될 것이다. 그러한 부당한 공격에 대해 한동훈 위원장이 어떻게 대처하는지를 보면 그의 문제 해결 능력을 가늠할 수 있을 것이다.

03
한동훈의 경제철학

한동훈의 경제철학은 스스로 밝힌 바는 없다. 어디까지나 언론인 터뷰나 포럼에서의 발표 등을 통해 유추해 볼 따름이다. 따라서 지금 설명하는 내용은 얼마든 오류가 있을 수 있다는 점을 미리 감안해야 한다.

경제철학에 대해서는 2023년 7월 중순에 있었던 대한상의 주최 제주 포럼에서 그 실마리를 발견할 수 있다. 한동훈은 농사꾼의 나라에서 기업인의 나라가 된 것이 대한민국 변화의 가장 결정적인 장면이었으며, 정부의 역할은 기업이 공정한 룰 안에서 최대한 활동할 수 있도록 해주는 것이라는 점을 강조했다. 윤석열 대통령이 경제 분야에서 자유시장경제 체제에 대한 신념과 믿음을 가지고 있는 것과 마찬가지로, 한동훈 위원장 역시 그의 경제철학에는 자유시장

경제 체제에 대한 믿음을 발견할 수 있다. 자유시장경제 체제의 유지가 지금은 당연하게 느껴지지만 바로 앞선 문재인 정부는 재벌기업을 적으로 규정하여 기업의 재산을 국가가 가져와야 한다는 마인드였다. 기업이 현금을 쌓아놓고 있으면 이에 대해 세금을 물리겠다는 엄포를 놓기도 했던 것이 문재인 정부라는 점을 기억하고 있을 것이다. 한동훈이 언론인터뷰 또는 포럼 같은 강연을 통해 내비쳤던 경제철학을 정리해 보면 다음과 같다.

정의와 상식

윤석열은 공정과 상식을 자신의 슬로건으로 하고 있다. 윤석열 정부의 지지율은 문재인 정부에 불만을 기반으로 하고 있기 때문이다. 문재인 정부와 맞서 싸우는 모습에 지지자들은 환호하고 정권 교체를 지지했다. 윤석열이 권력을 쥐게 되면 문재인 정부와 달리 국가를 공정하게 이끌어나갈 것이라는 기대 때문이었다. 한동훈 역시 법무부 장관 취임사에서 '정의, 상식, 법치'를 언급함으로써 윤석열 대통령의 '공정과 상식'을 계승함을 천명했다.

"법무부 동료 공직자 여러분, 저는 다시 한번, 정의와 상식을 바탕으로 국민께 힘이 되고 위로가 되는 법무행정을 위해 최선을 다하겠다는 약속을 드립니다. 그 약속에 동료 공직자 여러분들이 함께해 주

시기를 부탁드립니다." (2022.5.7. 법무부장관 취임사)

한동훈에게 정의는 죄지으면 벌 받고 죄가 없으면 무죄인 것이다. 아주 간단명료하다. 한동훈이 분노한 것은 권력과 돈 있는 자들이 자신들의 힘을 악용하여 죄를 짓고도 빠져나가는 것이었다. 한동훈은 기업활동에 대해 대한민국을 먹여 살릴 소중한 자원이라는 생각한다.

"저는 평소에 대한민국 경제발전이 가능했던 것은 여기 계신 기업인 여러분들의 도전과 혁신, 기업가 정신이 있었기 때문이라고 생각합니다. 사실 기업의 성장이 대한민국의 성장 그 자체였죠. 여기 계신 기업인들께 존경한다는 말씀을 드리지 않을 수 없습니다."

"저는 우리 체제와 헌법 정신에 대해서 이렇게 생각합니다. 선택권과 경쟁이 존재할 때 결국에 국민의 권익에 증진된다는 것이 우리 체제와 헌법 정신이라고 생각합니다." (2023.7.15. 제주 포럼)

물론, 한동훈은 범죄를 저지르면 그에 맞는 처벌이 이루어지도록 할 것이다. 특히 권력자들이 잘못하고 죄를 지으면 더욱 강력한 처벌을 주문할 것이다.

민간 위주의 시장경제 체제

한동훈의 경제 방향은 민간을 통한 일자리 창출이고, 정부는 이를 위한 금융, 세제 등의 지원 역할을 담당해야 한다고 생각한다. 정부가 앞장서서 일자리를 창출하는 것이 아니라 정부는 뒤에서 기업들을 뒷받침해 준다는 개념이다. 과거 문재인 정부에서 기업을 압박해서 강제로 비정규직을 정규직으로 전환시킨 인천국제공항사태(일명 인국공사태) 또는 공공근로 일자리를 만들어 억지로 실업률을 낮추고자 했던 방향과는 반대의 접근이기도 하다.

한동훈은 기업의 역할과 정부의 역할에 대해 명확한 기준을 가지고 있다. 일자리를 창출하고 국가의 부를 늘리는 것은 기업의 역할, 기업이 제대로 활동할 수 있도록 결정적인 방향을 잡고 공정한 시장경제의 룰을 만들고 유지하는 것은 정부의 역할이라고 생각한다. 정부가 정책을 통해 활동무대를 만들면 기업은 제도적 기반에서 최선의 노력으로 기업활동을 한다는 것이 한동훈이 이야기했던 정부와 기업의 각자 역할이다.

"거기에 한 가지 더 산업화 과정에서 결정적인 고비마다 정부의 결정적인 정책적 결정들이 있었고 그것이 대한민국 발전의 제도적 기반이 됐다고 생각합니다. 현실은 결코 질서정연하지 않다고 생각합니다. 혼돈 속에서, 그 시대 속에서 결정적인 순간에 결정적인 방향을 잡는 것은 대단히 어렵지만 그것이 국가의 흥망을 좌우한다고 생각합니다. 그게 정치와 정부의 역할이고 우리나라는 실제로 결정적인 순간에 결정적인 판단과 실천이 있어 왔습니다." (2023.7.15. 제주 포럼)

여기에 더해 한동훈은 기업과 개인의 '사적 이익'을 죄악시하지 않는다. 시장경제 체제에서는 당연한 말이지만 문재인 정부에서 재벌들이 어떤 취급을 받았는지 기억한다면 한동훈이 가진 시장경제에 대한 철학이 다행이라는 생각을 하게 된다.

더불어민주당 이재명 대표가 자주 입에 올리는 '횡재세'를 보자. 정유사와 은행 업종이 유가 상승, 고금리 때문에 사상 최고 수익을 거두고 있으니 횡재세를 도입해야 한다고 주장했다. 차기 대통령에 한동훈이 아닌 이재명이나 좌파 후보가 당선된다면 횡재세는 물론이고, 기본소득, 기본주택 같은 정책들로 인해 나라 살림은 거덜 날 것이다.

정리해 보면 이렇다. 한동훈 위원장이 윤석열 대통령에 이어 21대 대통령이 된다면 정치, 경제 측면에서 큰 변화가 있지는 않을 것이다. 윤석열과 한동훈 두 사람의 철학은 시장경제시스템을 통한 대한민국의 국익증진을 추구하고 있기 때문이다. 지금의 정책 기조에는 큰 틀에서 급격한 변화는 없을 것으로 예상해 볼 수 있다. 다만, 좀 더 유연하고 합리적인 정책으로 더욱 발전된 대한민국을 향해 나아갈 것이다.

04 대통령이 되기 위한 마케팅 믹스

한동훈이 정치권에 입문한다면 어떤 것이 가장 필요할까? 바로 득표다. 선거에 있어 상대 후보에게 득표수에서 밀린다면 아무리 한동훈이 인기가 있고 지지를 받는다 해도 소용없는 일이 되기 때문이다. 세상에서 가장 불행한 사람이 선거에서 2등으로 패배한 사람이라 하지 않던가.

검사 시절 한동훈은 직속상관이나 인사권자의 평가를 통해 진급 여부가 결정되었다. 그러나 이제는 국민들이 그를 평가하게 되는 것이다. 다시 말하면, 지금까지의 한동훈은 조직에 속해서 자기 업무에 충실하기만 하면 되었기에 대중들의 표를 생각할 필요가 없었다. 그러나 정치에 입문한 지금부터는 이야기가 달라진다. 당선되기 위해서는 대중에게 선택받아야 한다. 대중이 어떤 것을 원하는지, 무엇을 필요로 하는지를 알아야 하는 것이다. 총선, 지선, 대선 등 선거의 종류와 상관없이 한동훈은 자신의 매력과 비전을 마케팅하여 득표해야 한다. 즉, 한동훈이라는 상품이 최대한 많이 팔리도록 해야 한다는 뜻이다. 만일 그가 대권에 도전한다면 대통령 한동훈이 되기 위해 어떤 마케팅 활동을 해야 할까? 일반 기업의 마케팅 프로세스에 한동훈을 대입시켜 보았다.

PEST 분석(환경적 분석)

기업의 환경분석은 상품을 판매하기 전 상품기획을 위해 필수적으로 해야 하는 과정이다. PEST 분석은 '정치적 요소Political Factor', '경제적 요소Economic Factor', '사회적 요소Social Factor' 그리고 '기술적 요소Technical Factor'를 하나로 묶어 가리키는 말이다. 한동훈, 그리고 우리가 처한 대한민국의 현재 상황을 PEST 분석의 틀에 맞춰 살펴보자.

◆ 정치적 요소

기업마케팅에서 고려하는 정치적 요소는, 해당 국가의 쿠데타 가능성, 또는 독재 정권 등의 요인으로, 기업이 해당 국가에서 제대로 영업활동을 할 수 없게 되는 리스크를 판단하는 기준이다. 대한민국은 독재국가도 아니고, 쿠데타가 일어날 가능성도 거의 없으니

'국가 붕괴' 정도의 정치적 리스크는 없다고 볼 수 있다. 다만, 선거 때마다 불거지는 '부정선거' 논란은 점검해 볼 필요가 있다. 얼마 전까지 '부정선거'는 2020년의 국회의원 총선에서 패배한 우파 소속의 정치인들이 남 탓하는 수단으로 쓰인다는 오해를 받았으나, 여러 가지 정황을 보면 부정선거 주장이 그리 망상이 아니라는 주장이 설득력을 얻고 있는 상황이다. 앞으로 예정된 2024년의 총선에서, 2027년 대선에서 부정선거만 없으면 정치적인 위험은 없다고 볼 수 있겠다. 앞으로 선거에서 더욱 철저한 감시를 통해 부정선거 가능성이 철저히 차단되어야 한다.

◆ 경제적 요소

기업이 특정한 국가에서 영업활동을 하고자 한다면, 경제적 요소 역시 중요한 고려사항이다. 해당 국가의 경제성장률, 금리, 환율에 대한 검토를 통해 사업성을 판단할 수 있기 때문이다. 정치인 한동훈이 고려해야 할 경제적 요소 역시 크게 다르지 않다. 그가 대통령이 된다면 우리나라 경제의 전반적인 상황에 대해 전적인 책임을 져야 하기 때문이다. 경제적 측면은 한동훈의 대권 도전에 있어 가장 중점적으로 준비해야 할 영역이 될 것이다. 경제에 대한 비전없이 국민들을 설득할 수 없기 때문이다. 윤 대통령은 이전 정부가 경제적인 측면에서 워낙 실망감을 많이 주었기 때문에, 비판할 이야기도 많았고 문재인 이전의 정책적 비전을 제시하는 것으로 경제적 측면에서 국민을 설득할 수 있었다. 하지만 한동훈이 윤 대통령을 바로 이어 대통령이 된다면, 이전 정권의 잘못을 지적할 수 없을 것이다. 따라서 한동훈은 윤석열 정부의 정책을 업그레이드하면서 동시에 전 정부가 추진하는 정책을 완성시키겠다는 비전을 제시하는 것이 최선의 선택이 될 것이다.

◆ 사회적 요소

정치와 경제 이외의 고려할 요소들이다. 기업들은 문화적 요소, 인구 구성, 라이프 스타일, 젠더 이슈 등을 고려한다. 한동훈이라는 상품을 팔기 위해 고려해야 하는 대한민국의 사회적 요소는 기업의 경우보다 복잡할 수밖에 없다. 문화적으로 단일 종교가 아니고, 인구 구성 역시 영, 호남을 기반으로 한 좌파, 우파의 대립이 심하기 때문이다. 여기에 더해 젠더 이슈로 남성과 여성이 대결적인 양상을 펼치는 상황에서 연령대별로 전후세대, 586 베이비붐세대, X세대, M세대, Z세대까지 유권자로 두고 있기 때문이다. 아직은 미지수이지만 더불어민주당에서도 강력한 대권후보를 내세울 것이다. 이 두 후보가 같은 사회적 요소를 공유한다는 점에서는 한동훈에게 불리한 게임이라 할 수 없지만, 더불어민주당과 좌파세력은 일명 '시체팔이', '감성팔이' 등 교묘한 선동술을 통해 좌파 후보가 대한민국을 '사람 살기 좋은 세상'으로 만들 것이라 선전할 것이다. 이와 같은 선전, 선동은 한국 사회에 잘 먹힐 것이다. 한동훈이라는 인물 자체는 젊은 엘리트로서 사회, 세대, 지역의 갈등을 조정할 수 있는 역량이 충분하다. 문제는 그가 속하게 될 국민의 힘이라는 정당이 그의 이미지를 유지시켜 줄 수 있는가 하는 문제다.

◇ 기술적 요소

기업 마케팅에서 가리키는 기술적 요소는 해당 국가의 기술, 인프라 수준이다. 해당 국가의 기술 수준이 기업이 요구하는 수준을 맞출 수 있느냐를 검토하는 것이 핵심이다. 정치인 한동훈 입장에서는 정치적 판단으로 기술적 요소를 다룰 일은 많지 않을 것이다. 오히려 정치가 간섭하지 않는 것이 기업의 기술 수준을 발전시킬 수 있을지도 모른다. 웬만하면 정치가 기술을 건드리지 않는 것이 국가 경제를 위해 바람직하다. 한동훈이 법무부장관 또는 국회의원이라면 이러한 기술적 요소까지는 신경 쓸 필요가 없다. "법에 정해진대로 하겠습니다" 또는 "제 소관이 아닙니다"라고 이야기할 수 있기 때문이다. 그러나 만일 한동훈이 대통령에 도전한다면 이러한 스타트업 업체들과 기존 기득권자들의 갈등을 어떻게 해결할 생각인지, 대책은 무엇인지 질문받게 될 것이다. 한동훈은 대권에 도전할 때 새로운 기술 업체들의 갈등 조정 방안에 대해 준비해야 할 것이다. 여기에 더해 챗GPT 등 인공지능 역시 국가적으로 어떻게 활용할지 미리 준비해야 할 것이다. 유권자들이 이전처럼 단순히 혈연, 지연만으로 투표를 하는 세상이 아니기 때문이다. 특히 MZ로 일컬어지는 젊은 세대들은 자신에게 어떤 이익이 있을지를 고려하기 때문에 기술적 요소에 대해서는 미리 대비해 두는 것이 필요하다.

3C분석

3C분석은 '고객Customer', '경쟁사Competitor', '자사Company'를 분석하여 마케팅 전략을 수립하기 위한 '전략 삼각형'이라고도 한다. 고객이 어떤 것을 원하고, 자사와 경쟁사는 현재 상황이 어떤지를 분석하는 과정이기도 하다. 한동훈이라는 상품을 판매하려면 고려해야 하는 것들은 어떤 것들인지 보자

◇ 고객(유권자)

유권자층을 보면 우리나라는 여러 가지 기준에 의해 분류할 수 있다. '거주지역(수도권, 영남, 호남)', '정치적 이념(좌파, 우파, 중도파)', '성별(남, 여)', '연령대(10대, 20대, 30대, 40대, 50대, 60대, 70대 이상)' 등 간단하게만 봐도 네 가지다.

거주지역에 따라 유권자를 분류해 보면, 수도권, 영남, 호남 이렇게 크게 세 개의 덩어리로 나눠볼 수 있다. 조금 더 세부적으로 들어가면 수도권은 서울의 25개 자치구, 경기도 각 지자체까지 고려해야 한다.

이념을 보자. 좌파, 우파 이념의 두 개의 양극단이 있고 가운데엔

중도성향의 유권자들이 있다. 좌파, 우파가 각 30% 정도를 차지하고 있다. 이들은 투표 성향은 거의 바뀌지 않는다. 당락을 결정하는 캐스팅 보트 역할은 유권자의 40%를 차지하는 중도층에게 달려있다. 중도층의 투표 성향은 그때그때 달라진다. 누가 더 내 삶에 도움이 될 것인가, 누가 좀 더 좋은 사람인가 등을 따져서 투표하기 때문에 어느 한쪽을 강력히 지지하지는 않는다. 선거에 이기려면 중도층을 잡아야 하는 이유다.

성별을 보자. 남성과 여성이 각자의 입장에 따라 어디에 투표할지 결정한다. 특히 최근 젊은 층에서의 젠더갈등은 선거에 많은 영향을 미치는 이슈가 되었다. 정당이나 정치인 개인이 과거에 비해 성별과 관련된 정책과 주장을 좀 더 많이 내세우는 이유와도 젠더갈등이 연결되어 있다.

연령대 역시 중요한 유권자의 기준이다. 얼마 전까지는 투표에 있어 젊은 청년층은 좌파, 장년층은 우파를 선택한다는 것이 일반적인 가설이었다. 그러나 최근 들어 이 가설은 적용되지 않는다. 20대 남성들이 윤석열 대통령을 지지했다는 것은 다 아는 사실이다. 2020년 이전까지의 젊은 층은 정치와 투표에는 큰 관심이 없는 세대였기에 정치인들은 투표율이 낮은 청년층에 대한 정책을 크게 신경쓰지 않았다. 그러나 2020년부터 본격화된 청년층의 정치참여는 정치권으로 하여금 청년들에게도 관심을 가지게 하고, 청년을 위한 대책을 마련하도록 했다.

◇ 경쟁자(더불어민주당)

더불어민주당은 '진보'라는 백화점을 운영한다. 그 건물 안에 입점해 있는 영업장은 민주노총, 각종 좌파 시민단체가 있다. 정치권을 기웃거리는 대학교수들 역시 한편에서 자신들의 사상을 판매하고 있다. 이뿐 아니라, 문재인 정권 당시 청와대 근무했거나, 공기업에 낙하산으로 들어갔던 인사들 역시 각자 자신의 자리에서 윤석열 정부를 흠집 내기 위해 혈안이 되어 있다.

더불어민주당에 있어 2024년 4월에 치러지는 국회의원 선거는 생사가 걸린 문제다. 현역 민주당 소속 의원들은 혹시라도 낙선하게 되면 더 이상 그들을 지켜줄 국회의원 뱃지(방탄조끼)가 없어지기 때문이다. 지금까지는 다수당이라는 이유로 사사건건 윤석열 정부의 발목을 잡으며 국정 운영을 훼방 놓으며 자신들의 이권을 챙길 수 있었지만, 만약에 이번 22대 총선에서 지게 되면 윤석열 정부의 정책들이 본격적으로 실행될 것이고 그렇게 되면 진보의 백화점에 입점해 있는 좌파세력들과 나눠 먹을 게 없어지게 된다. 그건 지지세력의 약화로 이어지고 다음 대선에서도 패배하는 결과를 낳게 된다.

이외에도 수많은 사건으로 재판을 받고 있는 이재명 대표를 지키기 위해서는 방탄조끼가 반드시 필요한 상황이다. 총선에 져서 소수당으로 전락하면 진보진영의 가장 강력한 대선 후보를 잃게 될 것이고, 그러면 정권 창출은 물 건너가기 때문이다. 좌파의 칼날이 윤석열 대통령에게도 향해 있지만, 한동훈 위원장에게 더 날카로운 칼날을 들이대는 이유도 반대 진영의 가장 강력한 장수를 쓰러뜨려야만 전쟁에서 승리할 수 있기 때문이다. 그러나 비집고 들어올 빈틈이 없으니 당황스러운 상황이다.

더불어민주당 입장에서는 윤석열 대통령은 이미 정권을 가지고 있기 때문에 관심 밖일 수 있다. 탄핵 운운하지만 정권을 뺏을 수 없다는 것을 잘 알고 있다. 그러니 다음으로 이어지지 않게 하는 것이 가장 큰 목표일 것이다. 한동훈 위원장이 좌파의 원수가 되어 있는 이유이다.

◆ 자사(국민의 힘)

국민의 힘은 총선과 대선에 제대로 준비되어 있을까? 그렇다고 답하기엔 걸림돌이 많다. 경쟁자인 민주당이 최악의 길을 걷고 있음에도 국민의 힘 지지율은 이렇다 할 상승세를 보이지 못하고 있다. 민주당이 이러저러한 실책으로 인해 국민의 신임과 지지를 잃더라도 국민의 힘이 반사이익을 얻지 못하고 있는 것은 국민의 힘을 지지할 이유를 만들어 주지 못하고 있기 때문이다.

국민의 힘이 걸어온 길을 보자. 박근혜 전 대통령의 탄핵 여파로 인해 우파는 궤멸 직전의 상태까지 갔었다. 대통령 자리가 문재인에게 가는 것을 무기력하게 지켜봐야 했으며, 2020년 총선에선 103석을 얻어 전체의석수 300석 중 겨우 3분의 1을 조금 넘는 수준의 참

담한 성적표를 받아야만 했다. 그 이후 윤석열 대통령이 당선되었지만, 그것은 국민의 힘이 잘해서가 아니라 문재인 정권에 실망한 국민들이 살아있는 권력에 당당히 맞섰던 윤석열이라는 사람을 지지했기 때문이다. 오로지 윤석열의 개인기로 대통령이 된 것이다.

국민의 힘은 윤석열 대통령이 정권을 잡은 후에도 실망스러운 모습을 보여주었다. 정권의 성공을 위해 노력해야 하는 여당이면서도 다수당인 민주당만을 탓하며 무기력하고 혼란스러운 모습만 보여주었다.

다행히 한동훈 비대위원장이 취임하면서 조금씩 정상적인 모습으로 돌아가고 있는 중이다. 총선이라는 큰 태풍 앞에서 그나마 다행으로 선장을 바꿨으니 희망이 없지는 않다. 다만, 아직도 하나 된 모습을 보이지 못하고 자신의 이익만을 위해 탈당하여 새 당을 만들거나, 내부에서 분란을 일으키는 사람들이 있다. 이러한 문제들을 한동훈 위원장이 얼마만큼 잘 수습하고 정리하느냐에 따라 정치적인 위상이 달라질 것으로 생각된다.

SWOT 분석

기업 마케팅에서 SWOT 분석이라는 것은 'S(Strength_강점)', 'W(Weakness_약점)', 'O(Opportunity_기회)', 'T(Threat_위협)' 요인을 각각 분석하여 자사 제품이 경쟁사에 비해 어떻게 차별화될 수 있는지 판단하는 도구로 사용된다. 우선 S(강점)는 우리 조직이 경쟁 조직에 비해 어떤 강점이 있는지, 왜 경쟁사가 아닌 우리 회사의 제품을 선택해야 하는지를 탐색하는 과정이다. W(약점)는 경쟁사에 비해 자사가 부족한 점이 무엇인지, 개선이 필요한 점은 무엇인지를 가리킨다. O(기회)는 자사 및 경쟁사 요인이 아닌 외부환경의 변화 중에서 자사에 유리하게 활용할 수 있는 요소를 가리킨다. 외부환경에 변화에 민감하게 대응할 수 있다면 변화를 기회의 요인으로 활용할 수 있게 된다. 마지막 요소인 T(위협)는 외부환경의 변화가 자사에 위협이 되는 경우를 가리킨다. 시장의 트랜드가 우리 제품 자체를 멀리하는 환경으로 변화하는 경우 위협으로 작용한다.

SWOT 분석은 주어진 환경을 기회삼아 경쟁사보다 더 우위를 점하기 위한 전략 수립 단계라 요약할 수 있다. 한동훈이라는 상품은 SWOT 측면에서 어떻게 판단해 볼 수 있을지 알아보자.

◆ S(강점) - 신선함

한동훈의 강점은 신선하고 바른 이미지라 할 수 있다. 현재의 정치인들이 보여주는 때 묻은 모습과는 거리가 있다는 뜻이기도 하다.

더불어민주당은 이재명과 송영길이라는 전 현직 당대표들로 시작해서 '돈'과 관련된 구설수와 의혹이 끊임없이 제기되고 있다. 국민의 힘 역시 과거 '차떼기 사건'이라 하여 한나라당 시절 불법으로 대선자금을 받은 일도 있기에 여당, 야당을 막론하고 부정한 돈에

손을 대는 일이 비일비재하다. 특히 민주당의 이른바 운동권 '86세대'는 과거 자신의 불이익에도 불구하고 정권에 대항해 처벌받기도 했던 순수함과 윤리성이 최대의 무기였는데 더 이상 그 장점이 보이지 않는다. 운동권 출신 정치인들이 뇌물을 받고, 돈봉투를 돌리는 모습은 그들 역시 이미 과거 자신들이 욕하고 저항하던 기득권이 되어갔음을 보여준다.

한동훈은 기존의 정치인들에게서 실망을 느낀 유권자들에게 때묻지 않은 모습을 보여줄 수 있다는 강점이 있다. 앞서 살펴보았듯, 정치권에서는 선거철마다 매번 신선한 인물이 출현하여 정치권을 긴장시킨다. 그 신선한 인물들이 대중의 기대를 충족시키지 못할 때 지지율이 급락하고는 하는데 한동훈은 대중의 기대를 충족시킬 수 있을까? 아마도 가능할 것이다.

일부에서는 한동훈이 우선 국회의원이 되어 정치 경험을 하면서 체급을 키우고 2027년이 아닌 2032년에 대권에 도전할 것이라 예상하기도 한다. 한동훈이 만일 대권에 관심 있고 큰 뜻을 펼쳐보고자 한다면 굳이 10년 이상 기다릴 이유가 없다. 신선함이 떨어지고 누군가 더 신선한 인물이 등장할 가능성도 있기 때문이다.

한동훈은 정치의 관행을 잘 모르고 관심도 없다. 그에게 중요한 것은 '불법인가', '공정한가'의 여부다. 원칙에 맞지 않게 부당한 이익을 챙기는 것을 보고 눈감지 않는다. 이와 같은 한동훈의 캐릭터는 공정에 예민한 한국 사회가 가장 원하는 바이기도 하다. 한동훈

은 정치 경험이 없는 신선함이라는 장점을 자신의 강점으로 만들어
낼 것이다.

◆ W(약점) - 조직, 인맥 부족

한동훈은 검사로 시작해서 법무부장관에 이르기까지 계속해서
법조인의 삶을 살아왔다. 이런저런 단체에 소속되어 활동한 바 역시
없다. 인맥에 연연하지 않고 오로지 능력과 실력으로 자신을 증명하
는 한동훈의 성격 때문이다. 그의 대선 경쟁 후보는 이 점을 공격할
것이다. "한동훈이 대통령이 되면 검사공화국이 됩니다. 앞선 윤 대
통령을 보셨지 않습니까. 자리가 나면 무조건 검사로 그 자리를 채
우는 것 지겹지도 않으십니까?" 이런 이야기를 하지 않을까 싶다.

한동훈 개인에게서 약점을 찾기는 쉽지 않다. 본인을 비롯해 주
변을 철저히 관리했기 때문에 구설수에 오를 만한 사람이 없다. 다
만, 조직과 인맥이 부족하다는 것은 한동훈에게 약점이 될 수 있다.
윤 대통령 역시 마찬가지였다. 윤 대통령이 처음 내각을 구성하고
장관을 임명했을 때를 되돌아보면, '법조계에서만 임명하는 것 아니
냐', '서울대 출신만 뽑는 것 아니냐'라며 프레임을 씌우곤 했다. 조
금만 따져보면, 대통령이 자신과 코드가 맞고, 국정철학을 그대로
실현시킬 수 있는 사람을 뽑는 것은 전적으로 대통령이 결정할 사항
이다. 그렇기에 누구를 장관으로 뽑든 대통령의 재량사항이라 할 수
있다. 문재인을 보라. 도대체 어디서 저런 함량 미달의 인사를 뽑은

거냐 싶은 인물들이 장관, 보좌관을 하지 않았던가.

다시 한동훈으로 돌아와서, 그는 인맥이 없다는 점이 약점이기는 하지만 큰 약점은 아니다. 한동훈은 '시스템'에 의해 인물을 선택할 가능성이 높기 때문이다. 또 한 가지, 한동훈에게 조직이 없을까? 국민의 힘을 보면, 조직에 대한 걱정은 따로 하지 않아도 될 듯하다. 오히려 국민의 힘이 가진 일부 인물들에 대한 강한 비호감이 한동훈의 지지를 꺾는 일이 될 것을 걱정해야 할지도 모른다. 어쩌면 이제 조직과 인맥에 관한 걱정은 불필요할지도 모른다. 이미 여당의 비대위원장으로 맹활약하며 국민의 힘을 장악해 가는 모습을 보면 괜한 걱정을 하는 것 같다는 생각이 든다.

◆ O(기회)

대한민국의 상황이 한동훈에게 기회가 될지 위협이 될지 쉽게 예측할 수 없다. 윤 대통령이 문재인이 저질러놓은 잘못들을 바로잡는 '비정상의 정상화'를 위해 애쓰고 있는 상황이기 때문이다. 윤 대통령이 어떠한 성과를 남기느냐에 따라 판단은 달라질 수 있다. 큰 틀에서 대한민국의 상황을 정치, 외교, 경제, 사회면에서 살펴보면서 한동훈에게 기회가 될 수 있을지를 짐작해 보고자 한다.

정치 – 국민의 힘과 더불어민주당의 진흙탕 싸움은 계속될 것이다. 유권자들은 투표를 할 때 더 좋은 사람을 고르기 위해 고민해야 하지만 현실은 그렇지 않을 것으로 보인다. 지금까지 그래왔듯 앞으로도 선택에 있어 고려되는 사항은 '저쪽 당이 되면 안 되니까', '저쪽 진영이 더 싫으니까'라는 이유가 많은 부분을 차지하지 않을까 싶다. 민주당은 "저희가 이재명이나 송영길 등이 잘못하기는 했지만 그렇다고 국민의 힘 같은 극우 보수에게 표를 주시겠습니까?"라며 호소할 것이다. 국민의 힘은 "더불어민주당의 폭주를 막을 수 있도록 윤석열 정부에 힘을 실어 주십시오"라고 호소함으로써 표를 얻으려는 계획이다.

양당 모두 믿는 구석이 있다. '그래서 민주당 놈들 뽑을 거야?', '그래서 국힘 놈들 뽑을 거야?' 이렇듯 양당의 선거전략은 사라져야 할 악습이고 갈라치기라 할 수 있다. 그럼에도 현실적인 판단을 하자면 민주당과 국민의 힘은 서로를 공격하면서 자신들의 지지층을 지켜내는 참으로 고약한 공생관계에 있다고 볼 수 있다. 각 정당은 자신들의 지지율 각 30%씩은 이미 확보한 것으로 판단하고 중도층을 공략할 텐데, 2024년의 총선과 2027년의 대선에서도 유지될 것으로 판단된다. 결국 투표의 향방을 결정하는 것은 중도층이 될 텐데 이러한 상황이 한동훈에게 유리할지 불리할지 지켜볼 필요가 있다.

예상해 보자면 한동훈이 가지는 이미지가 중도층에게 호감으로 작용할 수 있기에 유리한 상황이다. 서울에서 자란 한동훈은 지역색이 강하지 않다. 지역 측면에서 호불호가 따로 결정되지 않는다는 뜻이기도 하다. 윤 대통령 이전까지는 대통령은 무조건 경상도에서 태어나야 한다는 일종의 경험칙이 있었다. 경상도에서 태어난 좌파라면 고향을 기반으로 경상도에서 표를 얻고 좌파이념으로 전라도에서 표를 얻는 전략이 가능했기 때문이다. 이재명이 2022년 대선 기간에 경북 안동에 가서 한복을 입고 절을 하면서 지역 표심을 얻기 위해 노력했다는 점이 이를 증명한다. 문재인 역시 부산이라는 지역의 인연을 강조하면서 좌파이념으로 민주당의 지지를 받아 당선될 수 있었고 말이다.

한동훈은 정치혐오의 풍토 속에서 깨끗한 이미지를 통해 기존의 정치인과 다른 차별성을 강점으로 가질 수 있다. 민주당에서 더 깨끗하고 정치인 출신이 아닌 후보를 선출한다면 이야기는 달라질 수 있겠지만, 민주당이 과연 그렇게 할 수 있을지는 의문이다.

외교 – 외교와 국방은 대통령이 전적으로 권한을 행사할 수 있는 영역이다. 우리나라는 법치주의를 채택하고 있기에 대통령이라 해도 대한민국의 모든 일들에 대해 마음대로 처리할 수는 없다. 반면, 외교와 국방은 대통령의 고유권한이라 할 수 있을 정도로 재량권을 행사할 수 있다. 어느 국가든 외교는 항상 복잡한 문제일 수밖에 없다. 특히 우리나라는 경제는 중국에, 국방은 미국에 의존해야 하는 상황이기에 더욱 그러하다. 미국과 중국은 신냉전체제의 긴장감을 높여가고 있다. 미국과 중국은 공개적으로 상대 국가에 대한 불신과 적대적인 감정을 드러내놓고 있다. 한국이 충분히 강대국이라면 미국과 중국의 눈치를 보지 않고 자유롭게 경제와 국방에 대해 의사결정을 할 수 있겠지만 현실은 그렇지 못하다. 눈치에 눈치를 봐야 겨우 먹고 사는 문제가 해결되는 상황이다.

한동훈은 현재의 외교 상황을 자신의 강점으로 활용할 수 있을지 판단해 보자. 외교 측면에서 한동훈은 자신의 견해와 주장을 직접 밝힌 적은 없다. 그렇기에 미루어 짐작할 수밖에 없는데 실마리는 이민청 설립 시의 발언이다. 그는 '상호호혜주의'에 입각한 이민 정책을 실시하겠다고 했다. 즉 다른 국가에서 우리 국민에게 혜택을 주는 만큼 우리도 해당 국가의 국민에게 혜택을 주겠다는 것이었다.

윤 대통령의 외교 노선과 궤를 같이한다. 외교가 결국 국익을 위한 활동인 만큼 상호주의는 기본이 된다고 할 수 있다. 이러한 점에서 윤석열과 한동훈의 외교는 국익을 위한 것이라는 점을 알 수 있다.

비교해 보자. '다시는 일본에 지지 않겠다'는 문재인의 발언. 반일 감정을 자극하여 기분은 통쾌했을지는 모르지만 얻은 것은 무엇인가? 없다. 아니 오히려 일본의 수출품 규제와 관련해서 화이트리스트에서 배제되는 결과만 얻었을 뿐이었다. 일본 총리가 문재인 생일이라고 케이크를 보내자, '단 거 못 먹습니다'라고 하는 것이 과연 국익을 위한 외교라 할 수 있을까 싶다. 무엇이든 문재인 반대로만 하면 기본은 한다는 우스갯소리가 괜히 나온 게 아니다.

한동훈은 국익을 위한 외교라는 측면에서 원칙에 입각한 활동을 할 것으로 기대된다. 첨언할 것이 있다. 한동훈은 미국 뉴욕주 변호사 자격증을 가지고 있다는 것. 미국 외교에서 의사소통이 자유로울 수 있다는 점에 더해 미국의 문화와 시스템을 잘 알기에 '말이 통하는 지도자'로서 자리매김이 가능하다. 미국을 제외한 일본, 북한, 중국, 러시아와 어떠한 외교를 할 것인가는 지금으로서는 알 수 없다. 다만, 그가 이민청을 설립할 때 언급했던 '상호호혜주의'의 원칙이 적용되지 않을까 싶다. 큰 틀에서 윤 대통령이 가진 외교정책을 이어갈 것으로 예상된다. 윤 대통령이 그간 무너졌던 외교 관계의 초석을 다시 다졌다면, 한동훈은 그 초석 위에 성과들을 쌓아나가는 모습이 되지 않을까 싶다. 한동훈이 가진 미국 유학 및 변호사 자격증은 선거운동할 때 그가 외교에 있어 준비가 되어 있다는 인상을 줄 것이다. 여기에 더해 각국 법무부장관들과 함께 자연스럽게 이야기 나누면서 찍은 사진들은 그에게 큰 힘이 되어 줄 것이다.

경제 − 경제 상황은 대통령 선거에 있어 가장 크게 영향을 미치는 요소다. 2000년대 들어 역대 대통령 후보들의 선거 캠페인은 '경제 대통령'이라 해도 과언이 아니다. 이는 미국에서도 마찬가지다. 1992년 빌 클린턴 후보를 당선시킨 1등 공신은 "It's the economy, stupid(바보야! 문제는 경제야)"라는 선거 슬로건이었다. 이 한 줄의 영향력은 당시 현직 대통령이던 공화당의 조지. W. 부시를 누르고 민주당의 젊은 후보를 대통령으로 만들었다.

미국처럼 한국 역시 정치인에게 '경제에 대한 지식과 이해'는 필수항목이 되어가고 있다. 이제 우리는 대통령 후보에게 투표할 때 얼마나 그가 민주화에 앞장섰느냐보다는 나를 얼마나 더 잘살게 해줄 수 있느냐에 관심을 더 가진다.

사실, 우리 사회에서 일어나는 모든 일들이 먹고 사는 문제와 연결될 정도로 경제의 범위는 넓다. 최저임금, 노동시간, 은행의 이자율, 주택 재개발, 재건축과 같이 개인과 기업에 영향을 미치는 요인도 있고, 환율, 무역수지 등 국가에 영향을 미치는 요인도 있다.

한동훈에게 경제 상황은 기회가 될 수 있을지 생각해 보자. 기회라기보다는 위협으로 다가올 가능성이 높다. 경제정책에 있어 한동훈은 어떤 의견과 계획이 있는지 아직 검증된 바가 없기 때문이다. 그는 법무부장관직을 내려놓고 나서 정치인으로 활동하면서 본격적으로 의견을 피력하고 있다. 그의 경제관은 이민청 설립과 관련하여 했던 발언에서 유추해 볼 수 있다. 그는 외국인의 계절근로자 문제에 대해 "각 지자체의 정당과 관계없이 지자체장들이 절실하게 요구하시는 부분이다. 그분들 입장에서는, 특히 농촌에서는 계절근로자없이 안 돌아가는 상황이 이미 되어버렸습니다. 체류 질서를 지켜야 하는, 저희는 어떻게 이걸 지키면서도 어느 정도 지자체의 요구를 충족시켜야 되는 면이 있기 때문에 참 어려운 문제이긴 합니다"라고 했다.

쉽게 정해진 원칙에 따라 기계적으로 불법체류자는 무조건 엄단하겠다고 하면 될 문제일 수도 있지만, 한동훈은 각 지자체의 요구 사항과 법의 원칙 사이에서 효율적인 조율이 가능하도록 방향을 고민한 모습이 보인다. 이 점에서 한동훈은 향후 경제 문제에 있어서도 이전까지 법대로 모든 것을 처리하는 태도에서 방향전환을 시도하여 경제에 있어서는 경제적 실익과 법의 원칙 사이에서 균형점을 찾을 수 있을 것으로 보인다. 한동훈에게 경제 분야 경험이 없다는 것은 약점으로 작용하여 위협 요인일 수도 있겠지만 현재 윤 대통령이 보여주는 '시스템'에 의한 경제운영이 빛을 본다면 이 후광이 한동훈에게 연결될 수 있지 않을까 싶다.

사회 – 사회의 움직임 역시 경제만큼이나 다양한 종류와 그에 따른 변수가 있기에 쉽게 예단하기 어렵다. 다만, 몇 개의 상징적인 키워드는 있다. '불공정', '법치' 이렇게 두 가지를 들어볼 수 있다. 상징적인 몇 개의 사건들을 보자.

불공정 관련해서는 젊은 세대가 가장 예민하다. 기성세대는 '억울하면 출세하라'는 식이었다. 불공정에 대한 과거 기성세대의 해법은 참고 넘어가자 였지만, 이제 세상은 참고 넘어가지 않는다. 부당함과 불공정은 각종 SNS와 커뮤니티를 통해 실시간으로 불특정 다수에게 공유된다.

불공정함, 세대와 성별의 갈등이 문제 되는 상황은 한동훈에게 어떻게 작용할지 판단해 보자. 우선 드는 생각은 한동훈이 가진 공정함, 법의 준수 이미지는 불공정함에 대해 관용 없이 엄정하게 대할 것이라는 기대를 가지게 한다. 윤 대통령이 어느 정도 불공정함을 해소하여 선거 캠페인에서 슬로건으로 삼았던 '공정과 상식'이 사회에 퍼지기는 하겠지만 완전히 뿌리 내리지는 못할 것이다. 한동훈은 윤 대통령이 심어놓은 씨앗을 성장시키는 역할로 자리매김할 것이고 이는 국민들에게 상당한 호감과 기대감을 얻을 수 있는 요소로 작용하리라 보인다.

공정성 측면에서 한동훈은 압도적인 우위를 가지고 있다. 권력자, 부자라 해서 봐주지 않았기 때문이다. 국회의원들과의 정책 토론에 있어서도 건방져 보일 정도로 말대답을 잘하는데 이와 같은 모습은 젊은 세대들에게는 크게 어필할 수 있다. 어리다고, 정치 경험이 없다고 무시당하는 모습에 반발하고 자신의 의견을 제시하는 것을 보며 대리만족을 얻을 수 있기 때문이다. 만일 한동훈이 나이 든 국회의원들에게 굽신거리는 모습을 보였다면, 오히려 공정하지 못하고 결국 한동훈도 기성 정치권에 물들었다는 인상을 줬을 것이다.

결과적으로 민주당에서 누가 대선 후보로 나오든 공정성에 있어서는 한동훈보다 비교우위를 가질 수 없을 것으로 보인다.

◆ T(위협)

앞서 기회요인을 살펴보면서 일부 위협요인도 함께 언급했기에 한동훈에게 순수하게 위협이 될 만한 요인 몇 가지만 보기로 하자.

한동훈에게 위협이 될 만한 대한민국의 상황은 어떤 것들이 있을까? 몇 가지 나열해 보도록 하자.

첫 번째 위협 요소는 한국 사회에 뿌리 깊이 남아있는 장유유서의 유교적 문화다. 법에서는 대통령 출마자격을 40세 이상으로 규정하고 있기는 한데, 한동훈은 73년생으로 2027년에 54세가 되어도 다른 정치인들에 비해 아직 많이 어린 편이기 때문이다. 실력에 나이가 상관은 없지만, 민주당에서 '경륜있는 후보', '총리까지 경험한 준비된 후보'라는 프레임으로 선거 캠페인을 펼치게 되면 한동훈은 미국의 존. F. 케네디 대통령이 42세에 당선되었었다는 점과 프랑스 마크롱 대통령이 당선 당시 39세였다는 점을 들어 반격할 수 있다.

또 다른 위협은 한동훈이 가난했던 적이 없다는 그의 성장 배경이다. 유복한 집에서 태어나고 자랐기 때문에 서민의 눈물을 닦아주기는커녕 냉정하게 법대로만 나라를 운영할 것이라 공격받을 가능성이 있다. 취업 시장에서 좌절을 겪어본 적 없으며, 일반 시민들과 대화해 본 일이 없고 범죄자만 잡아 가두는 일만 했으니 현실 세상을 모를 것이라는 공격도 예상된다. 한동훈이 이미 지나온 일들이기에 이를 바꿀 수는 없다. 위협에 대처하기 위해서는 그의 성장배경이나 사회생활 경험이라는 프레임을 바꿔서, 그가 서민과 시민을 위해 어떠한 일을 해왔는지를 국민들에게 설득하면 된다.

프레임 전환에 있어 한동훈은 탁월한 감각과 전략을 지금까지 해왔던 수많은 인터뷰를 통해 드러냈다. 이재명에 대한 수사가 정치탄압이라는 민주당의 공격에 한동훈은 민주당 대표 이재명에 대한 수사가 아니라 성남시장 이재명에 대한 수사라는 짧은 말로 프레임을 벗어났고, 민주당의 돈봉투 사건이 기획 수사라는 민주당의 공격에 검찰은 녹취를 강요하지 않았다는 말로 프레임을 벗어나 오히려 돈봉투 사건의 정당성을 국민에게 납득시킬 수 있었다.

유복했던 성장배경과 유능한 국제변호사인 아내, MIT에 합격한 딸 이렇게 엘리트 집안이라는 사실을 한동훈이 어떤 화법으로 민주당의 '부잣집', '기득권 세력'이라는 공격에 대처할 수 있을지 기대된다.

STP 전략

기업의 STP 전략이란, 앞서 실행된 '3C(고객, 경쟁사, 자사)분석', 'SWOT(강점, 약점, 기회, 위협)분석'을 통해 수립하는 '시장세분화 Segmentation', '표적시장 선정Targeting', '포지셔닝Positioing'의 3단계 전략을 가리킨다. 즉, 분석한 시장조사 결과를 바탕으로 고객군을 나누고, 자사의 제품에 맞는 표적시장을 선정하여 고객의 마음속에 제품의 이미지를 자리 잡도록 포지셔닝하는 과정이다. 하나씩 살펴보며 한동훈이라는 상품에 어떻게 적용할 수 있는지 살펴보자.

◇ 시장세분화 (Segmentation)

시장세분화는 전체 고객을 몇 개의 기준을 적용하여 구분하는 과정을 가리킨다. 말 그대로 전체 시장을 세분화하는 과정이다. 이 기준으로 많이 사용되는 것은 지리적 변수(거주지, 도시 규모, 기후 등), 인구통계학적 변수(나이, 성별, 소득, 직업 등), 심리적 변수(개성, 취미, 라이프스타일 등)가 대표적이다. 시장세분화에 한동훈을 대입해보자.

한동훈을 세일즈해야 하는 전체 시장은 대한민국의 모든 유권자다. 즉 18세 이상의 대한민국 모든 국민은 세일즈의 대상이다. 한동훈은 어느 한 세대를 특정해서 지지를 호소한다면 해당 세대에게는 지지를 많이 받을 수 있을지 몰라도 다른 세대에게 외면을 받을 수 있기 때문에 대선에서는 전 세대에 호소하는 전략을 세워야 한다.

한동훈은 세대라는 기준만 놓고 보면 그 자신이 X세대에 속해있으면서 젊은 이미지를 가지고 있어 MZ와 알파 세대에게까지 호감을 얻을 수 있다. 우파의 신념을 가지고 있다는 점은 베이비붐세대와 그 윗세대인 산업화세대에게도 어필할 수 있는 장점이기도 하다. 만일 투표에서 세대라는 기준만 적용된다면 대선은 한동훈에게 유리하게 흘러갈 수 있다. 다만, 유권자들은 같은 세대라 하더라도 개인적인 신념과 의견이 다르기에 절대적인 기준은 될 수 없다.

다음으로 봐야 하는 것은 성별이다. 남성과 여성의 구분은 투표에 있어서 큰 차이를 보이지는 않는다. 후보가 또는 유권자가 남성인지 여성인지는 투표의 방향을 결정할 때 큰 영향을 끼치지는 않는다. 표의 방향은 그 후보의 공약이 어느 성별에 더 친화적인지에 따라 달라진다. 이 점에 있어 한동훈 위원장이 장관 시절 반대 입장을 밝힌 '비동의간음죄'는 여성 유권자들, 특히 젊은 여성들에게 공감을 얻지 못할 수도 있다. 민주당은 이 점을 공격할 것이다. 예상 공격 포인트는 한동훈은 성인지 감수성이 없다는 것. 그의 이미지와 외모가 호감형이기에 여성들의 지지를 받는 것은 얼마든 가능한 일이지만, 성인지 감수성이 부족하다는 공격이 확대되어 한동훈도 결국 남자만 위한다는 프레임에 갇히게 되면 지지세에 타격을 받을 수 있다.

소득과 직업 등의 인구통계학적 변수 역시 고려해야 봐야 한다. 소득세를 기준으로 보면 국민의 상위 10%가 80%의 소득세를 부담하고 하위 40%는 소득세를 부담하지 않는다. 대한민국은 소득에 있어 불평등하다는 뜻이기도 하다. 유권자의 비중이 소득세와 유사하다고 가정하면 유복한 성장배경을 가진 한동훈은 소득 기준 상위 10%의 유권자에게는 동질감을 줄 수 있지만 하위 40%의 국민에게는 '당신은 서민의 어려움을 모른다'라는 공격을 받을 수 있다. 한동훈 위원장이 그간 보여준 공정한 모습과 범죄를 근절하려는 노력은 알지만 그래도 대통령은 서민의 아픔을 알아야 하지 않느냐는 주장은 대중의 감성을 자극하는 요인이 될 수 있다.

지역 요인을 따져보자. 지역감정이 점점 약해지고 있다고는 하지만 아직까지 우리 사회에서 경상도, 전라도는 표심이 특정 정당에 많이 몰리고 있는 것이 현실이다. 양대 정당은 옳지 않다는 것을 알면서도 당선을 위해 의도적으로 지역색을 강조한다.

한동훈의 출신 지역이 경상도나 전라도가 아니기 때문에 지역색이 상관없다고 생각할 수도 있지만, 국민의 힘 소속으로 대선에 임한다면 경상도 지역에서는 우세하겠지만 전라도 지역에서는 열세일 수밖에 없다. 선거가 후보 인물만 보는 것은 아니기 때문이다. 인물보다는 소속 정당이 더 중요하게 여겨지는 것이 아직은 대한민국의 현실이다.

요약해 보자. 한동훈이 표를 얻어야 하는 전체 시장은 투표권을 가지고 있는 전체 국민인데, 세대와 성별은 유불리가 따로 없지만 소득과 직업 측면에서는 한동훈에게 약점이 될 수도 있다. 민주당의 공격 프레임에 어떻게 대응해야 할지 전략을 미리 준비해야 한다. 지역에 대해서는 전라도 지역에서 더욱 정교한 선거 캠페인을 통해 소수지만 한동훈을 지지하는 사람들의 표를 얻을 수 있도록 대비해야 한다.

◆ 표적 시장 선정(Targeting)

기업에서 시장을 세분화하여 몇 개의 그룹으로 나누게 되면, 그 중에서 어느 시장을 주요 고객층으로 선정할 것인가를 결정해야 한다. 이론 상으로 모든 고객에게 물건이 잘 팔리는 것이 가장 좋은 경우지만 현실적으로 그렇지 않기 때문이다.

한동훈이 대선에서 승리하고자 한다면 어떤 표적 시장을 공략해야 할지 판단해보자.

우선 지역적으로 볼 때 경상도와 강원도에서는 국민의 힘 소속이라는 점과 춘천에서 어린 시절을 보냈다는 점에서 한동훈이 강세를 보일 지역으로 보인다. 서울과 수도권에서 우세해야 당선이 가능하기 때문에 마케팅 측면에서 최대 집중해야 할 곳은 서울, 수도권 및 중부권이다. 언뜻 생각하면 득표율이 가장 낮을 것으로 예상되는 전라도에 오히려 집중하는 게 더 낫지 않겠냐 싶을 수 있는데 그렇지 않다. 자원과 시간이 한정되어 있기 때문이다. 주어진 시간 안에서 최대성과를 얻으려면 노력 대비 효율이 가장 잘 나오는 곳을 우선 확보해야 한다.

지역에 이어 남성과 여성이라는 유권자 구분 역시 고려해 봐야 한다. 성별에 따라 유권자를 구분하는 접근은 오히려 독이 될 수 있다. 이에 대한 대책이 있다. 한동훈은 성별에 따라 다른 정책을 펼치거나 갈라치기 하지 않겠다는 메시지를 던질 수 있으면 충분하다. 갈라치기가 아닌 통합의 메시지를 던져야 하는 것이다. 젊은 세대는 물론이고 기성세대 역시 '공정함'에 대해서는 예민하다. 남녀가 구분되는 순간, 그 공정함은 퇴색할 수밖에 없다. 한동훈에게 가장 좋은 전략은 페미니스트 선언하는 등의 좌파식 접근이 아닌 정치와 법치에 남녀 구분이 있을 수 없다는 것을 강조해야 한다. 윤석열 대통령이 대선 후보 당시 페미니스트 선언할 의향이 있느냐는 여성단체의 질문에 대답하지 않은 것은 매우 좋은 전략이었다. 그 질문은 Yes/No에 구분 없이 공격할 포인트를 숨겨놓은 함정 질문이었기 때문이다. 만일 당시 윤석열 후보가 'yes'라고 했다면, 많은 남성들의 표를 잃었을 것이다. 여성단체의 압력에 굴복하는 모습으로 보였을 것이고, 현실 세계에서 이미 수많은 페미니스트와 강요된 '성인지 감수성'으로 불만을 가진 남성들을 모조리 빼앗길 수도 있었다. 만일 'No'라고 했었다면 여성들의 표를 얻지 못했을 것이다. 문재인 전 대통령은 스스로를 페미니스트라 했고, 이재명 당시 후보 역시 마찬가지였다. 전략적으로 윤석열 당시 후보가 무응답했던 것은 매우 탁월한 선택이었다.

◇ 포지셔닝(positioning)

자사 제품을 어디에 위치시킬 것인가를 결정하는 과정이다. 특히 경쟁제품과 비교하여 어떤 강점을 가지고 있는지 차별화가 필수적이다. 차별화 포인트는 제품의 성능이나 디자인을 통한 제품 차별화, 제품 이외의 서비스적인 측면에서 차별화, 브랜드 이미지를 통한 차별화 등으로 구분할 수 있다. 애플의 아이폰과 중국산 휴대폰을 비교해 보면, 애플은 디자인이 예쁘고 트렌드를 앞서나가는 사람들이 쓰는 휴대폰이라는 이미지가 있고, 중국폰은 언제 고장 날지 모르지만 싼 맛에 쓰는 핸드폰이라는 이미지를 가지고 있다. 이는 실제 제품의 성능이나 기능과 무관하게 국가나 브랜드가 그간 쌓아 온 이미지를 통해 소비자들의 뇌리에 각인되었다고 볼 수 있다. 제품의 이미지를 소비자의 마음속에 위치시키는 것, 이것이 포지셔닝의 목표다.

선거에 있어 포지셔닝은 상당히 까다로울 수밖에 없다. 기업의 경우라면 특정 시장을 공략하여 제품을 판매하는 것이 이익이기 때문이다. 플레이스테이션 같은 게임기를 굳이 장년층에게 판매하기 위해 광고비를 지출할 필요는 없다. 임플란트나 틀니 같은 상품과 서비스는 청년들에게 광고하기보다는 중장년층에게 광고하는 것이 가성비와 효율성이 더 낫다. 이처럼 제품의 특성에 따라 기업들은 자신들의 목표시장을 정하는 것이 가능하다. 하지만 정치는 그와 다르다. 대통령 선거는 18세 이상의 모든 유권자들에게 선택을 받아야 하기 때문이다. 만약 한동훈이 대선에 나선다면 그는 지지기반을 단단히 묶어두면서 동시에 마음을 정하지 못한 소위 '무당파' 또는 '부동표'의 선택을 받을 수 있는 전략이 필요하다.

한동훈이 대선에 나오게 된다면 큰 변화가 없는 경우 2022년과 비슷한 득표율을 기록하지 않을까 예상된다. 따라서 대선 후보 한동훈은 경상도 지역에서 몰표에 가까운 표를 얻어야 하겠고 서울, 인천, 경기도에서 우세하게 득표해야 승리할 수 있다. 2022년의 대선 결과처럼 1%포인트 미만의 득표 차이가 반복되지 않도록 전략을 세워야 한다.

위의 결과들을 종합해 보면 대권후보 한동훈은 40대, 50대를 제외한 연령층에 대해 젊고 능력 있는 지도자의 모습이 각인되도록 하면서 남녀 구분 없는 성 중립적 정책을 펼칠 인물로 보여야 한다. 한동훈의 정책은 재벌, 초고소득층을 위하지 않고 법치주의에 따라 공정할 것이라는 믿음도 줄 수 있어야 한다. 마지막으로 그의 최대 강점이자 약점인 전라도, 경상도 출신이 아니라는 점에 대해서는 '어디의 아들', '어디의 사위' 같은 설득력 없는 캠페인 대신, 지역색 자체가 없다는 점을 어필하면서 지역별 득표를 우세하게 얻을 수 있도록 준비하면 될 것이다.

05 이미 시작된 **한동훈의 시간**

한동훈의 인생 타임라인을 보면 영화를 보는 것 같다. 청년 시절까지 최고의 위치에 오르다가 어느 순간 네 번의 좌천이라는 인생의 위기를 맞이하게 된다. 위기를 극복하고 나서는 법무부장관이 되었고, 이제는 여당을 이끄는 비대위원장이 되어 여당의 차기 대통령 후보 1순위에 올랐다.

아이러니하게도 '한동훈의 시간'은 2019년 조국 수사로부터 시작되었다. 그때 눈 질끈 감고 꽃길을 걷겠다고 생각하여 민주당에 고개 숙였다면 한동훈은 문재인 정권하에서 승승장구하다가 지금은 또다시 좌천되어 잊혀졌거나 민주당 국회의원이 되어 이재명 대표를 지키는 일을 하고 있을지도 모른다.

한동훈이 대통령이 되든, 국회의원이 되든 내 인생에는 큰 차이가 없다. 지금처럼 평범한 생활인으로서 작가로서 살아가는 데 누가 대통령이 되든 나와는 상관없기 때문이다. 그럼에도 필자는 2027년에 한동훈이 대통령이 되기를 간절히 희망한다. 나의 자녀에게 공부 열심히 하면 훌륭한 사람이 될 수 있다고 말할 수 있기 때문이고, 신념에 따라 뜻을 꺾지 않으면 언젠가는 그 신념을 이룰 수 있는 기회를 얻게 된다는 사실을 직접 내 두 눈으로 보고 싶기 때문이다. 문재인 정권에서 함량 미달의 인물들이 장관하고, 국회의원 하는 것을 보면서 자괴감을 많이 느꼈었다. 우리나라가 저런 한심한 인물들이 정치하겠다고 덤비는 한심한 나라인가 개탄스럽기도 했었다. 일명 처럼회 멤버들을 보면서 분개했던 것은 나 혼자만은 아닐 것이다.

한동훈의 시간은 지금 현재진행형이다. 2027년 대통령 선거일을 향해 조용히 움직이고 있다. 지금 당장은 정치권에 발을 들여서 국민의 힘을 총선에서 승리시켜야 하는 어려운 과제가 있기는 하지만 한동훈은 어렵다고 해서 물러나거나 망설일 것 같지는 않다. 한동훈이 항상 하는 말처럼 하루하루 최선을 다하면서 천천히 대통령의 길을 갈 것이라 기대한다.

그렇다고 한동훈의 앞날에 꽃길만 펼쳐져 있고 아무것도 안 해도 알아서 국민의 지지를 얻거나 대통령에 당선되거나 하는 일은 없을 것이다. 공직자가 아닌 정치 플레이어로서 인생을 시작한다면 매일 매일이 정치적 싸움과 내부 권력 다툼의 한가운데 서 있는 아찔한 날들이 계속될 것이다. 한동훈을 팔아 자신의 이익을 꾀하는 정치

낭인들과 동료의원들도 있을 것이다. 어떤 날에는 더러운 정치권의 모습을 보면서 정치를 그만두고 싶기도 할 것이다. 가족을 향한 근거 없는 공격과 거짓 뉴스로 마음에 상처를 입을 수도 있을 것이다.

이 모든 시간이 한동훈의 시간이 되어 제21대 대통령 한동훈이 되는 과정이 되리라 생각한다. '그 길을 아는 것과 그 길을 직접 가는 것은 다르다'라고 한다. 한동훈은 이제 아는 것에서 머무르지 않고 가는 행동으로 옮기는 과정에 있다.

마치 수많은 문학에서 주인공이 모험을 떠나면서 고생을 하고, 동료를 새로 만들고 경험을 쌓는 것처럼 검사 한동훈, 법무부장관 한동훈에서 이제 정치인 한동훈이 되어 앞으로 정치라는 모험의 길을 좋은 동료들과 함께 이어 나가기를 바란다.

대한민국에 윤석열 대통령에 이어 한동훈 대통령이 있게 된다는 것. 참으로 다행이다. 아직 우리나라가 망할 나라는 아니라는 희망이 생긴다. 무식한 운동권 출신의 정치인들이 보여주는 모습을 더 이상 보고 싶지 않고, 뇌물을 받아 챙기는 부정한 정치인들의 모습도 더 이상 보고 싶지 않다. 한동훈을 통해 새로운 공직자의 기준이 정해졌던 것처럼, 한동훈을 통해 새로운 권력자의 기준이 정해지기를 바란다.

한동훈 대통령이 용산에서 기자들의 질문을 받는 도어스테핑 하는 모습을 하루빨리 볼 수 있기를 기대한다.

Chapter 5.

한동훈의 말과 글

01

한동훈의 도어스테핑

한동훈은 법무부장관으로 임명되고 퇴임할 때까지 거의 매일 출근길에 기자들의 질문을 받았다. 과천의 법무부 청사 출근길은 물론이고 여의도 국회에 들어갈 때도 마찬가지였다. 어디든 한동훈이 모습을 드러내면 기자들이 나타나 현안에 관한 질문들을 쏟아낸다. 어떤 질문들은 정부의 입장을 이야기할 수 있는 반가운 질문이기도 하지만, 또 어떤 질문은 난처하게 만드는 질문이기도 했다. 한동훈은 언론의 질문을 피하지 않는다. 그것이 자신에게 유리하건 불리하건 상관없이 모든 질문에 대해 대답을 한다. 대답할 수 없는 범위의 질문을 받으면 "제가 언급하는 것은 적절하지 않습니다"라고 양해를 구한다. 대부분의 정치인들이 불편한 질문에 대해 굳은 표정으로 묵묵부답하는 것과 대조되는 모습이기도 하다. 자신에게 유리한 질문에 성실하게 대답하는 것은 누구나 가능하다. 반면 자신에게 불리한 질문에도 성실하게 답하는 것은 질문하는 사람과 그 질문에 대해 진심이 담겨있지 않으면 좀처럼 힘든 일이다. 그래서 한동훈의 말과 글에는 감동이 있고, 이해하기 쉽다. 여기서는 지금까지 언론인터뷰나 연설 등을 통해 대중에게 감동을 주고 인사이트를 주었던 한동훈의 말과 글을 살펴보도록 하자.

명언제조기 한동훈

장관 시절 한동훈의 도어스테핑이 관심을 끌었던 이유는 정부와 법무부장관이 특정 현안에 대해 어떤 견해를 가지고 있는지 궁금하기도 했지만, 그가 어떤 새로운 키워드를 가지고 말을 풀어가는지도 관심의 대상이었기 때문이다. 그가 도어스테핑을 통해 하는 말들을 보면 '명언제조기'가 아닌가 싶을 정도로 마음에 와닿는 표현이 많았다. 질문에 즉답을 해야 하는 도어스테핑의 성격상, 미리 생각하고 정리할 시간을 가질 수 없다. 그런데도 한동훈은 공감되고 명언으로 남을 말들을 즉석에서 한다. 그만큼 평소 모든 현안에 대해 관심을 가지고 있으며, 확실한 자기 생각이 이미 정리되어 있다는 의미이다. 도어스테핑에서 준비 없이 대답했지만, 대중에게 강한 인상을 남기고 언론에서 인용한 '명언'들을 몇 개 옮겨보도록 하자.

"할 일을 제대로 하는 검찰을 두려워해야 할 것은 오직 범죄자뿐입니다." (2022년 4월 15일 기자회견)

"저는 정당의 전략에 대해서는 알 수 있는 지위에 있지 않습니다. 다만 제가 원론적으로 말씀드린다면 정치적 합의가 헌법과 법률에 우선할 수는 없다고 생각합니다." (2022년 5월 9일 청문회)

"공개된 장소에서 정해진 방식으로 책임 있는 사람에게 공평하게 질문할 수 있는 기회를 주고 서로 간에 대화하는 것이 조화로운 길이라고 생각합니다. 한 가지만 말씀드리면, 중요한 임무를 담당하는 공직자는 언론으로부터 불편한 질문을 받아야 한다고 생각합니다. 거기에 대해서 즉답을 하든 답을 하지 않든 모두 그 사람의 대답 아니겠습니까? 그런 식으로 서로 간에 소통이 될 수 있어야 하고 그것은 공식적이고 투명한 방식이어야 합니다." (2022년 7월 26일)

"수사받는 당사자가 마치 '쇼핑'하듯이 자기 입맛대로 수사기관을 선택할 수 있는 나라는 제가 알기로는 적어도 민주 법치국가 중에는 없습니다." (2022년 10월 24일)

"진흙탕에서 저질 음모론을 국민에게 던져서 국민을 현혹시키는 것을 보고도 진흙 묻을까 봐 몸 사리는 것이 공직자의 품위라고 저는 생각하지 않습니다. 저는 그럴 때는 진흙탕에 뛰어 들어가서 국민을 대신해서 그런 짓을 막는 것이야말로 공직자의 진짜 품위라고 생각합니다." (2022년 11월 10일)

"여의도에서 일하는 300명만 쓰는 고유의 어떤 화법이나 문법이 있다면, 그건 여의도 문법이라기보다는 여의도 사투리 아닌가요? 저는 나머지 5천만이 쓰는 언어를 쓰겠습니다." (2023년 11월 21일)

한동훈 위원장은 질문을 하면 이에 대해 명언으로 대답한다. 이 명언들이 주목받는 이유는 크게 세 가지로 분석해 볼 수 있다.

첫째, 그는 어려운 단어를 사용하지 않는다. 어려운 법률적 문제에 대해서도 일반 대중이 직관적이고 쉽게 이야기할 수 있도록 표현하는 기술이 좋다. 대표적으로 이재명 의원 체포동의안 요청이 있다. 복잡한 '배임, 횡령'을 쉽게 풀어서 이야기했던 것은 언론에서 아주 많이 다루어지기도 했다. 이재명 의원이 성남시장이던 당시 대장동 등 개발사업을 통해 부정한 이익을 취했음을 '핸드폰 영업사원' 예시를 통해 쉽게 이해할 수 있도록 했다.

● **2023년 2월 27일 더불어민주당 이재명 대표 체포동의안 요청**

"비유하자면, 영업사원이 100만 원짜리 휴대전화을 주인 몰래 아는 사람에게 미리 짜고 10만 원에 판 것입니다. 여기서 주인은 90만 원의 피해를 본 것이지, 10만 원이라도 벌어준 것 아니냐는 변명이 통할 수는 없을 것입니다."

둘째, 어설픈 명언 인용을 하지 않는다. 사람들은 보통 자신의 박식함을 자랑하기 위해 고사를 인용하거나, 사자성어 또는 유명 철학자들의 명언을 인용하는 경우가 많은데 한동훈은 그렇게 일부러 있어 보이려고 하지 않는다. 이러한 점이 그의 인터뷰를 볼 때 거부감이 들지 않고 설득력 있게 다가오는 또 다른 이유라 할 수 있다.

셋째. 그의 말은 '문법'에 잘 맞는다. 우선 비교되는 사례로 한동훈 공격수를 자처하는 민주당 김의겸 의원의 인터뷰를 살펴보자.

● 2022년 12월 8일 김의겸 - YTN 라디오 '뉴스킹 박지훈입니다'

"5.18 이후에 3김을 뭐 용공비리로 해서 다 잡아 가두지 않았습니까? 가택연금을 시키거나. 그래서 그때가 계엄령이라면 저는 지금은 거의 저강도 계엄령 상태다, 이렇게 생각을 하고 있습니다. 왜 제가 저강도 계엄령이라고 생각을 하냐면 그때는 군인들이 계엄군이었다면 지금은 군인은 아니지만 검사들이 계엄군 역할을 하고 있고, 그리고 당시는 별 4개 대장들이 뭐 계엄사령부를 했다면 지금은 한동훈 법무부장관이 계엄사령관 역할을 하면서 계엄군을 지휘하고 있는 거 아니겠어요?"

기자 생활을 하고 청와대 대변인까지 지냈던 김의겸 의원이 라디오에서 했던 말이다. 어떤 이야기를 하려는지 이해를 할 수는 있으나 그 뜻을 효과적으로 전달하지는 못한다. 김 의원이 특별하게 말하는 능력이 부족해서가 아니라 대부분의 사람들은 대화를 할 때 이렇게 문법이나 문장의 구조에 대해서는 크게 신경 쓰지 않는다.

이러한 점을 감안하면 한동훈의 인터뷰는 즉석에서 답을 해야 하는 순간에서도 문장이 하나의 완결된 구조를 갖추고 있음을 알 수 있다. 말을 할 때는 주어와 술어가 서로 호응하지 않는 경우가 많은데, 한동훈의 인터뷰를 보면 즉석에서 말하는 것이 아닌 미리 글로 써온 문장을 읽는 듯 문법적으로 잘 다듬어져 있다. 말을 길게 이어나갈 때 '그런데'라는 접속사를 붙이거나, '~인데' 또는 '~하는데' 등을 사용하여 문장을 길게 이어나가지 않는다. 한동훈의 인터뷰는 대부분 주어와 술어가 하나씩인 '단문' 형태를 가진다. 단문은 복문에 비해 내용을 이해하기 쉽다는 장점이 있다. 여기에 더해 '에~', '저~', '그~'와 같은 뜸 들이는 말을 하지 않는 것도 대단한 점이다. 말을 할 때 머릿속에서 내용이 이미 정리되어 있기 때문에 특별히 뜸을 들일 필요가 없다.

02 한동훈의 책은 **다르다**

보통의 경우, 정치인들은 자신을 알리기 위해 자서전을 집필한다. 전임 대통령 문재인을 보자. 《문재인의 운명》, 《사람이 먼저다》, 《문재인의 위로》 등이 있다. 그런데 정말 문재인 전 대통령은 '운명'이니 '위로'니 하는 말들을 스스로 실천했을까? 이 질문에 자신 있게 '그렇다'라고 말하기는 어렵지 않을까 싶다. 또 다른 사례를 보자. 교보문고 홈페이지에 '이재명'을 검색해 보면, 그가 단독 저자로 되어 있는 책들은 꽤 있다. 《고난을 통해 희망을 만들다》, 《오직 민주주의, 꼬리를 잡아 몸통을 흔든다》, 《이재명, 대한민국 혁명하라》, 《이재명은 합니다》, 《함께 가는 길은 외롭지 않습니다》 등이 있다. 문재인 전 대통령에게 했던 질문, 즉 자신이 쓴 글대로 살고 있는지를 이재명에게 반복해 본다면 어떤 답을 얻을까? 문재인과 이재명의 답은 크게 다르지 않을 것이다.

좌파 정치인들만 그런 것은 아니다. 안철수를 보자. 검색해 보면 저자가 안철수로 되어 있는 책들은 《CEO 안철수, 영혼이 있는 승부》, 《안철수 경영의 원칙》, 《안철수의 생각》, 《안철수, 우리의 생각이 미래를 만든다》 등이 있다. 2011년을 기점으로 사업가 안철수는 정치인 안철수로 탈바꿈한다. 바로 2011년 서울시장 보궐선거가 그 기점이라 할 수 있다. 그가 쓴 책들 역시 2011년을 기준으로 그 전의 책들은 CEO로서, 이후엔 정치인으로서의 비전을 담은 책들이다. 자신의 책에 쓴대로 잘 실천하고 있는지는 잘 모르겠다.

조금 지루할 정도로 문재인, 이재명, 안철수의 사례를 언급했다. 이는 정치인들 대부분이 자신의 책대로 살고 있지 않다는 이야기를 하기 위함이다. 동시에 한동훈 장관은 아직 책을 내지 않았다는 점도 강조하기 위함이기도 하다.

자생적 지지

한동훈은 어떨까? 인터넷을 검색해 보면 한동훈과 관련한 책이 몇 권인가 있다. 중요한 것은 한동훈은 자신이 먼저 나서서 책을 집필하지 않았다. 한동훈의 인기를 발견한 출판사에서 자생적으로 한동훈의 어록을 묶은 책을 출간하거나 한동훈 현상에 대해 분석한 책이다. 본서 역시 마찬가지다 이제 막 정치인의 길로 들어선 한동훈은 어떤 사람이고, 대중적인 인기의 비결은 무엇이며, 앞으로 어떤 정치를 할 것인지에 대한 전망과 바람을 담은 책이다.

한동훈을 이야기한 책들과 마찬가지로 그에 대한 지지와 응원 역시 자생적이다. 오프라인은 물론이고 유튜브나 디시인사이드 등 온라인에서 한동훈을 지지하는 여러 채널들 또한 누가 시켜서 하는 것이 아니라 그저 한동훈이 좋아서 자신의 시간과 열정을 쏟아 그를 응원하고 있다. 예를 들어 유튜브 채널 '한동훈 갤러리'의 운영자는 정치와 전혀 관계없는 보통의 생활인이다. 필자 역시 한동훈의 앞으로 정치적 행보를 통해 어떠한 이익도 얻을 것이 없다. 책이 잘 팔려서 인세를 조금 더 받는 정도랄까. 한동훈을 지지하는 사람들 모두가 그가 정치적으로 성공하여 새로운 대한민국을 이끌어 주기를 바라는 마음일 것이다.

이렇듯 그는 대중적 인기를 얻기 위해 애쓰거나 노력하지 않았다. 그는 수많은 도어스테핑을 하면서도 "국민 여러분, 저희를 응원해 주십시오"라던가 "힘을 보태주십시오"라고 호소한 적이 없다. 부조리한 정치인들의 움직임에 대해 "국민이 어떻게 보실지 걱정됩니다"라는 정도로 아주 점잖게 화를 내는 것이 전부다.

한동훈은 자기 일을 묵묵하게 수행하고 해야 할 말만 한다. 이제는 정치인이 되었지만, 그전부터 대중은 물론이고 정치인들 역시 한동훈을 이미 정치인으로 받아들였었다. 법무부장관 자격으로 국회에 출석하는 자리에서도 "여론조사 결과 한동훈의 지지가 높은데,

정치를 할 거냐?", "여론조사에서 이름을 빼달라고 하는 것은 어떠냐?"라는 질문을 받았었다. 그러나 한동훈은 이러한 질문에 특별한 대꾸를 하지 않았다. 자신이 원했던 것이 아닌데, 이름을 빼달라 말라 할 필요가 없었기 때문이다. 이 또한 자생적이다.

정치인으로 데뷔한 이상 앞으로 수많은 단체와 사람들이 공개적으로 한동훈을 지지한다고 선언할 것이다. 이는 한동훈에게 고마운 일이 될 수 있으나 동시에 불편한 일이 될 수도 있다. 여기저기서 한동훈 이름을 팔면서 돌아다닐 사람이 많기 때문이다. 청담동 술자리 의혹에서 보았던 자유총연맹 이세창 씨의 사례를 보라. 기자가 전화했을 때 대충 얼버무리면서 윤석열 대통령, 한동훈 장관과 으쌰으쌰 하는 분위기였다고 하지 않았던가. 그런 식으로 한동훈 이름을 팔고 다닐 수많은 단체, 인물들이 한동훈 장관의 이미지를 많이 깎아내릴 것이다. 자생적 지지는 한동훈에게 득이 되는 동시에 독이 될 것이다.

정치는 '조직'이 있어야 한다는 것이 일반적인 속설이다. 아무리 개인의 역량이 뛰어나고 지도자의 자질을 갖추고 있다 하더라도, 당과 지역조직의 뒷받침이 없으면 경선과 공천의 기회는 주어지지 않는다. 이런 측면에서 볼 때 전혀 조직이 없는 한동훈은 불리한 위치에 있다. 그럼에도 한동훈은 불리한 점을 극복할 여러 가지 무기가 준비되어 있다. 자생적으로 만들어진 한동훈을 지지하는 조직과 사람들이 지금보다 더욱 커지고 늘어날 것이다. 윤석열 대통령의 사례만 봐도 알 수 있다. 대중적 인기가 쏟아지자 자연스럽게 정치인들이 붙고 조직이 응원하지 않던가. 한동훈도 다르지 않을 것이다. 어쩌면 윤석열보다 더 큰 세력이 그를 도울 것이다.

부끄럽지 않은 우파 지지

몇 년 전까지만 해도 우파를 공개적으로 지지하는 것은 상당히 위험하고 부끄러운 일이었다. 우파 지지자들은 온라인공간에서 '틀딱(노인비하 인터넷 용어)', '태극기부대'라는 비난 섞인 호칭으로 불리기 일쑤였고, 연예인들은 혹시라도 우파를 지지하는 발언을 하게 되면 수많은 악성 댓글과 인신공격에 시달려야 했다. 남자 배우 '공유'가 박정희 대통령을 가장 존경한다고 했던 발언에 대해 "사실이라면 정말 실망이다", "공유가 멍청한 것인지 아니면 나쁜 것인지 모르겠다" 등의 반응을 보였다는 기사(민중의 소리, 2012년 7월 18일)가 있었다. 기자는 네티즌의 반응을 핑계 삼아 자신이 하고 싶었던 말을 하지 않았나 싶다.

과거에 우파를 지지하는 것은 연예인들에게 있어 방송 출연 정지의 위험과 좌파에게 비웃음의 대상이 되는 리스크를 감수해야 하는 행동이었다. 보수인 우파를 지지하면 늙은 꼰대, 일베충이라는 프레임으로 공경받아야만 했다. 하지만 이젠 그렇지 않다. SNS와 유튜브 플랫폼은 과거엔 좌파의 전유물이었지만 최근엔 우파 유튜브 채널이 매우 많아졌다. 심지어 우파 성향 채널들이 조회 수 수익과 후원(슈퍼챗) 수입도 많아지면서 '이제 우파도 돈이 된다'는 인식이 퍼져나가고 있다. 그러다 보니 자신의 정치적 성향을 가감 없이 드러내는 연예인들도 많아졌으며, 그것으로 새로운 팬층과 수익을 얻는 연예인들도 늘어나고 있다.

이 책《한동훈의 시간》이 의미하는 것은 간단하다. 이제 우파 이념을 밖으로 드러낸다 해도 사회적으로 경제적으로 감수해야 할 위험이 사라지고 있다는 것이다. 한동훈이라는 인물에 대해 선호를 드러내놓고 해도 큰 피해를 입지 않으리라 안심할 수 있는 세상이 되었다는 뜻이기도 하다. 물론 거기에는 한동훈이라는 사람의 스마트하고 반듯한 이미지가 바탕이 되었기 때문일 것이다.

그동안은 '샤이shy 보수'가 많았다. 겉으로는 드러내놓지 않더라도 마음속에 보수의 색채와 이념을 간직했던 사람들이 많았다. 그런데 한동훈을 공개적으로 지지하거나 그에 대한 책이 출간된다는 것은 그동안 알게 모르게 쌓여있던 우파의 낡은 이미지가 조금씩 사라지고 있다는 의미이기도 하다. 이는 최근 보수 쪽에 젊은 사람이 늘어난 이유이기도 할 것이다.

03 한동훈의 조용한 웅변

정치인은 기본적으로 말을 잘해야 한다. 다른 사람들을 설득하여 자신을 따르도록 만들어야 하기 때문이다. 다행인지 불행인지 누구든 선거를 한 번만 치르면 말을 잘하게 된다. 선거유세 기간에 대중 앞에서 목이 쉬도록 연설할 기회를 얻기 때문이다. 반복 학습을 통해 어떤 말이 대중에게 먹히는지, 어떤 말이 설득력이 있는지를 본능적으로 배우게 되는 것이다. 우리가 TV에서 한심하게 보는 몇몇 함량 미달의 정치인들조차도 실제 같이 자리를 하고 이야기를 나누어보면 상당히 말을 잘한다는 점을 발견하고 놀라게 된다. 정치인들은 모두가 달변가이고 웅변가라 할 수 있다. 그런 달변가들 사이에서도 한동훈의 말이 더 큰 설득력과 울림이 있는 것은 그는 말과 행동이 일치하기 때문이다. 그는 단지 말을 잘하는 것보다 행동으로 자신의 말을 완성시킨다.

정치인의 웅변

필자는 문재인 전 대통령을 그다지 좋아하지는 않지만 그가 한 연설 중에서 꽤 좋게 느끼는 연설이 있다. 바로 그의 대통령 취임사다. 문재인 전 대통령은 취임사에서 '위대한 국민, 통합하는 대통령, 새로운 나라'를 약속했다. 잠시 2017년 5월 10일, 문재인 전 대통령의 취임사를 살펴보기로 하자. 일부를 옮겨보았다.

"저는 감히 약속드립니다. 2017년 5월 10일, 이날은 진정한 국민 통합이 시작되는 날로 역사에 기록될 것입니다.

우선 권위적인 대통령 문화를 청산하겠습니다. 준비를 마치는 대로 지금의 청와대에서 나와 광화문 대통령 시대를 열겠습니다. 참모들과 머리와 어깨를 맞대고 토론하겠습니다. 국민과 수시로 소통하는 대통령이 되겠습니다. 주요 사안은 대통령이 직접 언론에 브리핑하겠습니다.

퇴근길에는 시장에 들러 마주치는 시민들과 격의 없는 대화를 나누겠습니다. 때로는 광화문광장에서 대토론회를 열겠습니다.

거듭 말씀드립니다. 문재인과 더불어민주당 정부에서 기회는 평등할 것입니다. 과정은 공정할 것입니다. 결과는 정의로울 것입니다.

잘못한 일은 잘못했다고 말씀드리겠습니다. 거짓으로 불리한 여론을 덮지 않겠습니다.

공정한 대통령이 되겠습니다. 특권과 반칙이 없는 세상을 만들겠습니다. 상식대로 해야 이득을 보는 세상을 만들겠습니다."

어떻게 느꼈는가? 말과 단어로 이루어진 그의 취임사는 상당히 잘 다듬어지고 설득력이 있다. 특히 "기회는 평등, 과정은 공정, 결과는 정의"라는 문구는 문재인 대통령을 대표하는 핵심적인 문구가 되기도 했다. 문재인 대통령이 퇴임한 지금, 그가 했던 말을 다시 되짚어보면 헛웃음만 나온다. 그가 약속했던 것들은 얼마나 이루어졌을까? 국민은 통합되었을까? 광화문 시대는 열렸을까? 아니면 기회, 과정, 결과는 평등, 공정, 정의로웠을까? 잘못한 일을 솔직히 시인했을까?

다른 정치인도 살펴보자. 더불어민주당의 대통령 후보였던 이재명 의원. 그가 대통령 후보가 된 후 했던 대선후보 수락 연설문의 일부를 옮겨보았다.

"국민 여러분께 약속드립니다. '국민의 삶을 지키는 든든한 대통령'이 되겠습니다. 강자의 과도한 욕망을 절제시키고 약자의 삶을 지키겠습니다. 국민의 일자리를 지키고, 소득과 복지를 지키겠습니다. 여성의 안전, 청년의 기회, 어르신의 행복한 노후를 지키겠습니다. 그 어떤 것도 먹고사는 문제보다 우선일 수 없습니다. 정쟁에 빠져 민생을 소홀히 하는 일, 결코 없을 것입니다. '오직 국민, 오직 민생'

의 신념을 지켜가겠습니다.

정치인의 공약은 국민과의 계약 그 이상입니다. 저는 지킬 약속만 했고, 약속한 것은 반드시 지켰습니다. 공약 이행률 평균 95%가 이를 증명합니다. 저는 유능함을 실적으로 증명했습니다. 내세울 것 하나 없는 저를 국민께서 인정해 주신 것도 오로지 해야 할 일을 잘 해냈기 때문으로 믿습니다.

특별히 한 가지 더 말씀드리겠습니다. 토건 세력과 유착한 정치세력의 부패와 비리를 반드시 뿌리 뽑겠습니다. 한순간도 미루지 않겠습니다. 당선 즉시 강력한 '부동산 대개혁'으로 부동산 불로소득 공화국이라는 오명을 없애버리겠습니다.

'내 나라는 공정하다'. '내 나라는 깨끗하다', '내 나라는 희망이 있다' 그래서 '대한민국은 민주공화국이다'라고 자부할 수 있도록 하겠습니다."

이재명 당시 후보의 연설을 읽고 어떤 생각이 드는가? 연설문 자체만 놓고 보면 위대한 지도자의 언어라 할 수 있다. 국가의 미래와 비전을 제시하는 동시에 자신이 어떤 정책을 펼칠지, 어떤 마음으로 이를 수행할지 잘 나타내고 있다.

이재명의 연설문을 다시 읽어보면 역시 헛웃음이 나올 수밖에 없다. 이재명은 공정했는가? 정쟁에 빠지지 않았는가? 오직 국민의 민생만 챙겼는가? 이와 같은 질문에 대해 지금 이재명은 어떻게 답할 수 있을지 궁금하다. 보나 마나 정치인답게 이리저리 매끈한 화법으로 비판에서 빠져나갈 것이다.

정리해 보자. 연설문은 아마도 연설 비서관 등 전문가들의 도움을 받았을 것이다. 연설문을 보면 처음에는 일반적인 내용으로 시작해서 국가의 비전, 그 과정에서 자신이 어떤 정치를 할 것인지 차근차근 이해할 수 있도록 잘 구성되어 있다. 한 호흡에 문장을 시작해서 끝낼 수 있을 정도의 길이로 잘 짜여져 있다. 그렇다. 문재인과 이재명의 연설문을 보면, '말' 자체는 참 잘한다는 것을 발견할 수 있다.

매끈하고 유려한 명문장들이 가득한 그들의 연설문을 지금 다시 읽어보면, 감동과 희망이 보이기보다는 헛헛함과 비웃음이 떠오를 뿐이다. 바로 그들의 말이 그들의 모습을 담아내지 못하기 때문이다.

잘못한 일에 대해 잘못했다고 말하겠다던 문재인은 '해수부 공무원 북한 피살 사건'과 관련하여, 자신에 대한 감사원의 서면조사에 대해 '무례한 짓'이라 분노했다. 약자의 삶을 지키겠다던 이재명은 밑에서 최선을 다해 일했던 고 유한기 전 본부장의 극단적 선택과 죽음에 대해 "어쨌든 뭐 명복을 빕니다"라는 간단한 코멘트를 남겼을 뿐이다. 토착 비리에 대한 수사에서 자신과 연루되었을지도 모르는 인물이었기에 잘 알고 지냈다고 하면 자신에게 불리해질까 봐 고인을 잘 모른다고 했을 것으로 보인다. 전혀 모르는 사람의 죽음에 대해서도 함부로 말하지 않는 것이 일반적인 예의일 텐데, "어쨌든, 뭐~"라는 말을 붙임으로써 이재명은 고인을 하찮은 존재로 만들어버렸다. 약자의 삶을 지키겠다는 이재명의 말이 설득력이 있는지 의심해 볼 수밖에 없다.

정치인들의 웅변이 설득력이 없고 거짓말처럼 느껴지는 것은 그들의 말이 그들의 행동을 나타내지 못하기 때문이다. 특히 잘못이 있을 때 그 잘못을 인정하지 않고 이런저런 핑계를 대며 빠져나가는 모습은 정치인들을 보며 분노하고 조롱하게 만든다.

한동훈의 웅변

한동훈은 대중을 상대로 연설하거나 자신을 지지해달라는 호소를 한 적이 없다. 그렇기에 그가 과연 웅변을 한다면 어떤 모습일지 쉽게 예측하기 어렵다. 지금까지 한동훈이 보여준 모습들은 언론과의 인터뷰 또는 국회에서의 대정부질문과 청문회 등에서 말한 것이 거의 전부다. 검사와 법무부장관까지의 길에서는 대중을 설득하고 자신을 설득시킬 필요가 없었다. 실력대로, 능력대로 평가받는 위치에 있었기 때문이다.

아직 대중 앞에서 선거 유세를 한 경험이 없는 한동훈은 대중 앞에서 과연 어떤 모습일까? 그것에 대해서는 윤석열 대통령의 변화를 보면서 유추해 볼 수 있다. 윤 대통령 역시 대중을 상대할 일이 없었다. 검사, 검찰총장의 길을 밟아오는 동안 대중과 접촉하거나 설득할 일이 전혀 없었다. 처음 윤석열이라는 인물이 정치에 입문할 때 그의 대중 연설 능력은 미지수였고 불안요인이기도 했다. 결과적으로 보면 윤석열은 기존의 정치인에 비해 전혀 부족하지 않은 말솜씨와 연설 능력을 선보였다. 그의 연설이 설득력을 가졌던 것은 윤석열 본인이 가지고 있던 '공정과 상식'이라는 키워드가 자신의 신념과 일치했기 때문이다. 단지 당선되기 위해 지지를 호소했다면 윤석열의 연설은 제대로 대중에게 받아들여지지 않았을 것이다. 윤석열 자신이 공정과 상식에 대한 신념이 있었기에 어느 유세현장에서든 문재인 정권의 불공정과 비상식을 비판할 수 있었던 것이다.

한동훈도 마찬가지다. 검찰총장 퇴임과 동시에 정치에 입문한 윤석열 대통령과 마찬가지로 한동훈은 법무부장관 퇴임과 동시에 국민의 힘 비상대책위원장으로 본격적인 정치 활동을 시작했다. 스스로 22대 국회의원 선거에는 나가지 않겠다고 선언했으니 국회의원을 거쳐 정치를 배운 후 대권에 도전하기보다는 바로 대선을 향해 나아갈 확률이 더 높다. 물론 어떤 것도 단정적으로 말할 수 없다. 정치는 생물이기 때문이다. 법무부장관 시절 항상 "법무부장관의 역할을 충실히 수행하는 것 외에는 생각해 본 일이 없다"라고 말했던 것처럼 한동훈은 현재에 가장 충실한 사람이다. 지금은 국민의 힘 비상대책위원장이니 당을 정상화시켜서 22대 총선에서 승리하는 것이 가장 우선시하는 목표이지 않을까 싶다.

그렇다면 앞으로 총선과 대선과 같은 빅이벤트를 앞두고 있는 한동훈의 연설은 어떨까? 그가 본격적으로 대중연설을 하게 되면 대중은 더욱 그를 지지하고 응원하게 될 것이다. 단순히 그가 말을 잘해서가 아닐 것이다. 그가 지금까지 보여주고 있는 언행일치의 힘이 강력하게 작용할 것이기 때문이다.

사례를 보자. 한동훈의 법무부장관 취임사 중에 자신이 법무부장관으로서 앞으로 무엇을 할 것인지 계획을 말한 부분이 있다. 옮겨 보면 이렇다.

"이민청 설립 검토를 포함하여 이민정책을 수준 높게 추진해 나갈 체제를 갖춰나갑시다."

"그동안 우선적으로 살피지 못했던 교정 업무에서의 인적, 물적 열악함을 이번에는 획기적으로 함께 개선해 봅시다."

"국민이 원하는 진짜 검찰개혁, 진짜 형사사법시스템 개혁은 사회적 강자에 대해서도 엄정하게 수사할 수 있는 공정한 시스템을 만드는 것입니다."

"서민을 울리는 경제범죄 실태에 대해 시급히 점검하고 발 빠르게 대처해야 합니다. 저는 오늘 즉시, '증권범죄합동수사단'을 다시 출범시키는 것으로 그 첫발을 떼겠습니다."

그렇다면 한동훈은 법무부장관을 퇴임한 현재 시점에서 취임사에서 밝혔던 포부를 얼마만큼 실천했을까? 팩트체크를 해보자. 첫째, 이민청 설립 검토는 2023년 3월 유럽 국가들의 이민담당장관을 만나는 등 기본적인 틀을 짜고 진행시켰다. 둘째, 교정업무 관련 지원 역시 교정공무원 처우개선을 통해 본인의 말을 지켰다. 셋째, 진짜 형사사법시스템 마련은 현재 진행형이다. 재벌, 고위층, 연예인 등의 마약사건을 보면, 형사사법시스템도 이전에 비해 향상되었다는 인상을 받는다. 넷째, 증권범죄합동수사단(이하 증권합수단) 역시 장관 취임과 동시에 출범하여 활동 중이다. 특히 증권합수단은 한동훈 장관이 채널A 기자와 통화하면서 말했던 바와 궤를 같이한다. 그는 기자와의 통화에서 "같은 사안에 대해서 1만 명이 100억을 털린 것하고 1명이 100억을 털린 것하고 보면 1만 명이 100억을 털린 게 훨씬 더 큰 사안이야"라고 말했던 바 있다. 경제범죄, 특히 화이트칼라의 범죄에 대해 더 엄정히 대응하겠다는 한동훈의 생각이다.

한동훈은 자신이 말한 바를 지켜왔다. 아직 정치인으로 산 지가 얼마 되지 않아서 정치적 업적을 논할 수는 없지만 자신에게 주어진 역할에 최선을 다하고 있다는 것은 하루하루 쏟아지는 한동훈 위원장 관련 뉴스를 보면 알 수 있다. 이러한 모습과 성과는 향후 한동훈이 더 큰 정치를 할 때 그의 조용한 웅변이 될 것이다.

한동훈의 화법

한동훈이 말을 잘한다는 것은 이미 잘 알고 계실 것이다. 인터뷰에서 한동훈이 말하는 것을 들으면서 또는 그의 발언이 정리된 활자를 보면서 느끼셨을 것으로 본다. 글을 쓰는 작가로서 한동훈의 말이 가진 매력을 내용적 측면과 기술적 측면에서 어떤지 자세히 짚어보고자 한다.

내용적 측면 - 자신의 삶을 스토리텔링으로 전달

2023년 3월 봄, 법무부에서는 국민 기자단을 선발하여 한자리에 모이는 행사를 했다. 축사 겸 격려사를 한동훈 장관이 했는데, 그가 기자단을 상대로 편하게 했던 말 전문을 구어체 그대로 옮겨보면 이렇다.

"여러분들은 우리 식구니깐 말 편하게 하겠습니다.

반갑습니다. 제가 출장을 며칠 다녀오니 진짜 봄이 됐습니다.

오늘 이 자리에 기자단 마흔한 분 오셨다고 하는데요, 제가 입장 바꿔 생각해 봅니다. 여기에 이렇게 여러분들이 시간을 내서 오시고 봉사해서 본인에게 이익이 돌아갈 게 뭔지 잘 모르겠어요. 그런데요, 저는 우리 사회를 지탱하고 발전시키는 것은 선의를 가진 사람 한분 한분의 행동이라고 생각합니다. 오늘 이 자리에 모인 분들처럼요.

제가 몇 년 동안 꽤 여러 가지 풍파를 겪으면서 살았잖아요? 저는 나름대로 부당한 일을 많이 당했는데, 그때 저는 그렇게 생각했어요. 제가 공직생활을 20여 년간 하는 동안 적어도 공적 업무를 함에 있어서는 선의가 아니었던 적이 없었다는 확신이 있었습니다.

그렇다면 나는 무슨 일이 있어도 상관없다, 이런 생각을 했었거든요.

제 말씀은 실수는 할 수 있단 말이에요. 여러분들은 저보다 젊은 분들이 훨씬 더 많으시니깐요. 그런데 기본적인 선의를 가지고 일한다면 계속 앞으로 갈 수 있을 것 같다, 라는 그런 소박한 생각을 가지고 살아왔고 지금도 그렇습니다.

여러분도 그런 의미에서 저희 일을 같이 해주셨으면 좋겠습니다. 저희가… 법무부 일이란 게 그렇습니다. 이게 항상… 여기에 대해서… 법을 집행하는 것이기에 여기에 대해서 서운한 사람이 있을 수도 있고, 거기에 대해서 부족하다고 여기는 사람도 있을 수밖에 없는 일입니다.

이 일이 그렇거든요. 그런데 중요한 건, 저는 우리 함께 강조하는 것은 적어도 우리가 최선을 다했지만, 능력이 모자라서 부족한 점이 있는 건 상관없다.

그렇지만 우리가 선하지 못한 일은 하지 말자, 그런 관점에서 일을 하려고 하고 있고요. 어쩌면 여러분들이 저보다 일을 더 오래 할지도 모르겠어요.

그런데 일을 하시는 동안에 즐겁게 좋은 경험을 하셨으면 좋겠습니다. 그리고 저도 여러분들이 하시는 일에 대해서 최선을 다해 선의를 가지고 지원을 할 수 있도록 하겠습니다.

축하합니다.

날씨가 좋으신데요. 출입국관리소나 공항 같은 이런 우중충한데 말고 좀… 화사한 데를 많이 가셨으면 좋겠다고 생각합니다.

저희도 중요한 일 할 게 많고… 저희한테 해주시고 싶은 말씀 있으시거나 부족한 점 있다면 저희한테 많은 전달 해주셨으면 좋겠습니다. 저희도 부족한 게 많을 겁니다. 그리고 그걸 알게 되면 곧바로 고치는 노력을 하겠다는 약속도 드리겠습니다. 고생 많으셨습니다.

그리고 뭐… 작년에 해오셨던 분들을 제가 조금 더 신경 썼어야 했는데 제가 이런저런 부족한 점이 많아서 그러지 못한 점 죄송하게 생각합니다. 새로 오신 분들도 즐겁게 지내시고, 모두 다 행복하고 즐겁게 지내셨으면 좋겠습니다. 봄이잖아요. 고맙습니다."

그가 편하게 했던 말 중에 몇 부분이 눈에 들어온다. 우선 "제가 몇 년 동안 꽤 여러 가지 풍파를 겪으면서 살았잖아요?"라는 부분이다. 조국을 수사했다는 이유로 정권에 미운털이 박힌 시기를 가리키는 것이리라. 좌천을 네 번씩이나 당하고, 언론사 기자와 짜고 거짓 증언을 강요했다는 누명을 쓰기도 하고, 이 과정에서 후배 검사에게 수사를 핑계로 (독직)폭행까지 당했다. 만일 한동훈이 자신의 사명에 대한 굳은 신념이 없었다면 그 과정에서 사표를 썼을 것이다. 당시 정권 실세들 역시 한동훈이 사표를 쓰기 바라면서 좌천시켰을 것이고 말이다. 다른 자리에서 밝힌 인터뷰에 따르면 그는 동선을 감시받았다고 한다. 조금이라도 출퇴근 시간을 어기거나 사소한 잘못이라도 발견되면 꼬투리를 잡아 검찰조직 밖으로 내칠 생각이었을 것이다. 이와 같은 과정을 아는 사람들이라면 한동훈 장관이 '여러 가지 풍파'라 할 때 깊게 공감할 수밖에 없다.

한동훈은 일명 '레토릭'이라 불리는 의미 없는 외교적 수사, 내용 없는 꾸밈말을 남용하지 않는다. '여러 가지 풍파'라는 여섯 글자의 단어에서 풍기는 그의 고단함과 난관은 그래서 더욱 강력한 힘을 가진다.

기술적 측면 1. 옳은 대전제

한동훈은 자신의 의견을 말하기 전에 항상 옳은 대전제를 밝힌다. 예를 들면 이렇다. 권력층이 자신의 죄를 덮으면 안 된다는 주장을 하기 전에 한동훈은 "없는 죄를 덮어씌우는 것은 민주국가에서 절대로 있어서는 안 되는 범죄입니다"라는 누구도 반박할 수 없는 명제를 전제로 했다. 이어서 "없는 죄를 만들어서 덮어씌우는 것만큼, 있는 죄를 덮어주는 것도 절대 해서는 안 되는 일이라고 생각합니다"라고 자신의 생각을 밝혔다. 전제가 옳기에 그 전제를 기반으로 한 한동훈의 주장은 설득력을 얻을 수 있었다.

또 다른 사례도 있다. 어느 국회의원이 한동훈을 비판하면서 "법무부장관은 멋있는 말을 하면 안 된다"는 취지의 발언을 했다. 이에 대한 대답은 간단했다. "공익에 관한 공론의 영역이기 때문에 멋있는 말인지 따질 게 아니라 맞는 말인지를 따져야 하는 겁니다. 그런데 그분들이 맞는 말인지를 따지는 말씀을 하시는 건 제가 들어본 적이 없네요." 여기서 옳은 대전제는 "공익에 관한 공론의 영역은 맞는지 틀리는지를 따져봐야 한다"입니다. 이에 대해 반론을 제기할 수 없다. 이어서 한동훈은 "그분들이 맞는 말인지를 따지는 말씀을 하시는 것은 들어본 적 없다"라는 말로 자신의 주장을 대신한다. 즉, 그들의 비판은 논할 가치가 없다는 점을 주장한 것이다.

자신의 주장을 옳은 대전제를 통해 도출하기 때문에 한동훈이 하는 말에 대해 반론을 제기하기는 쉽지 않다. 한동훈을 '깐죽댄다',

'건방지다'라고 비판하는 것도 결국 하는 말은 맞기 때문에 반박할 수 없고, 대신 그 태도가 마음에 안 든다는 식의 반응이다. 자신에게 불리한 메시지를 반박할 수 없으면 메신저를 공격하는 방식과 유사하다.

기술적 측면 2. Outside the box

'상자 밖에서 생각하라Think outside the box'. 여기서 상자란 기존의 틀이나 상식을 가리킨다. 다시 말해, 독창적이고 창의적으로 생각하라는 의미다. 한동훈의 언어에는 참신함이 있다. 한동훈의 또 다른 말을 예로 들자.

● 2022년 11월 24일 국회 본회의 참석 전

"파도가 밀려가면 누가 바지 벗고 수영했는지 알 수 있다고 하잖아요. 이제 파도가 물러났고 책임질 시간입니다. 먼저 저질 음모론에 올라타고 부추긴 이재명, 박찬대, 박홍근, 김성환, 박범계, 장경태, 우상호 의원들께 사과 요구합니다. 저한테 사과하는 것이 모양 빠져서 싫으면, 국민들께라도 사죄하시길 바랍니다. 그게 그분들이 대표하는 국민들에 대한 최소한의 예의라고 생각합니다. 그리고 김의겸 의원은 사과하실 필요 없어요. 책임을 지셔야죠."

"파도가 밀려가면 누가 바지 벗고 수영했는지 알 수 있다"는 말은 주식투자 관련 대화나 글에서 많이 언급되는 워런 버핏의 유명한 말이다. 이 말을 한동훈이 인터뷰에서 응용했다. 주식투자에 사용되는 표현을 정치적 의견으로 바꾸어 응용하는 점에서 신선함을 발견할 수 있다.

또한 김의겸 의원에 대해 "사과하실 필요 없어요, 책임을 지셔야죠"라는 말 역시 새로운 표현이었다. 다른 의원들에게는 사과를, 김의겸에 대해서는 책임을 각각 나누어지게 하는 것 자체도 인상 깊었는데 여기에 더해 그 표현하는 방법인 "OOO 하실 것 없다. OOO 하셔라"는 말의 배치 역시 자신의 주장을 더욱 확실하게 전달하는 표현 방법이었다. 미국 대통령들이 했던 명연설 중 가장 유명한 두 개의 구절을 살펴보자.

"And so, my fellow Americans, ask not what your country can do for you - ask what you can do for your country. "

(국가가 당신을 위해 무엇을 해줄지 묻지 말고 당신이 국가에 무엇을 할 수 있을지 물어라.)

"Government is not the solution to our problem, government is the problem. "

(정부가 문제의 해결책이 아니라 문제의 핵심이다.)

첫 번째는 존. F. 케네디의 1961년 대통령 취임 연설에 나온 구절이고, 두 번째는 1981년 로널드 레이건 대통령의 취임 연설에 나오는 말이다. 가장 유명한 두 개의 연설문 구조를 보면 'OOO가 아닌 OOO이다'라는 식으로 구성된다. 핵심만 줄여본다면, '국가가 ~~ 물을 것이 아니라, 당신이 ~~~ 물어라', '정부는 OOO이 아니라 OOO이다'라는 식으로 요약할 수 있다.

한동훈의 표현을 다시 보자. "김의겸 의원은 사과하실 것이 아니라 책임지셔야 한다"라고 말한다. 가장 유명했던 연설문의 표현 방법을 응용하고 있다는 것을 알 수 있다. 이와 같은 표현이 기자들과의 인터뷰 자리에서 즉흥적으로 나왔다는 것은 놀라울 따름이다.

2023년 봄에 엄청난 인기를 끌었던 송혜교 주연의 〈더 글로리〉라는 넷플릭스 드라마에서 문동은(송혜교 분)이 가해자 박연진(임지연 분)에게 이렇게 말한다. "사과하지 마. 사과받자고 10대도, 20대도, 30대도 다 걸었을까? 넌 벌 받아야지." 한동훈이 김의겸에서 했던 말과 묘하게 겹쳐 보이는 부분이었다.

2023년 2월 8일, 국회 대정부질문에서 김민석 의원은 한동훈 장관에게 "야당 대표에 대한 검찰수사가 공정하지 못하다는 의견이 50% 넘는 것에 대해 어떻게 생각하냐?"라고 질문을 했다. 여기서 '상자'는 여론조사 50%다. 상자 안에 갇혀있었다면 한동훈 장관은 여론조사와 50%라는 숫자에 갇힌 답변을 했을 것이고, 이는 또 다른 질문으로 이어졌을 것이다. 예를 들면, '여론조사 40%면 수사해도 된다는 것이냐? 그 여론조사는 언제 한 것이며 믿을만한 것이냐?'라는 식이었을 것이다.

그러나 한동훈은 상자에서 한 발짝 떨어져 이렇게 대답했다. "의원님, 죄는 증거와 팩트로 정하는 것이지 여론조사로 정하는 것이 아닙니다." 여론조사 50%라는 상대 의원이 제시한 상자에서 벗어나면서도 지극히 상식적인 답변이었다. 이 한 줄의 대답으로 한동훈은 '여론조사', '50% 이상의 의견'이라는 두 가지 함정을 벗어날 수 있었다. 또한, 표현 방법에서도 앞서 설명했던 'OOO가 아니라 OOO다'라는 방법을 사용했다는 점도 발견할 수 있다. 직설적이면서 강력한 메시지 전달 방식이다.

한동훈의 영웅 서사

한동훈을 외모와 스타일만 본다면 큰 고생 없이 공부 잘해서 검사되고, 대통령과 친분이 깊어 법무부장관과 여당의 비대위원장까지 올라간 인물이라 오해할 수도 있다. 물론 그는 가난한 집에서 자수성가를 했다거나, 아무것도 없는 빈손에서 시작하여 성공한 대기업을 만들었다거나 하는 '가난'의 스토리를 가지고 있지는 않다. 그런데도 그에게는 나름의 영웅 서사가 있다.

영웅의 정의와 서사

19세기 유럽의 산업화와 혁명의 시기에 사상가로 활동했던 토마스 칼라일은 《영웅숭배론》이라는 책에서 영웅의 개념과 영웅의 유형을 여섯 가지로 정리했다. 흔히 영웅이라 하면 군사적 또는 정치적 위인들을 가리키는 경우가 대부분이다. 하지만 칼라일은 그 범위를 넓혀 영웅을 여섯 가지로 분류한다. '신으로 나타난 영웅(북유럽 신화의 주인공 오딘 등)', '예언자로 나타난 영웅(이슬람의 무하마드 등)', '시인으로 나타난 영웅(단테, 셰익스피어 등)', '성직자로 나타난 영웅(루터, 녹스 등)', '문인으로 나타난 영웅(루소, 번즈 등)', '제왕으로 나타난 영웅(크롬웰, 나폴레옹 등)'이다.

칼라일에 따르면 영웅은 인간의 내면적, 도덕적 개혁을 통해 사회 개혁까지 가능하다고 보았다. 영웅이나 위인에게는 정신적 질서가 보이지만 평범한 사람들에게는 감지되지 않으며, 그 질서를 알아볼 수 있는 눈을 가진 자가 영웅이라 보았다. 그가 정의한 영웅들의 공통점은 성실성과 통찰력을 가지고 있다.

요약하면, 토마스 칼라일이 말하는 영웅은 강력한 통찰력으로 리더십을 발휘하여 추종자들의 정신을 끌어올리고 사회적 세력을 형성하여 역사의 흐름을 바꾸는 탁월한 개인이면서 동시에, 추종자들로부터 격려를 받는 대표자, 대변인이다. 바꿔 말하면, 한 시대를 상징하는 존재인 것이다.

그렇다면 영웅은 어떤 서사를 거쳐 만들어 질까?《천의 얼굴을 가진 영웅》이라는 책이 있다. 신화학자 조셉 캠벨이 쓴 책으로, 전 세계의 영웅 신화의 구조를 모아 영웅들의 서사를 관통하는 원형을 분석한 내용이 핵심이다. 캠벨에 의하면, 영웅 신화의 원형 구조는 세 개의 큰 단계와 세부적인 열일곱 개의 과정으로 이루어져 있다고 한다. 나열하면 이렇다.

첫 번째 단계는 출발단계로서, '소명-소명에 대한 거부-초자연적인 조력-첫 관문 통과-새로 태어남'이라는 다섯 개의 과정을 거친다. 두 번째 단계는 입문단계로서, '시련-포용적 존재와의 만남-마지막 시험-궁극의 힘에 맞섬-신격화-홍익'이라는 여섯 개 과정을 겪게 된다. 마지막 세 번째 단계는 귀환단계로서, '귀환의 거부-탈출-외부의 도움-시련통과-두 세계를 모두 마스터-삶의 자유'라는 여섯 개의 과정을 경험하게 된다.

간단히 정리하면, 영웅의 서사에는 처음에는 모험 길을 떠나는 출발단계를 거쳐, 영웅으로 단련되는 입문단계, 영웅이 되어 다시 처음의 장소로 되돌아가는 귀환단계로 나뉜다고 보면 된다. 이 과정에서 때로는 시련을 겪기도 하고 자신을 도와주는 강력한 존재의 도움을 받기도 한다. 마지막엔 그가 원래 속해있던 세계로 돌아와 영웅으로 살아가게 된다.

이와 같은 스토리 구조는 영화에서 많이 사용되지만, 현실 세계에서도 비슷한 인물들을 발견할 수 있다. 스티브 잡스가 그렇다. 자신이 창업한 회사에서 쫓겨 나는 출발단계를 경험한 후, 대략 10년간의 절치부심하는 입문단계를 거쳐 귀환한다. 애플에 다시 귀환한 후 그는 아이폰, 아이패드와 같은 혁신적인 제품들을 내놓을 수 있었다. 그의 인생 역시 이러한 영웅 서사 구조가 있기에 많은 사람들에게 영감을 주고 혁신의 아이콘으로 남아있다고 볼 수 있다.

한동훈의 서사구조

한동훈의 삶을 토마스 칼라일의 '영웅론'과 조지프 캠벨의 '영웅 서사구조'에 맞춰보면 많은 부분에서 겹치는 점을 발견할 수 있다. 우선 토마스 칼라일이 정의한 영웅의 조건은 도덕성을 가진 진실한 인물로서 리더십을 발휘하여 추종자들을 이끌어 역사의 흐름을 바꾸는 인물이라 묘사한다. 한동훈의 깊은 내면까지 알 수는 없으나, 그의 말과 행동을 보면 판단의 기준을 항상 '국민'에게 두고 있음을 우리는 이미 알고 있다.

대부분의 정치인들이 말로는 국민을 앞세우면서 실제로는 자신의 이익을 위해 움직이는 것을 감안할 때 '한동훈 역시 말로만 국민을 앞세우는 것이 아니냐'라는 의문을 가질 수도 있다. 이에 대한 답은 그의 직업에서 찾을 수 있다. 한동훈 검사는 조국 수사로 인해 탄압성 좌천을 당하던 시절에도 '아직 검찰에서 할 일이 많이 남아 있다'라는 생각으로 묵묵히 탄압을 감내했다. 한동훈 정도의 이력으로 돈을 벌고자 했다면 우리나라 최고의 변호사가 될 수 있었을 것이다. 그런데도 그는 '세금으로 나쁜 놈 때려잡는 것이 직업적 보람'이라고 했다. 그가 한 '국민을 생각한다'라는 말이 결코 정치적 수사나 입에 발린 뻔한 소리가 아니라는 것을 알 수 있다.

한동훈이 도덕성을 가진 진실한 인물이라는 점은 돈을 추구하기보다는 공직자의 삶을 끝까지 고수했다는 점을 보면 알 수 있다. 또 다른 조건인 리더십을 발휘한다는 부분은 아직은 미지수다. 줄곧 공직자로 근무했기 때문에 추종자가 어느 정도인지 객관적으로 확인할 수 있는 기회가 없었기 때문이다. 유추해 볼 수 있는 것은 여론조사 결과가 일정하게 한동훈에게 유리한 방향으로 계속 나오고 있다는 것. 차기 대통령 선호도 조사에서 우파 계열의 절대적인 지지를 받고 있는 상황인 것은 널리 알려진 사실이다. 한동훈은 영웅일까? 그가 가진 자질과 가능성 측면에서는 그렇다 할 수 있다.

다음으로 볼 것은 그에게 조지프 캠벨이 묘사한 영웅 서사가 있느냐는 점이다. 한동훈이 지금까지 겪어온 삶을 영웅서사에 대입해 보자. 조국 수사를 시작하여 압수수색을 하는 과정이 한동훈에게는 첫째 단계인 출발단계라 할 수 있다. 조국 수사 이전까지 한동훈은 능력 좋고 법의 예리한 칼날을 휘두르는 더불어민주당에서도 호의적인 반응을 보이는 검사였다.

이러한 호의는 2019년 조국 전 장관에 대한 수사 시작과 동시에 사라진다. 그 후 수많은 조국 지지자들이 서초동에서 '검찰개혁'을 외치고 한동훈은 네 번 연속 좌천을 당하게 된다. 이러한 좌천은 영웅 서사의 두 번째 단계인 입문단계의 시련에 해당한다. 한동훈의 표현대로라면 그는 네 번 연속 좌천당하고 좌천된 곳에서도 조그마한 잘못이라도 있는지 흠집을 찾아내기 위해 일거수일투족과 동선을 감시당하기도 했다. 시련의 과정을 그는 '직업윤리'로 버텨냈다고 할 수 있다. 아마도 한동훈에게 좌천당한 시기는 정치는 어떠해야 하는지, 자신은 앞으로 어떻게 살아야 할지 많은 고민과 성찰을 해보는 시기가 아니었을까 싶다.

시련을 극복하고 마침내 그는 귀환단계를 맞이하게 된다. 윤석열 대통령이 당선되고 법무부장관으로 취임하게 된 것이다. 그는 법무부장관이 되기까지의 과정보다 오히려 장관으로서 활동하는 동안 더 많은 주목을 받고 지지를 받는 인물이 되었다. 마치 모험과 시련을 통해 단련된 주인공이 원래의 장소로 돌아오는 영화 같은 모습이기도 하다.

앞으로 한동훈이 정치인으로 본격적으로 활동하게 되면, 또 다른 새로운 도전들이 그의 앞에 놓이게 될 것이다. 어떤 것들은 미리 예상했을 것이고 또 어떤 것들은 전혀 예상하지 못한 것들일 것이다. 그는 아마도 대부분의 시련과 도전은 미리 계산하여 대응방안을 준비해 놓았겠지만 계산에 집어넣지 않은 사건들로 힘든 시간을 보낼 수도 있다. 그럼에도 그가 목표한 바를 이룰 수 있을 것이라 생각하는 이유는 이미 자존감을 밑바닥까지 떨어뜨리려는 좌천과 감시, 검언 유착이라는 음해에도 그는 흔들리지 않았기 때문이다. 한동훈이 유약한 인물이었다면 그는 지금쯤 유능한 변호사로서 이름을 날리고 있을 테지만 현재 그는 대한민국 정치의 한 중심에서 가장 핫한 인물인 여당의 수장으로 맹활약 중이다.

개인적으로 한동훈에게 감탄하는 것은, 검사 시절 자신에게 시련과 굴욕감을 줬던 문재인 정권 주요 인사들과 장관 시절 가짜뉴스와 음해를 통해 자신을 깎아내리는 수많은 민주당 관계자들에 대해 직접 사법 처리를 하지 않는다는 점이다. 합법적으로 법무부장관에게 주어진 수사 지휘권을 발휘하여 소위 '말 안 듣는 놈들'이나 '복수 당해 마땅한 놈들'에 대해 응징할 수도 있었지만, 그는 개별 사건에 관여하지 않겠다는 자신의 소신을 지켰다. 단순히 복수심에 눈이 멀어 칼을 휘두르는 인물이 아니라는 점도 그의 장점이 아닌가 싶다.

이러한 영웅 서사를 가지고 있는 한동훈의 앞날은 어떠할까? 보수진영을 통틀어 한동훈만큼 좌파의 공격과 견제를 받는 인물은 현재 없다. 그만큼 그들에게는 두려운 존재라는 뜻이다. 윤석열 대통령의 지지율이 낮아도 차기 정권 탈환을 보장할 수 없는 것은 한동훈이 있기 때문일 것이다. 아무리 공격해도 무너지지 않고 날이 갈수록 위상이 커지기만 하니 두려울 수밖에 없을 것이다. 이는 오로지 한동훈 개인이 가지고 있는 긍정적인 면모 덕분이다. 그러니 좀처럼 그 빛이 퇴색하기 힘들다. 정치인 한동훈의 앞길이 밝을 수밖에 없는 이유다.

마지막으로, 한동훈이 정치인으로 데뷔하면서 세상에 내놓은 첫 번째 말인 '국민의 힘 비상대책위원장 수락 연설'을 실으면서 이 책을 마무리하고자 한다.

국민의 힘 비상대책위원장 수락 연설

국민의 힘 비상대책위원장으로서, 처음 인사드립니다. 반갑습니다. 한동훈입니다. 오늘은 첫날이니, 저를 이 자리에 불러내 주신 국민의 힘 동료 여러분께 제가 어떤 생각으로 비상대책위원장의 일을 할지 말씀드리겠습니다.

어릴 때, 곤란하고 싫었던 게 "나중에 뭐가 되고 싶으냐, 장래희망이 뭐냐"라는 학기 초마다 반복되던 질문이었습니다. 저는 정말 뭐가 되고 싶은 게 없었거든요. 대신 하고 싶은 게 참 많았습니다. 좋은 나라 만드는 데, 동료 시민들의 삶을 좋게 만드는 데 도움이 되는 삶을 살고 싶었습니다. 지금까지 그 마음으로 살았고, 그리고 지금은 더욱 그런 마음입니다.

중대범죄가 법에 따라 처벌받는 걸 막는 게 지상 목표인 다수당이, 더욱 폭주하면서 이 나라의 현재와 미래를 망치는 것을 막아야 합니다. 그런 당을 숙주 삼아 수십 년간 386이 486, 586, 686이 되도록 썼던 영수증을 또 내밀며 대대손손 국민들 위에 군림하고 가르치려 드는 운동권 특권정치를 청산해야 합니다.

이재명 대표의 민주당이, 운동권 특권세력과 개딸전체주의와 결탁

334

해 자기가 살기 위해 나라를 망치는 것을 막아야 합니다. 정말, 그런 세상이 와서 동료 시민들이 고통받는 걸 두고 보실 겁니까? 그건 미래와 동료 시민에 대한 책임감을 져버리는 일입니다. 우리가 반드시 이겨야 할, 눈앞에 닥친 명분은 선명합니다.

우리는 소수당이고, 폭주하는 다수당을 상대해야 하는 지금의 정치 구도가 대단히 어려운 상황입니다. 만주벌판의 독립운동가들은, 다부동전투, 인천상륙작전, 연평해전의 영웅들은, 백사장 위에 조선소를 지었던 산업화의 선각자들은, 전국의 광장에서 민주화를 열망했던 학생들과 넥타이부대들은, 어려운 상황이란 걸 알고도 물러서지 않았고, 그래서 대한민국의 불멸의 역사가 되셨습니다.

'공포는 반응이고, 용기는 결심'입니다. 이대로 가면, 지금의 이재명 민주당의 폭주와 전제를 막지 못할 수도 있다는, 상식적인 사람들이 맞이한 어려운 현실은, 우리 모두 공포를 느낄 만합니다. 그러니, 우리가 용기 내기로 결심해야 합니다. 저는 용기 내기로 결심했습니다. 그렇게 용기 내기로 결심했다면, 헌신해야 합니다. 용기와 헌신, 대한민국의 영웅들이 어려움을 이겨낸 무기였습니다. 우리가 그 무기를 다시 듭시다.

우리는, 상식적인 많은 국민들을 대신해서, 이재명 대표의 민주당과 그 뒤에 숨어 국민 위에 군림하려는 운동권 특권세력과 싸울 겁니다. 호남에서, 영남에서, 충청에서, 강원에서, 제주에서, 경기에서, 서울에서 싸울 겁니다. 그리고, 용기와 헌신으로 반드시 이길 겁니다.

저는, 정교하고 박력 있는 리더십이 국민의 이해와 지지를 만날 때, 나라가 발전하고, 국민의 삶이 좋아진다고 확신합니다. 이재명 대표와 개딸전체주의, 운동권 특권세력의 폭주를 막는다는 것은 우리가 이겨야 할 절박한 이유이긴 하지만, 그것만이 우리가 이겨야 할, 우리 정치와 리더십의 목표일 수는 없습니다. 산업화와 민주화를 동시에 이루어낸 위대한 대한민국과 동료 시민들은 그것보다 훨씬 나은 정치를 가질 자격이 있는 분들이기 때문입니다.

인구재앙이라는 정해진 미래에 대비한 정교한 정책, 범죄와 재난으로부터 시민을 든든하게 보호하는 정책, 진영과 무관하게 서민과 약자를 돕는 정책, 안보, 경제, 기술이 융합하는 시대에 과학기술과 산업 혁신을 가속화하는 정책, 자본시장이 민간의 자율과 창의, 경제 발전을 견인하게 하면서도 투자자 보호에 빈틈없는 정책, 넓고 깊은 한미공조 등 세계질서 속에 국익을 지키는 정책, 명분과 실리를 모두 갖는 원칙 있는 대북정책, 기후 변화에 대한 균형 있는 대응정책, 청년의 삶을 청년의 입장에서 나아지게 하는 정책, 어르신들을 공경하는 정책, 지역 경제를 부양하는 정책, 국민 모두의 생활편의를 개선하는 정책 등을 국민들께 보여드려야 합니다.

우리는 대선에서 기적적으로 승리하여 대통령을 보유한, 정책의 집행을 맡은 정부 여당입니다. 정부 여당인 우리의 정책은 곧 실천이지만, 야당인 민주당의 정책은 실천이 보장되지 않는 약속일 뿐입니다. 그건 굉장히 큰 차이죠. 그 차이를 십분 활용합시다. 정교하고 박력 있게 준비된 정책을 국민께 설명하고 즉각 실천해야 합니다. 그것이 국민들이 대선에서 우리를 뽑아주신 이유입니다.

상대 당대표가 일주일에 세 번, 네 번씩 중대범죄로 형사재판을 받는, 초현실적인 민주당인데도 왜 국민의 힘이 압도하지 못하는지, 함께 냉정하게 반성합시다. 국민의 힘이 잘해 왔고, 잘하고 있는데도 억울하게 뒤지고 있는 거, 아닙니다. 우리 이제, 무기력 속에 안주하지 맙시다, 계산하고 몸 사리지 맙시다, 국민들께서 합리적인 비판을 하시면 미루지 말고 바로바로 반응하고 바꿉시다. 이제 정말, 달라질 거라 약속드리고, 바로바로 보여드립시다.

운동권 특권정치를 청산하라는 강력한 시대정신은, 운동권 특권정치를 비판하는 것만으로는 실현될 수 없고, 바로 우리가 운동권 특권정치를 대체할 실력과 자세를 갖춘 사람들이라고 공동체와 동료 시민들을 설득할 수 있을 때 비로소 실현될 수 있습니다.

최근 언론 보도나 정치인들 사이에 공개적으로 주고받는 말들을 통해 정치를 보면, 정치가 게임과 다를 게 없는 것처럼 착각하기 쉽습니다. 마치, 누가 이기는지가 전부인 것처럼 보이기 때문입니다. 그러나, 게임과 달리, 정치는 '누가 이기는지' 못지않게, '왜 이겨야 하는지'가 본질이기 때문에 그 둘은 전혀 다릅니다. 우리가 왜 이겨야 하는지', '이겼을 때 동료 시민과 이 나라가 어떻게 좋아지는지'에 대한 명분과 희망이 없다면, 정치는 게임과 똑같거나, 정치인의 출세수단일 뿐이고, 정작 주권자 국민은 주인공이 아니라 입장료 내는 구경꾼으로 전락하게 될 겁니다. 분명히 말씀드립니다. 우리는 미래를 정교하게 준비하기 위해서, 이 위대한 나라와 동료 시민에 대한 책임을 다하기 위해서 이기려는 겁니다.

정치인은 국민의 공복이지 국민 그 자체가 아닙니다. '국민의 대표이니 우리에게 잘해라'가 아니라, '국민의 공복이니 우리가 더 잘해야' 합니다. 무릎을 굽히고 낮은 자세로 국민만 바라봅시다. 정치인이나 진영의 이익보다 국민이 먼저입니다. 선당후사라는 말을 많이 하지만, 저는 선당후사 안 해도 된다고 생각합니다. 대신, '선민후사' 해야 합니다. 분명히 다짐합시다. '국민의 힘'보다도 '국민'이 우선입니다. 오늘 국민의 힘의 비상대책위원장으로서 정치를 시작하면서, 저부터 '선민후사'를 실천하겠습니다. 어려운 상황에서, 미래와 동료 시민에 대한 강한 책임감을 느끼기 때문입니다.

저는, 지역구에 출마하지 않겠습니다, 비례로도 출마하지 않겠습니다, 오직 동료 시민과 이 나라의 미래만 생각하면서 승리를 위해서 용기 있게 헌신하겠습니다. 저는, 승리를 위해 뭐든지 다 할 것이지만, 제가 그 승리의 과실을 가져가지는 않겠습니다.

대한민국 헌법은 자유민주주의를 기본으로 하고, 국민의 힘은, 바로 그 자유민주주의 정당입니다. 자유민주주의 국가는 절차적 민주주의를 지키면서, 공정한 경쟁을 보장하고 경쟁의 문턱을 낮춰 경쟁에 참여하는 것을 권장해야 합니다. 그 과정에서, 차별 없이 경쟁의 룰이 지켜질 거라는 확고한 믿음을 드려야 합니다. 동시에, 경쟁에서 이기지 못한 사람들, 경쟁에 나서고 싶지 않은 사람들도 인간다운 삶을 살 수 있도록 철저하게 보장해야 합니다.

국민의 힘은 자유민주주의에 대한 선의만 있다면, 다양한 생각을 가진 사람들이 되도록 많이 모일 때, 비로소 강해지고 유능해지고, 그래서 국민의 삶이 나아지게 할 수 있는 정당입니다. 국민의 힘은 다양한 생각을 가진, 국민께 헌신할, 신뢰할 수 있는, 실력 있는 분들을 국민들께서 선택하실 수 있게 하겠습니다. 공직을 방탄수단으로 생각하지 않는 분들, 특권의식 없는 분들만을 국민들께 제시하겠습니다. 우선, 우리 당은 국회의원 불체포특권을 포기하기로 약속하시는 분들만 공천할 것이고, 그럴 일은 없겠지만 나중에 약속을 어기는 분들은 즉시 출당 등 강력히 조치하겠습니다. 우리는 이재명 대표의 민주당과 달라야 하지 않겠습니까.

여러분, 동료 시민과 공동체의 미래를 위한 빛나는 승리를 가져다 줄 사람과 때를 기다리고 계십니까? 우리 모두가 바로 그 사람들이고, 지금이 바로 그때입니다.

함께 가면 길이 됩니다. 우리 한번, 같이 가 봅시다.

고맙습니다.

2023년 12월 26일
국민의 힘 비상대책위원장 한동훈 올림

한동훈의 시간

초판 1쇄 발행 2024년 2월 13일

지은이 이정민
펴낸이 양필성

기획편집 박미경
디자인 노지혜

펴낸곳 북크로스
이메일 bookcross.one@gmail.com

ISBN 979-11-979308-9-8 (03340)

· 책값은 뒤표지에 있습니다.
· 파본은 구입하신 곳에서 교환해드립니다.
· 이 책은 저작권법에 의해 보호를 받는 저작물이므로 무단 전제와 복제를 금합니다.

북크로스에서는 여러분의 책에 관한 아이디어와 원고를 기다리고 있습니다. 책 출간을 원하시는 분은 bookcross.one@gmail.com으로 간단한 개요와 취지, 연락처 등을 보내주십시오.